Informatik—Fachberichte

Band 20: Angewandte Szenenanalyse. DAGM Symposium, Karlsruhe 1979. Herausgegeben von J. P. Foith. XIII, 362 Seiten. 1979

Band 21: Formale Modelle für Informationssysteme. Fachtagung der GI, Tutzing 1979. Herausgegeben von H. C. Mayr und B. E. Meyer. VI, 265 Seiten. 1979.

Band 22: Kommunikation in verteilten Systemen. Workshop der Gesellschaft für Informatik e. V. Herausgegeben von S. Schindler und J. C. W. Schröder. VIII, 338 Seiten. 1979.

Band 23: K.-H. Hauer, Portable Methodenmonitoren. Dialogsysteme zur Steuerung von Methodenbanken: Softwaretechnischer Aufbau und Effizienzanalyse XI, 209 Seiten. 1980..

Band 24: N. Ryska, S. Herda, Kryptographische Verfahren in der Datenverarbeitung. V, 401 Seiten. 1980.

Band 25: Programmiersprachen und Programmierentwicklung. 6. Fachtagung, Darmstadt, 1980. Herausgegeben von H.-J. Hoffmann. VI, 236 Seiten. 1980.

Band 26: F. Gaffal, Datenverarbeitung im Hochschulbereich der USA. Stand und Entwicklungstendenzen. IX, 199 Seiten. 1980.

Band 27: GI-NTG-Fachtagung, Struktur und Betrieb von Rechensystemen. Kiel, März 1980. Herausgegeben von G. Zimmermann. IX, 286 Seiten. 1980.

Band 28: Online-Systeme im Finanz- und Rechnungswesen. Anwendergespräch, Berlin, April 1980. Herausgegeben von P. Stahlknecht. X, 547 Seiten. 1980.

Band 29: Erzeugung und Analyse von Bildern und Strukturen. DGaO—DAGM-Tagung, Essen, Mai 1980. Herausgegeben von S. J. Pöppl und H. Platzer. VII, 215 Seiten. 1980.

Band 30: Textverarbeitung und Informatik. Fachtagung der GI, Bayreuth, Mai 1980. Herausgegeben von P. R. Wossidlo. VIII, 362 Seiten. 1980.

Band 31: Firmware Engineering. Seminar veranstaltet von der gemeinsamen Fachgruppe „Mikroprogrammierung" des GI-Fachausschusses 3/4 und des NTG-Fachausschusses 6 vom 12.–14. März 1980 in Berlin. Herausgegeben von W. K. Giloi. VII, 289 Seiten 1980.

Band 32: M. Kühn, CAD Arbeitssituation. Untersuchungen zu den Auswirkungen von CAD sowie zur menschengerechten Gestaltung von CAD-Systemen. VII, 215 Seiten. 1980.

Band 33: GI—10. Jahrestagung. Herausgegeben von R. Wilhelm. XV, 563 Seiten. 1980.

Band 34: CAD-Fachgespräch. GI—10. Jahrestagung. Herausgegeben von R. Wilhelm. VI, 184 Seiten. 1980.

Band 35: B. Buchberger, F. Lichtenberger Mathematik für Informatiker I. Die Methode der Mathematik. XI. 315 Seiten. 1980

Band 36: The Use of Formal Specification of Software. Berlin, Juni 1979. Edited by H. K. Berg and W. K. Giloi. V, 388 pages. 1980.

Band 37: Entwicklungstendenzen wissenschaftlicher Rechenzentren. Kolloquium, Göttingen, Juni 1980. Herausgegeben von D. Wall. VII, 163 Seiten. 1980.

Band 38: Datenverarbeitung im Marketing. Herausgegeben von R. Thome. VIII. 377 pages. 1981.

Band 39: Fachtagung Prozeßrechner 1981. München, März 1981. Herausgegeben von R. Baumann. XVI, 476 Seiten. 1981.

Band 40: Kommunikation in verteilten Systemen. Herausgegeben von S. Schindler und J. C. W. Schröder. IX, 459 Seiten. 1981.

Band 41: Messung, Modellierung und Bewertung von Rechensystemen. GI-NTG-Fachtagung. Jülich, Februar 1981. Herausgegeben von B. Mertens. VIII, 368 Seiten. 1981.

Band 42: W. Kilian, Personalinformationssysteme in deutschen Großunternehmen. XV, 352 Seiten. 1981.

Band 43: G. Goos, Werkzeuge der Programmiertechnik. GI-Arbeitstagung. Proceedings, Karlsruhe, März 1981. VI, 262 Seiten. 1981.

Band 44: Organisation informationstechnik-geschützter öffentlicher Verwaltungen. Fachtagung, Speyer, Oktober 1980. Herausgegeben von H. Reinermann, H. Fiedler, K. Grimmer und K. Lenk. 1981.

Band 45: R. Marty, PISA—A Programming System for Interactive Production of Application Software. VII, 297 Seiten. 1981.

Band 46: F. Wolf, Organisation und Betrieb von Rechenzentren. Fachgespräch der GI, Erlangen, März 1981, VII, 244 Seiten. 1981.

Band 47: GWAI-81 German Workshop on Artifical Intelligence. Bad Honnef, January 1981. Herausgegeben von J. H. Siekmann. XII, 317 Seiten. 1981.

Band 48: W. Wahlster, Natürlichsprachliche Argumentation in Dialogsystem. KI-Verfahren zur Rekonstruktion und Erklärung approximativer Inferenzprozesse. XI, 194 Seiten. 1981.

Band 49: Modelle und Strukturen. DAG 11 Symposium, Hamburg, Oktober 1981. Herausgegeben von B. Radig. XII, 404 Seiten. 1981.

Band 50: GI-11. Jahrestagung. Herausgegeben von W. Brauer. XIV, 617 Seiten. 1981.

Band 51: G. Pfeiffer, Erzeugung interaktiver Bildverarbeitungssysteme im Dialog. X, 154 Seiten. 1982.

Band 52: Application and Theory of Petri Nets. Proceedings, Strasbourg 1980, Bad Honnef 1981. Edited by C. Girault and W. Reisig. X, 337 pages. 1982.

Band 53: Programmiersprachen und Programmentwicklung. Fachtagung der GI, München, März 1982. Herausgegeben von H. Wössner. VIII, 237 Seiten. 1982.

Band 54: Fehlertolerierende Rechnersysteme. GI-Fachtagung. München, März 1982. Herausgegeben von E. Nett und H. Schwärtzel. VII, 322 Seiten. 1982.

Band 55: W. Kowalk, Verkehrsanalyse in endlichen Zeiträumen. VI, 181 Seiten. 1982.

Band 56: Simulationstechnik. Proceedings, 1982. Herausgegeben von M. Goller. VIII, 544 Seiten. 1982.

Band 57: GI-12. Jahrestagung. Proceedings, 1982. Herausgegeben von J. Nehmer. IX, 732 Seiten. 1982.

Band 58: GWAI-82. 6th German Workshop on Artifical Intelligence. Bad Honnef, September 1982. Edited by W. Wahlster. VI, pages. 1982.

Band 59: Künstliche Intelligenz. Frühjahrsschule Teisendorf, März 1982. Herausgegeben von W. Bibel und J. H. Siekmann. XII, 383 Seiten. 1982.

Band 60: Kommunikation in Verteilten Systemen. Anwendungen und Betrieb. Proceedings, 1983. Herausgegeben von Sigram Schindler und Otto Spaniol. IX, 738 Seiten. 1983.

Band 61: Messung, Modellierung und Bewertung von Rechensystemen. 2. GI/NTG-Fachtagung, Stuttgart, Februar 1983. Herausgegeben von P. J. Kühn und K. M. Schulz. VII, 421 Seiten. 1983.

Band 62: Ein inhaltsadressierbares Speichersystem zur Unterstützung zeitkritischer Prozesse der Informationswiedergewinnung in Datenbanksystemen. Michael Malms. XII, 228 Seiten. 1983.

Informatik Fachberichte 106

Subreihe Künstliche Intelligenz

Herausgegeben von W. Brauer in Zusammenarbeit mit dem
Fachausschuß 1.2 „Künstliche Intelligenz und
Mustererkennung" der Gesellschaft für Informatik (GI)

Österreichische Artifical Intelligence-Tagung

Wien, 24.–27. September 1985

Herausgegeben von
Harald Trost und Johannes Retti

Springer-Verlag
Berlin Heidelberg New York Tokyo

Herausgeber

Harald Trost
Universität Wien
Institut für Medizinische Kybernetik und Artificial Intelligence
Freyung 6, A-1010 Wien, Österreich

Johannes Retti
Siemens AG Österreich
Göllnergasse 15, A-1030 Wien, Österreich

Tagungsleitung: Johannes Retti

Programmkomitee:

Harald Trost	Universität Wien
Wolfgang Bibel	TU München
Bruno Buchberger	Universität Linz
Ernst Buchberger	Universität Wien
Werner Horn	Universität Wien
Hermann Kaindl	Siemens AG Wien
Peter Raulefs	Universität Kaiserslautern
Ingeborg Steinacker	VOEST-Alpine AG Linz
Robert Trappl	Universität Wien
Wolfgang Wahlster	Universität Saarbrücken
Helmar Weseslindtner	TU Wien

Diese Tagung wurde von der Siemens AG Österreich sowie von
der Österreichischen Studiengesellschaft für Kybernetik
unterstützt.

ISBN-13: 978-3-540-15695-6   e-ISBN-13: 978-3-642-46552-9
DOI: 10.1007/978-3-642-46552-9

2145/3140–543210

VORWORT

Dieser Band enthält die Beiträge zur Österreichischen Artificial
Intelligence - Tagung 1985, die vom 24. bis 27. September 1985
in Wien stattgefunden hat. Es war die erste Tagung dieser Art in
Österreich und ihr Ziel war es, über Forschungsaktivitäten auf
dem immer wichtiger werdenden Gebiet der Artificial Intelligence
in Österreich zu informieren. Dies wurde auch erreicht; von den
insgesamt 23 Beiträgen des Bandes stammen 14 von Wissenschaftern
aus Österreich. Die Beiträge befassen sich mit folgenden Teil-
gebieten der AI: Expertensysteme, Natürlichsprachige Systeme, Wis-
senserwerb und Learning, AI-Tools, Automatisches Beweisen und
Programmieren, Spiele, Auswirkungen der AI.

Im Vorprogramm wurden Tutorials zu den Themen "Einführung in
die AI", "Expertensysteme", "LISP und AI-Tools", "Roboter/
Flexible Automation" sowie "Natürlichsprachige Datenbank-
Interfaces" durchgeführt. Der rege Besuch bestätigte das allgemeine Interesse.

Insgesamt zeigen die Beiträge dieses Bandes, daß die Forschung
durchaus auf internationalem Niveau steht, was angesichts der
kleinen Anzahl von Wissenschaftern und der beschränkten Mittel
positiv überrascht.

Wir möchten an dieser Stelle allen, die mit Ihren Beiträgen
diese Tagung ermöglicht haben, herzlich danken. Besondere An-
erkennung gilt auch allen Mitgliedern der ÖGAI und Mitar-
beitern, die zum Erfolg beigetragen haben.

September 1985   Harald Trost/Johannes Retti

INHALTSVERZEICHNIS

AI-TOOLS

AUTOMATISCHES BEWEISEN UND PROGRAMMIEREN

SPIELE

AUSWIRKUNGEN

<u>ÜBERLEGUNGEN ZUR KONSISTENZTESTPROBLEMATIK VON WISSENSBASEN AM BEI-
SPIEL DES MEDIZINISCHEN EXPERTENSYSTEMS CADIAG-1</u>

F.BARACHINI, K.-P.ADLASSNIG
Institut für Medizinische Computerwissenschaften
(Vorstand: Prof.Dr.G.Grabner) Garnisongasse 13, A-1090 Wien

Kurzfassung

Computerunterstützte medizinische Diagnosesysteme versuchen mit Hilfe
einer Wissensbasis aus einem Patientensymptommuster Diagnosen zu deduzieren. Beinhaltet die Wissensbasis widersprüchige Elemente, so
vermindert sie das Qualitätsniveau des gesamten Expertensystems. Ziel
eines jeden Implementierers muß es daher sein, Konsistenz der jeweils
verwendeten Wissensbasis zu gewährleisten.

CONSDED (CONsistency and DEDuction) ist eine Inferenzmaschine, die die
Konsistenz der Wissensbasis des medizinischen Diagnosesystems CADIAG-1
(Computer Assisted DIAGnoses) feststellt. Die vorgeschlagene Methode
basiert auf der Tatsache, daß es gelungen ist, die verwendeten Relationen zwischen den medizinischen Entity-Typen mit Hilfe des Prädikatenlogischen Kalküls formal darzustellen.

1. Formale Interpretation von Wissensbasen

Eine Wissensbasis ist im allgemeinen in zwei logische Ebenen /9/ unterteilt:

- die Ebene des Faktenwissens (extensionale Ebene)
- die Ebene des Regelwissens (intensionale Ebene)

Die extensionale Ebene beinhaltet atomare Fakten, die in Form von Relationen zwischen den Entity-Typen (z.B.: Symptome, Diagnosen) gespeichert sind. Vom Standpunkt der Logik hat jedes Entity dieser Ebene die Bedeutung einer Konstante.

Die intensionale Ebene beinhaltet Aussagen, die Wenn-Dann-Implikationen zwischen Entities darstellen. Vom Standpunkt der Logik hat jedes Entity dieser Ebene die Bedeutung einer Variablen.

Wir wollen nun die Frage diskutieren, wie unterschiedlich sich eine "updating-Operation" auf beide Ebenen auswirkt:

Fügt man in die extensionale Ebene eine widersprüchige Relation ein, so ist es dennoch möglich, daß die Wissensbasis noch sicher arbeiten kann, denn der Widerspruch einer atomaren Aussage "$\propto$" macht sich nur dann bemerkbar, wenn gerade das Faktum "$\propto$" abgefragt wird. Wird jedoch "$\propto$" im Sinne eines deduktiven "Frage-Antwortsystems" nie abgefragt, dann wird auch der Widerspruch nicht entdeckt.

Fügt man in die intensionale Ebene eine neue Aussage ein, so ist dafür zu sorgen, daß diese Aussage nicht im Widerspruch zu den bisherigen Aussagen steht, denn das intensionale Wissen wird von einer Inferenzmaschine problemorientiert und daher indeterministisch verwendet. Der Benutzer weiß also nie, welche der Aussagen für den jeweiligen Deduktionsprozeß verwendet werden. Wenn also die intensionale Ebene "β" widersprüchig und "$\propto$" ein Faktum ist, dann folgt aus "β" sowohl "$\propto$" als auch dessen Negat, d.h. jede Frage an die Wissensbasis würde positiv beantwortet werden.

2. Die Konsistenztestproblematik

Will man eine Relation r_n in eine Wissensbasis einfügen, was einer Erweiterung des extensionalen Teiles entspricht, so muß das folgende Problem gelöst werden:

$$(X_1 \ r_1 \ X_2) \wedge (X_2 \ r_2 \ X_3) \wedge \ldots \wedge (X_{n-1} \ r_{n-1} \ X_n) \xrightarrow{\ ?\ } (X_1 \ r_n \ X_n)$$

X_n ... Entities

r_n ... Relationen

Im generellen läßt sich das oben formulierte Problem auf Frage-Antwortsysteme bzw. auf Programmverifikationssysteme zurückführen, in denen man versucht aus vorgegebenen Prämissen ein sogenanntes Antwortclause /4/ oder Halteclause /6/ zu deduzieren.

Für den Beweis der Validität neu eingefügter Relationen bieten sich

das Herbrandsche Theorem /5/, das Resolutionsprinzip von Robinson /8/
oder direkte Verfahren von Nilsson /7/ an, vorausgesetzt, die Relationen sind mittels wohlgeformter Formeln (wgFs) prädikatenlogisch
darstellbar.

3. Die prädikatenlogische Darstellung der CADIAG-1 Relationen

In den erwähnten wgFs werden folgende zwei Prädikate verwendet:
- $S_i(p)$: Symptom S_i wurde am Patienten p entdeckt
- $K_j(p)$: Patient p leidet an Krankheit K_j

Die folgenden Relationen wurden von Ärzten definiert und können prädikatenlogisch dargestellt werden:

OB-Relation (obligat und beweisend):
- alle p mit S_i leiden an K_j
- an allen p mit K_j wurde S_i entdeckt
- es gibt mindestens ein p mit S_i und K_j

$$S_i \underline{\text{OB}} K_j \triangleq \forall p(S_i(p) \rightarrow K_j(p)) \land \forall p(K_j(p) \rightarrow S_i(p)) \land \exists p(S_i(p) \land K_j(p))$$

FB-Relation (fakultativ und beweisend):
- alle p mit S_i leiden an K_j
- nicht an allen p mit K_j wurde S_i entdeckt
- es gibt mindestens ein p mit S_i und K_j

$$S_i \underline{\text{FB}} K_j \triangleq \forall p(S_i(p) \rightarrow K_j(p)) \land \neg \forall p(K_j(p) \rightarrow S_i(p)) \land \exists p(S_i(p) \land K_j(p))$$

ON-Relation (obligat und nicht beweisend):
- an allen p mit K_j wurde S_i entdeckt
- nicht alle p mit S_i leiden an K_j
- es gibt mindestens ein p mit S_i und K_j

$$S_i \underline{\text{ON}} K_j \triangleq \forall p(K_j(p) \rightarrow S_i(p)) \land \neg \forall p(S_i(p) \rightarrow K_j(p)) \land \exists p(S_i(p) \land K_j(p))$$

A-Relation (ausschließend):
- alle p mit S_i haben nicht K_j

- es gibt mindestens ein p mit S_i und nicht K_j
- es gibt mindestens ein p mit K_j und nicht S_i

$$S_i \underline{A} K_j \quad \triangleq \quad \forall p(S_i(p) \rightarrow \neg K_j(p)) \wedge \exists p(S_i(p) \wedge \neg K_j(p)) \wedge$$
$$\exists p(K_j(p) \wedge \neg S_i(p))$$

<u>FN-Relation</u> (fakultativ und nicht beweisend):
- nicht alle p mit S_i leiden an K_j
- nicht alle p mit K_j haben S_i
- es gibt mindestens ein p mit S_i und K_j

$$S_i \underline{FN} K_j \quad \triangleq \quad \neg\forall p(S_i(p) \rightarrow K_j(p)) \wedge \neg\forall p(K_j(p) \rightarrow S_i(p)) \wedge$$
$$\exists p(K_j(p) \wedge S_i(p))$$

Ausgehend von diesen wgFs und mit Hilfe von Axiomen und Theoremen der Prädikatenlogik ist es nun gelungen, die Konsistenz des intensionalen Wissens /3/ von CADIAG-1 /1/ zu beweisen. Das intensionale Wissen /2/ besteht aus 25 Theoremen folgender Art:

$$X_i \ r_i \ X_j \wedge X_j \ r_j \ X_k \rightarrow X_i \ r_k \ X_k$$
$$X_i \quad \ldots \quad \text{Symptome, Diagnosen}$$
$$r_{i,j,k} \quad \ldots \quad \text{Relationen} \in \{OB, ON, A, FB, FN\}$$

Konnte eine Relation r_k mit Hilfe des Prädikatenlogischen Kalküls weder bewiesen noch ausgeschlossen werden, so wurde sie den unentscheidbaren Relationen zugeordnet.

Um logische Schlüsse ableiten zu können, teilt man die gefolgerten Relationen in drei Klassen ein:

<u>BR-</u> die Klasse der bewiesenen Relationen:
das sind jene Relationen, die beweisbar sind (Tautologien).

<u>AR-</u> die Klasse der ausgeschlossenen Relationen:
das sind jene Relationen, die widerlegbar sind (Antitautologien).

<u>IR-</u> die Klasse der indeterminierten Relationen:
das sind jene Relationen, die im Sinne der Logik unentscheidbar sind.

X_i	β_i	X_j	β_j	X_k	X_i	β_l	X_k
					BR	AR	IR
	FN		FN				OB,ON,A,FB,FN
	FN		FB			OB,ON,A	FB,FN
	FN		ON			OB,FB	ON,A,FN
	FN		OB		FN	OB,ON,A,FB	
	FN		A			OB,FB	ON,A,FN
	FB		FN			OB,ON	A,FB,FN
	FB		FB		FB	OB,ON,A,FN	
	FB		ON				OB,ON,A,FB,FN
	FB		OB		FB	OB,ON,A,ON	
	FB		A		A	OB,ON,FB,FN	
	ON		FN			OB,A,FB	ON,FN
	ON		FB			A	OB,ON,FB,FN
	ON		ON		ON	OB,A,FB,FN	
	ON		OB		ON	OB,A,FB,FN	
	ON		A			OB,FB	ON,A,FN
	OB		FN		FN	OB,ON,A,FB	
	OB		FB		FB	OB,ON,A,FN	
	OB		ON		ON	OB,A,FB,FN	
	OB		OB		OB	ON,A,FB,FN	
	OB		A		A	OB,ON,FB,FN	
	A		FN			OB,ON	A,FB,FN
	A		FB			OB,ON	A,FN,FB
	A		ON		A	OB,ON,FB,FN	
	A		OB		A	OB,ON,FB,FN	
	A		A				OB,ON,A,FB,FN

Klassenzugehörigkeit der gefolgerten Relationen aufgrund
von vorhandenen Prämissen.

X_i, X_j, X_k ... Symptome und Diagnosen

$\beta_i, \beta_j, \beta_k$ ... Relationen OB,ON,A,FB,FN

Diese Theoreme müssen bewiesen werden, da sie das extensionale Wissen
von CADIAG-1 repräsentieren.

4. Beweisführung für die Validität der verwendeten Theoreme

Unter der Voraussetzung, daß dem Leser die Prädikaten- und Aussagen-
logischen Termini bekannt sind, wird als repräsentatives Beispiel ein
Beweis für das 3. Theorem aus dem Tableau durchgeführt.

Beispiel: 3. Theorem

Es ist zu zeigen, daß aus der Prämisse "$(X_1 \text{ FN } X_2) \wedge (X_2 \text{ ON } X_3)$" die
zwischen X_1 und X_3 gefolgerten Relationen den drei Klassen BR,AR,IR

wie folgt zugeordnet sind:

$$BR = \{\} \qquad AR = \{OB, FB\} \qquad IR = \{ON, A, FN\}$$

<u>Beweisverfahren:</u>

Da die wohlgeformte Formel $\forall x(X_1 \to X_3)$ Element der Relationen OB,FB ist, genügt es, zu zeigen, daß das Negat $\neg\forall x(X_1 \to X_3)$ aus der Prämisse ableitbar ist. Gelingt es also, $\neg\forall x(X_1 \to X_3)$ aus der Prämisse abzuleiten, dann ist die Behauptung bewiesen. Gemäß dem Refutationsprinzip wird das Negat der zu beweisenden Formel in die Prämisse aufgenommen, und es wird versucht, einen Widerspruch herbeizuführen. Die angewendeten Regeln sind Axiome und Theoreme der Prädikatenlogik, wobei das Zeichen " $\vdash$ " als Ableitungsoperator fungiert:

<u>Prämisse:</u>

$$(X_1 \text{ FN } X_2) \wedge (X_2 \text{ ON } X_3)$$

<u>Prädikatenlogische Übersetzung:</u>

$$\neg\forall x(X_1(x) \to \neg X_2(x)) \wedge \neg\forall x(X_1(x) \to X_2(x)) \wedge$$
$$\neg\forall x(X_2(x) \to X_1(x)) \wedge \neg\forall x(X_2(x) \to X_3(x)) \wedge$$
$$\forall x(X_3(x) \to X_2(x)) \wedge \neg\forall x(X_2(x) \to \neg X_3(x))$$

<u>Beweis:</u>

$\vdash \forall x(X_1(x) \to X_3(x))$	Aufnahme des Negats der zu beweisenden Formel
$\vdash \forall x(X_1(x) \to X_3(x)) \to (X_1(x) \to X_3(x))$	Axiom
$\vdash X_1(x) \to X_3(x)$	modus ponens
$\vdash X_3(x) \to X_2(x)$	Prämissenformel
$\vdash (X_1(x) \to X_3(x)) \to ((X_3(x) \to X_2(x)) \to (X_1(x) \to X_2(x)))$	Axiom
$\vdash X_1(x) \to X_2(x)$	2 x modus ponens
$\vdash \underline{\forall x(X_1(x) \to X_2(x))}$	Generalisation

Ein Widerspruch zur Prämisse konnte gefunden werden, daher sind die Relationen OB,FB ausgeschlossen. Die Formel $\neg\forall x(X_1(x) \to X_3(x))$ steht jedoch nicht im Widerspruch zu den drei Relationen ON,A,FN. Diese drei Relationen lassen sich weder beweisen, noch widerlegen – sie sind daher indeterminiert.

Mit den Axiomen und Theoremen der Prädikatenlogik gelingt es alle 25 Theoreme zu beweisen – daher ist das intensionale Wissen konsistent.

5. Die Inferenzmaschine CONSDED (CONsistency and DEDuction)

CONSDED stellt die Konsistenz der ca. 50.000 medizinischen Relationen von CADIAG-1, die das extensionale Wissen repräsentieren, fest.

Die Inferenzmaschine ist in PL1 (Batchbetrieb) unter dem Betriebssystem VM-CMS implementiert und versucht für jede Relation mit Hilfe des intensionalen Wissens einen Beweis oder Widerspruch aus den bereits konsistenten Relationen zu deduzieren. Kann für eine Relation weder ein Beweis noch ein Widerspruch gefunden werden, so wird diese Relation trotzdem in die Wissensbasis aufgenommen. Man spricht daher von einer unentscheidbar konsistenten Wissensbasis.

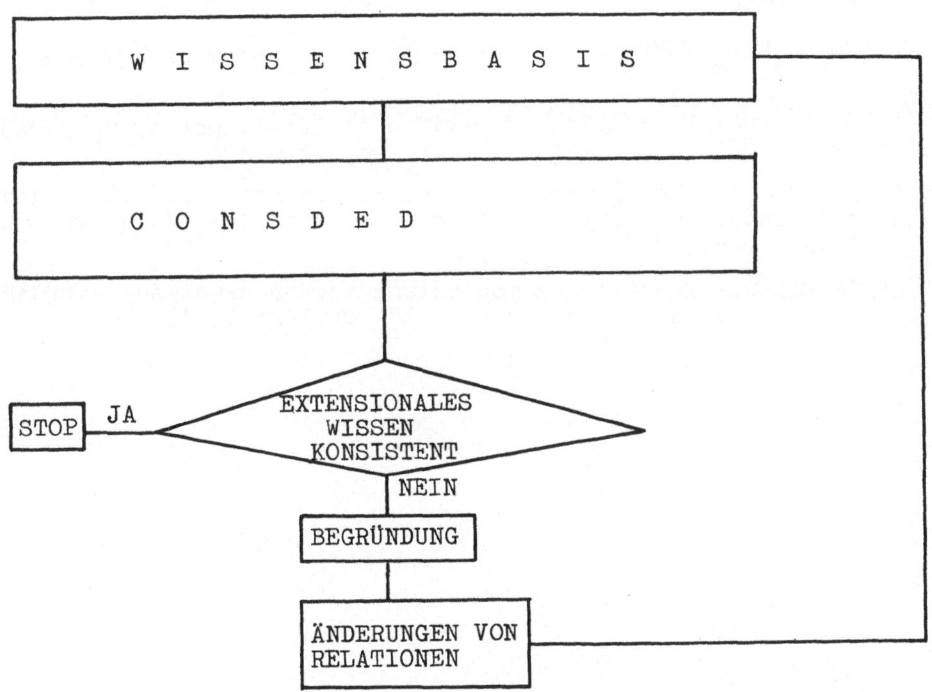

Schematischer Ablauf des Konsistenztests

Die Widerspruchsfreiheit der Wissensbasis von CADIAG-1 garantiert, daß jedes deduzierte Wissen konsistent ist.

Literatur

/1/   ADLASSNIG K.-P.,KOLARZ G.,LIPOMERSKY F.,GRÖGER I.,GRABNER G.:
       CADIAG-1: Ein logisches computerunterstütztes Diagnosesystem
       und seine Anwendung in der internen Medizin in: ADLASSNIG K.-P.,
       DORDA W.,GRABNER G.: Medizinische Informatik. Verlag R.Olden-
       burg, Wien-München, 1981, 220-227.

/2/   BARACHINI F.,ADLASSNIG K.-P.: Konsistenzprüfung von Wissensba-
       sen medizinischer Expertensysteme in: GELL G.,EICHTINGER CH.:
       MedizinischeInformatik 84. Verlag R.Oldenburg, Wien-München,
       1984, 54-59.

/3/   BARACHINI F.: Konsistenzprüfung von Wissensbasen medizinischer
       Expertensysteme. Dissertation TU-Wien, 1984.

/4/   CHANG C.-L.,LEE R.C.-T.: Symbolic logic and mechanical theorem
       proving. Academic Press, New York, 1973.

/5/   HERBRANDT J.: Recherches sur la théorie de la demonstration,
       Travaux de la Societe des Sciences et des lettres de Varsovie,
       1930, 33-128.

/6/   MANNA Z.,WALDINGER R.J.: Towards automatic program systems.
       CRCM.14,3. 1971, 151-165.

/7/   NILSSON J.N.: Principles of Artificial Intelligence. Springer-
       verlag, 1982.

/8/   ROBINSON J.A.: The generalized resolution principle. In: Machine
       Intelligence, Bd.3 (Hrsg. Michie D.), Edinburgh: Edinburgh Uni-
       versity Press, 1968.

/9/   SCHÖNFELD W.: Zum Einsatz von automatischen Beweissuchverfahren
       in Informationssystemen. Universität Stuttgart, 1983.

<u>"KNOWLEDGE ENGINEERING" UND "AGENDA"-ENTWURF</u>
<u>FÜR EIN FEHLERDIAGNOSESYSTEM</u>

Martin Hofmann
ITT Austria
A-1210 Wien

1. EINLEITUNG

Dieser Bericht beschreibt die Erfassung, Strukturierung und Darstellung des Wissens über die Feld-Diagnose und Reparatur von elektronisch gesteuerten Geräten, konkret von Benzinzapfsäulen, und die dazu entworfene Diagnosestrategie, die Formulierung der Benutzerinteraktion und die Verwaltung der Testergebnisse und Befunde. Das entwickelte Expertensystem basiert auf der Inferenzmaschine GENIE /1, 2/, die an der Vanderbilt University entwickelt und ursprünglich für medizinische Diagnose verwendet wurde /1, 3/. Das Expertenwissen wird in einem "shallow model" dargestellt, in dem eine dynamisch optimierende und fokussierende Suchstrategie definiert wird. Besonderen Wert wird auf die Fokussierung der Suche (Diagnose) gelegt, weil durch die Anweisung von erfolglosen Tests oder Reparaturarbeiten schnell eine Ablehnung des Systems durch die wenig EDV-geschulten Benutzer (die Servicetechniker) erfolgt.

2. ANFORDERUNGEN AN DAS SYSTEM

Durch die Verwendung von elektronischen Steuerungen für ursprünglich rein mechanische und hydraulische Anlagen sind die entsprechend geschulten Servicetechniker oft nicht mehr in der Lage, effiziente Reparaturen durchzuführen. Auch die zur Verfügung stehenden Reparaturanleitungen sind notgedrungen unvollständig, nehmen nicht auf alle verschiedenen Versionen, die im Einsatz stehen, Rücksicht und enthalten selten Anleitungen zur Verifikation von Reparaturmaßnahmen. Deshalb steht den Servicetechnikern ein Telefondienst zur Verfügung, über den sie von Experten Hinweise erhalten können. Da aber Experten üblicherweise überlastet sind, soll das Expertensystem in der ersten Einsatzphase im Telefondienst eingesetzt werden, wo ungeschulte Kräfte die Fragen und Antworten des Systems an die Servicetechniker weiterleiten können.

Wesentliche Kriterien für den Erfolg des Systems waren also,
erfolglose Hypothesen durch Strukturierung des Lösungsraums so weit
wie möglich zu vermeiden, vorhersagbares Verhalten an den Wissens-
grenzen zu erzielen, die durchgeführten Tests und Reparaturmaßnahmen
und den Zustand der Anlage mitzuverfolgen, um sowohl detaillierte
Anweisungen geben zu können, als auch um den Erfolg einzelner Maßnahmen
zu isolieren und erfolglosen Austausch von Teilen rückgängig machen
zu können. Außerdem ist es in einigen Fällen notwendig, ganze Test-
reihen zu wiederholen, besonders wenn Gefahr besteht, daß durch Fehler
beim Testen neue Defekte entstanden sind.

3. SYSTEMKONZEPT

Um die oben beschriebenen Bedingungen zu erfüllen und um schon
nach kurzer Zeit Teile des Systems fertigstellen und testen zu können,
wurde ein "shallow model", das Ursachen und beobachtbares Fehlverhalten
miteinander in Beziehung bringt, als Implementierungskonzept gewählt.
Dies erlaubt einen einfachen modularen Aufbau der Wissensbasis und
garantiert gutmütiges Verhalten an den Grenzen des Systemwissens. Die
Diagnosehypothesen werden nicht dynamisch vom Expertensystem erzeugt,
sondern sind in einer hierarchischen Struktur, die der Erfahrung des
Experten entspricht, aufgegliedert, können aber auf Grund von Testergebnissen dynamisch verändert werden. Besonders wenn keine mächtigen
Selbsttestfunktionen im zu reparierenden System vorgesehen sind, gibt
es eine große Anzahl von Test- und Meßmöglichkeiten, die aber jeweils
nur eine geringe Aussagekraft haben. Die vom Experten aufgestellten
Diagnosehypothesen stellen eine Verknüpfung dieser Tests dar, wodurch
das Systemverhalten besser kontrolliert und fokussiert werden kann,
Chandrasekaran spricht von einem kompilierten Expertensystem ("compiled
expert system") /4/. In dieser Wissensstruktur ist es möglich, sowohl
Messungen anzuordnen und direkte Schlüsse aus den Meßergebnissen zu
ziehen, als auch, wenn dies einfacher ist, Reparaturhypothesen mit
guter Erfolgswahrscheinlichkeit sofort auszuprobieren. Es können auch
auf Grund von gegebenen Daten verworfene Hypothesen später wieder betrachtet werden, wenn sich die Daten ändern oder gar als falsch heraus-
stellen. Danach müssen alle aus diesen Daten gezogenen Schlüsse neu
verifiziert werden, sodaß ein genaues Systemmodell, das auch die Ge-
schichte der Diagnose enthält, unerläßlich ist.
Da das System den Experten ersetzt, wird der Dialog mit dem Benutzer vom System aus gelenkt, d.h. das System stellt Fragen und ordnet

Tests und Reparaturmaßnahmen an, denen der Benutzer folgen muß. Es
wurde in der ersten Version darauf verzichtet, dem Benutzer Eingaben,
die nicht mit der aktuellen Hypothese zusammenhängen, zu erlauben,
aber es steht ihm frei, mit "unknown" auf Fragen zu antworten. Obwohl
dann mit einem "default"-Wert weitergearbeitet wird (es kann auch eine
Funktion, die den unbekannten Wert liefert, definiert werden, die dann
aufgerufen wird), kann der Servicetechniker jederzeit zu dieser Frage
zurückkehren und einen anderen Wert eingeben oder den alten Wert als
korrekt bezeichnen.

Außerdem kann jederzeit ein "explanation screen" ausgegeben
werden, wo die bekannten Symptome und Subsymptome, die aktuelle Arbeits-
hypothese und die bereits behandelten Hypothesen aufgelistet werden.
Die Fragen "why?" und "how?", die sich auf das "rule chaining", die
Verkettung der Regeln in der Wissensbasis, beziehen, werden von der
Inferenzmaschine GENIE behandelt.

3.1 Modelle des Diagnose-Objekts

Ursprünglich existiert ein Modell des Objekts, das nur allgemeine
Angaben über den Objekt-Typ, z.B. die Sollwerte an den Meßpunkten,
enthält, und beschreibt, wie Daten des betrachteten Objekts erfaßt
werden können. Daneben existiert das kausale Modell von Fehlerur-
sachen und -auswirkungen in der Wissensbasis und das Modell des Lösungsraums, das die Hypothesen enthält und in dem sich die Diagnosestrategie widerspiegelt. Während des Dialogs werden alle Fragen und
Antworten gespeichert, manchmal zusammen mit dem Kontext in dem sie
gelten, wodurch sich ein genaues Modell des betrachteten Objekts ergibt. Dieses Modell ist aber nie vollständig und soll es auch nicht
sein, weil versucht wird, so schnell wie möglich, d.h. mit so wenig
Aufwand an Tests und Messungen wie möglich, die richtige Diagnose zu
finden.

Manche Daten, z.B. Spannungswerte an den Meßpunkten, können sowohl mehrfach in unterschiedlichem Kontext mit unterschiedlichem Wert
im Modell vorkommen, als auch durch neue Werte überschrieben werden.
Werden solche Werte für Schlußfolgerungen benötigt, dann muß entschie-
den werden, ob ein gespeicherter Wert verwendet werden kann, oder ob
eine neue Messung durchgeführt werden muß, weil sich die Bedingungen
geändert haben.

3.2 Strukturierung des Lösungsraums

Jeder Fehlerursache, z.B. defekte ICs, Stecker, Bedienungsfehler,
wird eine Hypothese zugeordnet, die zusammen mit den relevanten Tests,
die eine Verifizierung der Hypothese ermöglichen, in einer "rule-base"
(Regelgruppe) als IF-THEN-ELSE Regel formuliert wird. Hypothesen
können verschieden detailliert sein, von grob, z.B. Fehler in der
Spannungsversorgung, zu fein, z.B. defekte Sicherung im +5 Volt Netz-
teil, und sie werden immer in Richtung vom Allgemeinen zum Besonderen
aufgestellt, sodaß ein Fokussierungseffekt auf die Fehlerursache ein-
tritt (siehe Bild 1).

Eine erste Auswahl der relevanten Hypothesen aus deren Gesamt-
menge geschieht zu Systemstart, wenn der Servicetechniker das Grundsymptom, also die offensichtliche Fehlfunktion der Anlage, aus einem
Menü auswählt. Schon hier kann eine weitere Verfeinerung der Symptom-
beschreibung vom System verlangt werden, aber es erfolgt noch keine
Anwendung von Regeln, sondern nur eine Auswahl aus den hierarchisch
geordneten Hypothesen. Der so erhaltene Ausschnitt des Lösungsraums
ist schichtartig nach der Detailliertheit der enthaltenen Hypothesen
gegliedert. In jeder Schicht sind die Hypothesen in linearen Listen
geordnet und zwar so, daß wahrscheinliche Fehler und solche, die leicht
entdeckt werden können, zuerst geprüft werden und erst später solche,
für die umfangreiche Tests notwendig sind.

Wenn eine Regelgruppe benützt wird um die zugeordnete Hypothese
zu testen, dann gibt es vier mögliche Ergebnisse: (1) es wird fest-
gestellt, daß die aufgestellte Hypothese verworfen werden muß, weil
im betrachteten Teil der Anlage kein Fehler ist, (2) ein Fehler wird
gefunden, kann korrigiert werden und damit ist das Symptom, das den
Aufruf der Regelgruppe von der nächsthöheren Schicht her bewirkt hat,
auch verschwunden, d.h. eine erfolgreiche Reparatur wurde durchgeführt,
(3) wie in (2) wird ein Fehler gefunden und behoben, aber das entsprechende Symptom bleibt bestehen und (4) ein Fehler ("Subsymptom")
wird gefunden, muß aber genauer analysiert werden bevor eine Reparatur
möglich ist.

Im Fall (1) wird die nächste Hypothese in derselben Schicht ausgewählt und getestet. Ist die Liste der Hypothesen verbraucht, ohne
daß das Symptom oder Subsymptom beseitigt werden konnte, dann ist die
Diagnose gescheitert. Bei (2) wird in die nächsthöhere Schicht zu-
rückgegangen und die dortige Hypothese erneut getstet unter der Bedingung, daß das dort gefundene Subsymptom (der Fehler, der in der
nächstunteren Schicht als Symptom betrachtet und behoben wurde,

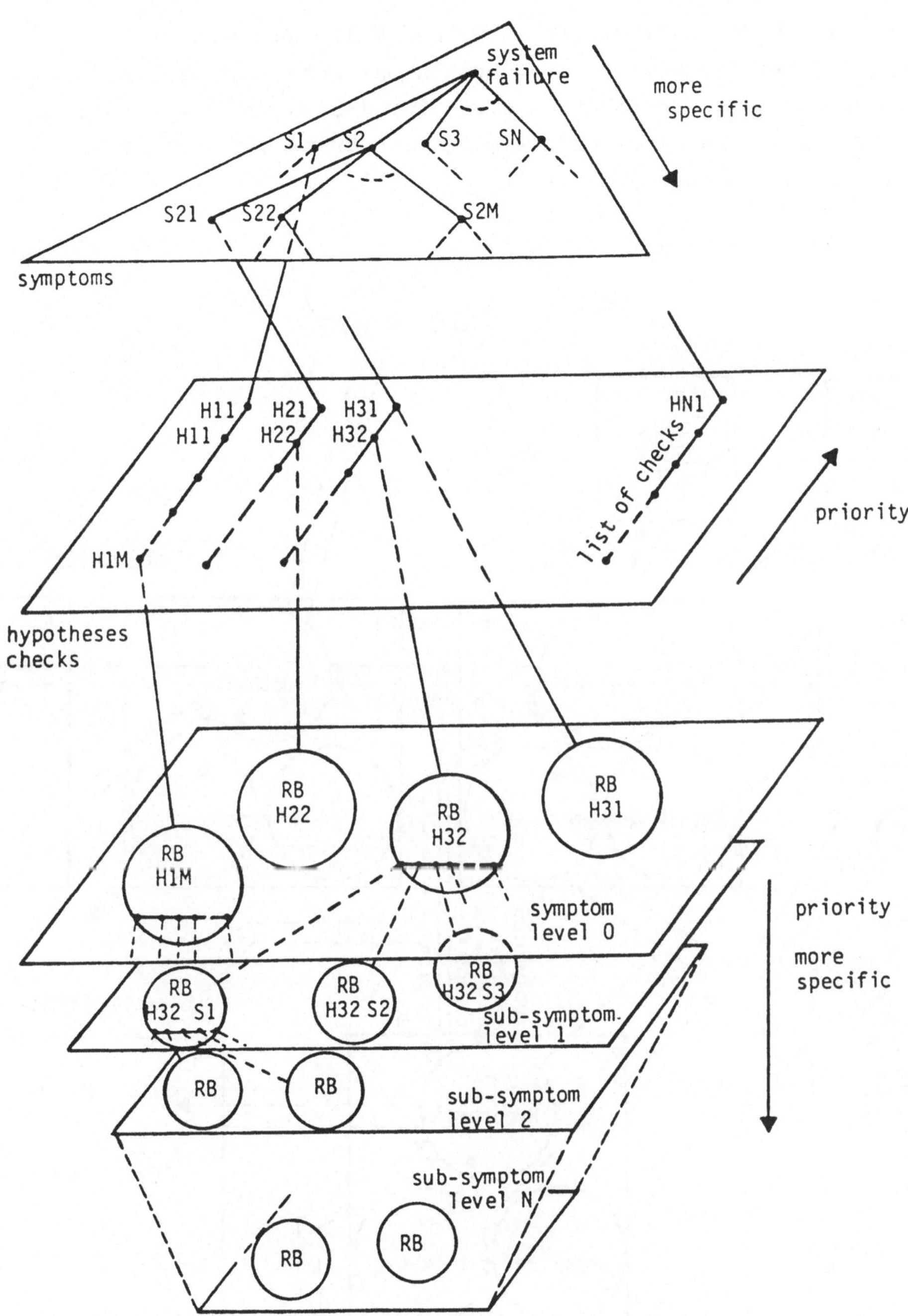

Bild 1: Strukturierung des Lösungsraums

vgl. (4)) korrigiert wurde. Wird beim Aufsteigen durch die Schichten
die oberste Schicht, das Grundsymptom, erreicht und es ist verschwunden, dann waren Diagnose und Reparatur erfolgreich. Bei (3) war die
Diagnose erfolgreich aber die Reparatur nicht, es kann versucht werden,

weitere Hypothesen aufzustellen, für den Fall, daß mehrere Fehler vorliegen, und bei (4) wird in die nächstniedrigere Schicht übergegangen,
wobei der Fehler zum Subsymptom wird, für dessen Ursache eine neue
Liste von Hypothesen vorliegt, aus der das erste Element als neue
Arbeitshypothese ausgewählt wird.

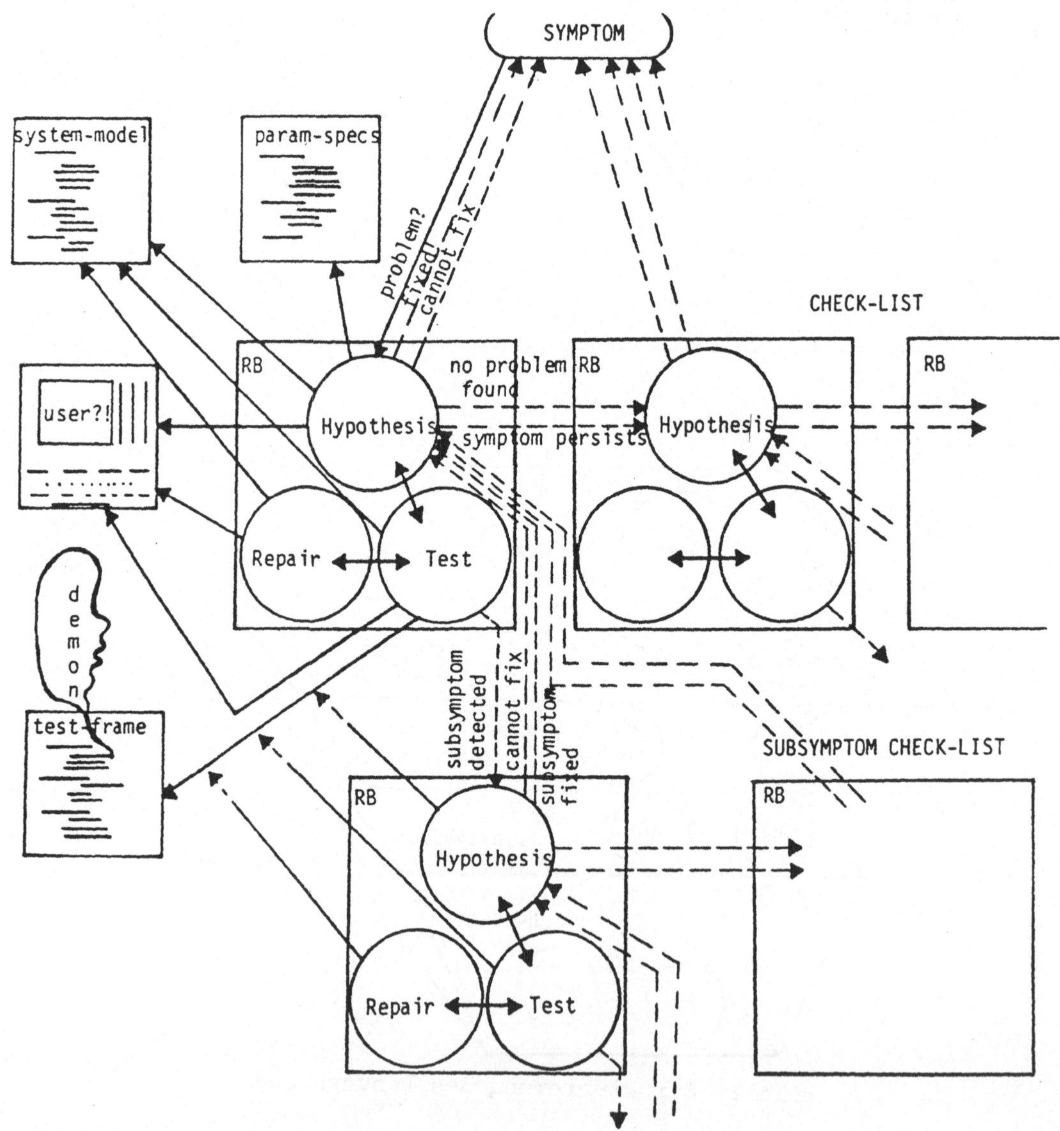

Bild 2: Struktur und Interaktion der Regelgruppen

Allgemein ist jedem Symptom oder Subsymptom eine Liste von Hypothesen zugeordnet. Diese Listen werden zwar vom Experten festgelegt und zu Systemstart geladen, können aber wie alle anderen Daten im System bei Bedarf dynamisch geändert werden, wenn entweder die Reihenfolge geänderten Wahrscheinlichkeiten angepaßt werden muß oder gewisse Hypothesen ausgeschieden und aus der Liste gestrichen werden müssen. Aber auch diese Veränderungen müssen vom Experten vorausgesehen und im System implementiert werden.

Aber nicht nur solche Regelgruppen, die Diagnosehypothesen beschreiben, können in den Listen aufscheinen, sondern auch Regeln, die Konsistenzprüfungen am Modell des Objekts vornehmen. Dadurch können Widersprüche aufgedeckt und Befunde aus mehreren Regelgruppen logisch verknüpft werden. Da die verwendeten Regeln und die daraus abgeleiteten Schlüsse im Modell vermerkt werden, ist es auch möglich, schon verworfene Hypothesen unter neuen Voraussetzungen zu betrachten, aber ohne gültige Daten zu verwerfen.

3.3 Regelgruppen

Die Regeln in den Regelgruppen bestimmen weitgehend das konkrete Verhalten des Systems. Sie bestehen normalerweise aus der Beschreibung der Hypothese über den Fehler, den Direktiven für die Benutzerinteraktion, durch die Tests angeordnet und Ergebnisse erfragt werden, und die Beschreibung der Reparaturanweisungen. Bild 2 zeigt die Struktur der Regelgruppen, ihre Interaktionspfade und die von GENIE unterstützten Datenstrukturen.

4. IMPLEMENTIERUNG IN GENIE

GENIE stellt alle Funktionen zur Verfügung, die zum Aufbau und zur Benützung eines Expertensystems nötig sind, sodaß nur wenige spezielle Routinen direkt in LISP geschrieben werden müssen. Bild 3 zeigt die Teile des Systems, wobei GENIE volumsmäßig den größten Teil ausmacht. Alle Daten und Modelle werden in "frames" aufgebaut und verwaltet, auch die interne Darstellung der Regeln geschieht so. Dem Benutzer stehen ein "rule editor" und ein "frame editor" zur Verfügung, die den Aufbau dieser Strukturen im richtigen Format übernehmen.

Der "frame", der die Parameterspezifikation enthält, ist besonders wichtig, weil dort definiert ist, wie Werte für Parameter aufgesucht werden. Dies entspricht einer erweiterten Variablendeklaration, wo

neben Typ und Wertebereich auch angegeben wird, ob ein Wert für den
Parameter aus Regeln abgeleitet werden soll, der Benutzer gefragt,
ein Defaultwert verwendet, oder eine Funktion aufgerufen werden soll.
Außerdem kann spezifiziert werden, mit welcher Message der Benutzer
um den Wert gefragt wird, oder ob eine Menüauswahl möglich ist.

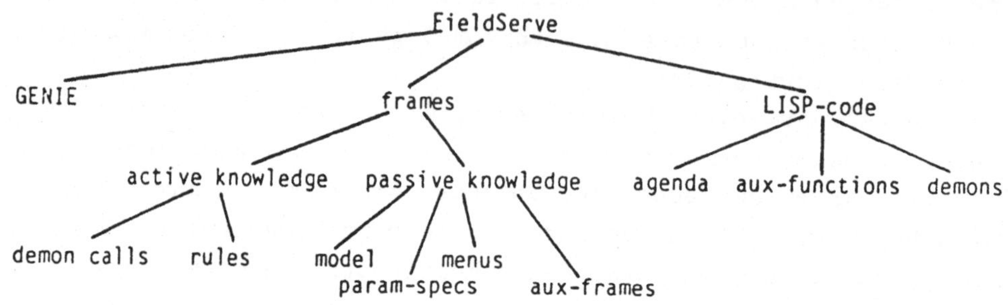

Bild 3: Gliederung des Expertensystems

In jedem "frame" können auf einem Platz eines Parameterwertes
spezielle Marken gesetzt werden, die Hilfsfunktionen, sogenannte
"demons" kennzeichnen, die aufgerufen werden, wenn der Wert manipuliert,
z.B. gelesen oder geschrieben, wird.

GENIE erlaubt jede Art des Verkettens der Regeln in einer Regelgruppe (forward, backward, data-driven chaining) und auch das Setzen
von Kontext-Variablen, wodurch dieselben Regeln in verschiedenen Um-
gebungen auf unterschiedlichen Daten angewendet werden können. Eine
genaue Beschreibung von GENIE befindet sich in /2/.

Das Expertenwissen wurde für den Prototypen, der ca. die Hälfte
der Defekte behandelt, in etwa 50 Regelgruppen mit insgesamt ca. 300
Regeln dargestellt. Das Expertensystem bedient sich der von GENIE
zur Verfügung gestellten Manipulationsmechanismen für das Expertenwissen und die Systemmodelle in der durch die Agenda vorgegebenen
Weise. GENIE ist in der Sprache FRANZLISP /5/ implementiert, die
auch zur Formulierung der Agenda verwendet wurde.

Eine Diagnosesitzung wird durch einen parameterlosen LISP Aufruf
der Agenda-Funktion aus der FRANZLISP-Umgebung aktiviert. Das System
wurde auf einer VAX 11/780 entwickelt, kann aber auch auf einem IBM
PC/XT mit 512 kByte Memory und IQ-LISP verwendet werden, wobei aber
die Verarbeitungsgeschwindigkeit stark sinkt.

5. ZUSAMMENFASSUNG

Es wurde beschrieben, wie auf einem "generic expert system" aufbauend auf der Inferenzmaschine GENIE ein Expertensystem für die Diagnose von einzelnen und mehrfachen Defekten in elektronisch gesteuerten Anlagen erstellt wurde. Das fertige System führt den Servicetechniker durch alle notwendigen Tests und Reparaturmaßnahmen und schlägt jeweils den vom Experten als erfolgreichsten bezeichneten Weg auf der Suche nach dem zugrundeliegenden Defekt ein. Vom besprochenen System wird derzeit eine erste Version für den Feldversuch vorbereitet und gleichzeitig werden Suchstrategie und Wissensbasis verbessert und erweitert. Es konnte gezeigt werden, daß durch Strukturierung des Lösungsraums eine besonders zielführende Diagnosestrategie implementiert werden kann.

LITERATUR

/1/ H.S.H. Sandell, J.R. Bourne, R.G. Shiavi, "GENIE: A Generic Inference Engine for Medical Applications." Proc. Sixth Ann. Conf. IEEE Engr. Med. Biol., Los Angeles, in press, 1984.

/2/ H.S.H. Sandell, GENIE User's Guide and Reference Manual, Technical Report 84-003, Department of Electrical and Biomodical Engineering, Vanderbilt University, 1984.

/3/ J. Dzierzanowski, J.R. Bourne, R.G. Shiavi, "GAITSPERT: A Knowledge-Based Expert System for Evaluation of Human Gait Abnormalities." Proc. Sixth Ann. Conf. IEEE Engr. Med. Biol., Los Angeles, in press, 1984.

/4/ B. Chandrasekaran, "Towards A Taxonomy of Problem Solving Types." AI Magazine, Vol. 4, No. 1, pp. 9-17, 1983.

/5/ J.K. Foderaro, K.L. Sklower, The FRANZLISP Manual, University of California, 1981.

DEVELOPMENTAL FACILITIES IN AN
EXPERT SYSTEM FOR NETWORK TROUBLESHOOTING

Peter Politakis and William Hickson
Artificial Intelligence Applications Group
Digital Equipment Corporation
77 Technology Drive
Hudson, MA 01749

ABSTRACT

The Network Troubleshooting Consultant (NTC) is a rule-based expert
system that gives interpretive analysis of Ethernet/DECnet related
problems. NTC effects an interactive diagnostic process by providing
an interface to diagnostic procedures for in-line testing of both
the hardware and network software. We report on the organization of
the rule base and a general rule writing facility for NTC-like systems. Validation of the system is based on empirical testing over a
data base of problem cases. We discuss these technical aids as well
as the project structure that facilitated an evolutionary style of
development in a commercial environment. The system has been implemented in the EXPERT system for designing consultation models and,
currently, is in a pilot test phase by users in selected manufacturing plants.

INTRODUCTION

With the emergence of expert systems technology (1) into the commercial environment, there is a pronounced need to provide practical
knowledge acquisition and validation techniques for a newly trained
knowledge engineer or (ideally) for the domain specialists who are
responsible for enhancing a knowledge base. A related concern is the
impact that the overall project structure has on the efficiency of
the developmental process. That is, key personnel are located in
different organizations and there is a need to keep abreast of feedback, not only by the experts on the logical performance of an
evolving system, but also by a potential user community on the human
engineering aspects of the system. We have addressed these issues
in the context of our experience in developing an expert system for
advising about network-related problems. In particular, one technical

solution has been the development of a general rule writing facility
for expressing diagnostic rules of a procedural nature, which are automatically translated into the EXPERT (2, 3) rule structures of the
target knowledge base. Secondly, the project has been organized into
three panels of knowledge engineering, expert, and user, to facilitate the evolution of the expert system.

The Network Troubleshooting Consultant (NTC) is a rule-based expert
system that gives interpretive analysis of Ethernet/DECnet (4) related problems. The problem of fault isolation is viewed in two categories: network hardware (e.g., troubleshooting communication control-
lers, servers, transceivers, cables); and network software (e.g.,
tests to verify logical links, network-related routing). The existing tools for investigating these problems include hardware loopback
connectors, off-line diagnostics; and software initiated tests --via
a program called NCP-- of network management counters (registers)
and software loopback. NTC effects an interactive diagnostic session
with a subprocess interface to NCP for in-line testing of both the
hardware and network software. It also has the capabilities of explanation in terms of applied rules, saving/revising case data in a
consultation session, and a fairly extensive help facility with
split-screen display.

Much of the knowledge for network troubleshooting is expressed in a
procedural form. Although many tests are grouped under separate
initial symptoms that comprise troubleshooting guidelines, tests are
tried in a certain order to reach (or deny)diagnostic conclusions.
For example, if an initial symptom of an unsuccessful network file
transfer had been noted, then this would trigger a line of sequential
diagnostic reasoning in a procedural format for file transfer related
subproblems. These can range from concluding that a bad input file
exists, to a physical line disconnect/failure.

In this paper, we summarize how network troubleshooting expertise is
organized in NTC's knowledge base. This organization has been an important basis for finding general techniques to facilitate the en-
coding and testing of NTC-like systems. These include: a rule writing facility with a simple syntax; procedures for analyzing the logical structure of the rules; and EXPERT empirical testing over a data
base of cases. Other problem areas that have been proposed where
these methods appear applicable include expert systems for crash

dump analysis, and assembly testing of products in manufacturing.

SAMPLE SESSION WITH NTC

We illustrate below selected parts of a session with NTC. In this session an important aspect for the user is to perform diagnostic tests. The session was started with an initial symptom of having a file transfer problem. Also included are intermediate hypotheses, that is, key steps in the troubleshooting procedure that are displayed in the questioning session. Lastly, the system terminates with an interpretive analysis saying that a dynamic memory problem exists and suggests appropriate network parameters should be adjusted.

-- NETWORK TROUBLESHOOTING CONSULTANT --

1. Please indicate the nature of your problem. Select all categories
     that apply (Type HELP or ? at any time for assistance):
         1) Installation Problem
         2) Performance Degradation
         3) Broken DECnet function (select 4 - 9)
         4) ________Network Virtual Terminal (SET HOST)
         5) ________File Transfer
         6) ________Network Management
         7) ________Task to Task
         8) ________Remote File Access
         9) ________Terminal Communications (Mail, Phone, Talk)
        10) Suspected Component Failure (select 11 - 15)
        11) ________Server Hardware
        12) ________Host communications interface
        13) ________Line/Circuit (modems, transceivers, cables, etc.)
        14) ________DECnet object
        15) ________Logical Link/Connect Failure
        16) Unexpected/Unsolicited Event Messages
     Checklist:
     *5

         :

         :

Intermediate hypothesis

     Executor Counter Analysis

9. Display the executive counters via NCP> SHOW EXECUTOR COUNTERS.
    *RUN(NCP)

(Running Program.
NCP>SHOW EXECUTOR COUNTERS

Node Counters as of 23-FEB-1984 16:54:19
Executor node = 7.135 (RAYNA)
        >65534 Seconds since last zeroed
         128861 Bytes received
         128847 Bytes sent
              6 Response timeouts
             10 Received connect resource errors
              5 Maximum logical links active
              0 Aged packet loss
              0 Node unreachable packet loss
              0 Node out-of-range packet loss
              0 Oversized packet loss
              0 Packet format error
              0 Partial routing update loss
              0 Verification reject

NCP>exit

....Done)

10. Enter non-zero valued counters:
        1) Received Connect Resource Errors
        2) Response Timeouts
        3) Aged Packet Loss
        4) Node Unreachable Packet Loss
        5) Node Out of Range Packet Loss
        6) Oversized Packet Loss
        7) Packet Format Error
        8) Partial Update Routing Loss
        9) Verification Reject
    Checklist:
    *1,2

      :

      :

            ....

INTERPRETIVE ANALYSIS

        Dynamic memory problem
        To increase non-paged pool on VMS:

        RUN SYSGEN
        R SYS$SYSTEM:SYSGEN
        SYSGEN>SET NPAGEDYN ___

        See the DECnet-VAX System Managers Guide for more details.
        Then reboot the operating system.

18. Was analysis given valid? If not, please give your analysis
    using comments.
        *YES

Command Mode: HIST, DX, HYPO, SUM, NEW, ASK, QUIT, etc, ? for HELP

:QUIT

Would you like to SAVE this diagnostic session? *NO

(Done)

METHODS

The specification of NTC follows the usual structure for EXPERT (2)
classification-type models consisting of the three main sections of
hypotheses (set of conclusions to be reached), findings (set of possible questions), and a set of rules relating findings and hypotheses. The rules section is particularly important in that one may
specify non-deterministic rules in a subsection called Findings to
Hypotheses (FH). The inferences made in the FH subsection can be used
to trigger the evaluation of distinct blocks of rules in a subsection
called the Hypotheses to Hypotheses (HH) rules.

The HH rules subsection allows higher order inferences to be made
based on the results of FH rule evaluation. HH rules are organized
into separate tables of the form: IF <conditions> THEN <rules> where
the IF part contains a logical combination of findings and/or hypotheses and the THEN part contains an ordered set of rules to be

evaluated only when the IF part is satisfied. There are about 40 FH rules and 25 IF-THEN tables with about 450 rules in the current implementation of NTC. (NOTE: The other dimensions of the current system include a set of over 200 possible questions, 75 terminal hypotheses, and 100 intermediate hypotheses.)

NTC employs a data driven control strategy with forward chaining of FH rules to HH rules, for which rule evaluation is based on the EXPERT (2) rationale and usage of confidence factors. The basic cycle of FH rule evaluation focuses on the current highest ranked hypothesis as determined by the confidence assigned from previously satisfied rules and for which partially satisfied rules exist to confirm the hypothesis. The evaluation of HH rules occurs after each cycle of FH rule evaluation. Here, each IF part of an IF-THEN table is evaluated, and if satisfied, causes the ordered evaluation of rules in the THEN part. NTC exhausts all applicable rules for one or more hypotheses pending by pursuing each potential fault at a time during a diagnostic session. It will terminate when no partially satisfied rules remain to be evaluated, and at which time it reports its conclusions.

An important design goal for NTC is to facilitate the expression and revision of its knowledge base. We have developed a rule writing facility that is based on the recognition that much of the knowledge is encoded in the IF-THEN tables. This allows one to organize expertise (rules as well as conclusions and findings) into separate, comprehensible topic areas of troubleshooting without much of the added detailed knowledge needed to construct an EXPERT model description. (NOTE: "Knowledge Areas" in (5) are used for representing procedural expertise in a similar way.)

Each topic represents an area of analysis. For example, Line Counter Analysis, is the area of analysis which deals with the values of the line counters and the possible conclusions which can be drawn from those values. A topic is composed of five sections: topic header, hypotheses, findings, trigger, and rules.

A partially filled topic showing its overall structure is shown below. The TOPIC section describes the area of analysis. The HYPOTHESES and FINDINGS sections describe the conclusions and questions to be asked, respectively. Each of the entries in these sections are prefaced by a mnemonic label to simplify later reference in the RULES section. The TRIGGER section contains the conditions for considering the evaluation of the rules. If a trigger is not specified, the rules for this topic are considered non-deterministic and are entered in the FH subsection of the EXPERT model description. The RULES section contains the rules to be evaluated in this analysis area where one can specify any logical combination of findings and hypotheses. In our example we show a simple rule saying that if a file cannot be accessed by another utility and that the file transfer failure can be reproduced (REP) then conclude "Bad Input File" with the indicated confidence. It should be noted that confidence factors may be expressed in the range of -1 (indicating complete denial of a conclusion) to +1 (indicating complete confirmation of a conclusion). A characteristic of the current implementation is that most conclusions have a rule with confidence of 1 or -1 in reaching the conclusion, while uncertainty is expressed explicitly in separate rules with the corresponding assigned confidence (e.g., .75 in the BIF rule).

```
**TOPIC
FT File Transfer
**HYPOTHESES
BIF Bad Input File
   :
**FINDINGS
*yes/no
DFDU    Can you access the file with a different utility
        (e.g., editor)?
   :
**TRIGGER
FT
**RULES
   :
if NOT DFDU & REP  →  BIF/.75
   :
```

DISCUSSION

The topic frame structure affords a modular approach to designing a rule base by focusing the rule writer on the specific conclusions, findings, and therefore rules for each topic. For instance, rather than working with a large set of hypotheses collectively, the user thinks in terms of hypotheses per topic area. This is not to imply that reference of a hypothesis is limited to only one topic's rules section. Rather, the initial description of a hypothesis appears in its most relevant topic area and that reference can (and does) appear in other topics' rules sections specifically to express differential diagnostic criteria. A translator program takes as input a file containing topics and produces (with the option to translate selected topics) the equivalent EXPERT model description. Our topic language is a simplification of the corresponding EXPERT syntax thus relieving the rule writer of much of the bookkeeping in maintaining a large knowledge base. (NOTE: The authors of an expert system in a related subject domain (6) but with much smaller dimensions than NTC, have expressed a need to provide a similar capability for partially automating expert system construction.)

Although this language is adequate to encode expertise for sequential diagnostic procedures, we are currently working on the incorporation of control knowledge (see (5) for a discussion of this issue) in the topic language to indicate reevaluation of selected topics (i.e., looping over contained rules). This appears to be a fairly straight-forward extension to the EXPERT control strategy thus allowing the expert to express procedures which are repeated, for example, for finding a faulty node in a path between a source and destination node. The control information is encoded in a rule with the left-hand side indicating the conditions for reevaluation, and the right-hand side specifies actions (setting a context in the form of preset finding values) to be done after saving the current iteration in the EXPERT (2) data base of cases and clearing the rules of the current settings.

Rules in the topic structure usually take on a recognizable pattern in order of expression. For example, the first rule within a topic usually has one finding (e.g., with logical truth value T that is sought) in its left-hand side, while the second rule has the same finding (with false truth value) and another finding, and this pattern repeats in succeeding rules expressed within the topic. Logical analysis procedures have been designed to operate on these rules looking for certain (and a small number of) missing findings, and looking for rule redundancies. Although these procedures have not

been tried by the expert rule writers at this time, we expect that
interactive advice provided by these procedures to help ensure the
clarity of expression by the experts.

Validation is carried out by empirical testing over a data base of
cases. Cases are entered by our experts and saved, particularly
when the system's results do not match their expectations. Here, we
have augmented the case entry mode with a comments facility for sup-
plying information to be saved with the case data as to what should
be revised (e.g., changes to the logic: rule modifications, adding
or deleting hypotheses and findings; cosmetic changes in rewording
and reformatting the presentation of questions and conclusions).
This method of feedback is just a first step, with a longer term
objective to automate performance analysis of the rules in NTC's
knowledge base. In particular, tasks are underway to integrate case
analysis techniques for suggesting rule-refinement experiments which
were developed in the SEEK system (7).

In developing a system where there are few experts available and no
one of which contains all the expertise for the NTC project, coordination among specific network-area specialists is necessary.
Also, questions about the intended user community of NTC must be
addressed. To put it simply, a panel of experts directs NTC's content, while a panel of testers provides usage data. We have opted
to release incremental versions of NTC where the knowledge base is
void of expertise in specific problem areas, rather than spending a
long period of knowledge acquisition and refinement to cover all of
the problem areas. This has proved useful for getting feedback,
particularly about ambiguities in the presentation of questions and
results which typically is not provided by the experts. After each
release of a version of NTC, a period of testing occurs, and the
data are analyzed from commented cases. This results in prioritizing
tasks and extensions to the system.

Finally, NTC runs under VAX/VMS. As noted in the Dipmeter Advisor
development (8), we too have found that much time is spent on making
human engineering adjustments to NTC. In this respect, we are working to minimize the amount of user intervention by automating, specifically the invocation of NCP, and thus reducing the number of
questions asked. Secondly, our future plans include exploring a

workstation implementation with multi-window capabilities for which
the design will certainly be influenced by our expert and user
panels.

Although we have made substantial headway on the process of improving
the building and testing of NTC, much work remains to be done. What
is important though is that development of any useful aids comes from
working with both the experts and users, who have the experience in
a real world application, but not the "language" or knowledge engineering tools to communicate in the developmental process. This paper
has summarized our experience in developing one effective language
that appears applicable in several expert system applications at
Digital.

REFERENCES
(1) Hayes-Roth, F., Lenat, D., and Waterman, D. (eds.) Building
Expert Systems, Addison-Wesley Publishing Co., Reading, MA 1983.

(2) Weiss, S. and Kulikowski, C. EXPERT: A System for Developing
Consultation Models, Proc. IJCAI-6, Tokyo, Japan, 1979.

(3) Weiss, S., Kern. K., Kulikowski, C., and Uschold, M. A Guide to
the Use of the EXPERT Consultation System, Department of Computer
Science, Rutgers University, Technical Report CBM-TR-94, 1902

(4) Digital Equipment Corporation, Introduction to DECnet, Maynard,
MA, DEC Order AA-JO55C-TK, 1982.

(5) Georgeff, M. and Bonollo, U. Procedural Expert Systems, Proc.
IJCAI-8, Karlsruhe, West Germany, 1983.

(6) Williams, T. et al. Diagnosis of Multiple Faults in a Nationwide
Communications Network, Proc. IJCAI-8, Karlsruhe, West Germany, 1983.

(7) Politakis, P. and Weiss, S. Using Empirical Analysis to Refine
Expert System Knowledge Bases, Artificial Intelligence Journal,
v. 22, pp. 23-48, 1984.

(8) Smith, R. G. and Baker, J. The Dipmeter Advisor System, Proc.
IJCAI-8, Karlsruhe, West Germany, 1983.

EIN EXPERTENSYSTEM ALS BINDEGLIED ZWISCHEN CAD UND CAM

Ingeborg Steinacker
VOEST-ALPINE AG Linz,
Abteilung GCT 3

1. EINLEITUNG

Obwohl CAD/CAM ein eingebürgerter Begriff ist, und so der Anschein
erweckt wird, als ob es sich dabei um ein voll integriertes System
handle, fehlt in vielen Anwendungsbereichen der automatische Übergang
von der CAD-Spezifikation eines Teiles zum fertigen NC-Programm.

Das Resultat des Design eines Bauteiles mit einem CAD-System ist
seine geometrische Beschreibung. Die reine geometrische Beschreibung
reicht jedoch nicht aus, um mit einem CAM-System ein lauffähiges NC-
Programm zu erzeugen. Es müssen noch technologische Informationen
ergänzt werden, wie z. B. Angaben über Material, Werkzeug, Zerspa-
nungsparameter etc. /11/.

Um einen Bauteil fertigen zu können, muss zusätzlich zur Geometrie-
beschreibung ein Arbeitsplan ausgearbeitet werden:

- Festlegen der Werkstückaufspannung
- Werkzeugselektion
- Festlegen der Sequenz der Zerspanungsoperationen
- Auswahl der geeigneten Zerspanparameter
- Festlegen der Werkzeugwege unter Vermeidung von Kollisionen.

Erst nachdem diese Angaben zur Verfügung stehen, kann ein lauffähiges
NC-Programm für eine bestimmte Maschine generiert werden.

Es ist die Aufgabe des NC-Programmierers die Geometriedaten entsprechend zu ergänzen. Die ergänzten Geometriedaten werden vom CAM-System
in normierter Form, dem sogenannten CL-Data-File (cutter location
data) übergeben. Daraus werden von Postprozessoren gerätespezifische
Instruktionen erzeugt, sodass lauffähige NC-Programme entstehen.

Da es viele verschiedene Lösungsmöglichkeiten für eine Bearbeitung
gibt und keine Kriterien vorliegen, welche Lösungen vorzuziehen sind,
liegt es im Ermessen des Programmierers, wie die Parameter festgelegt
werden. Diese Entscheidung kann weitreichende wirtschaftliche Konsequenzen haben /3/.

Der Einsatz eines Expertensystems an der Schnittstelle zwischen CAD
und CAM ermöglicht es, Lösungen zu objektivieren und in die gewünschte
Richtung zu optimieren /8/.

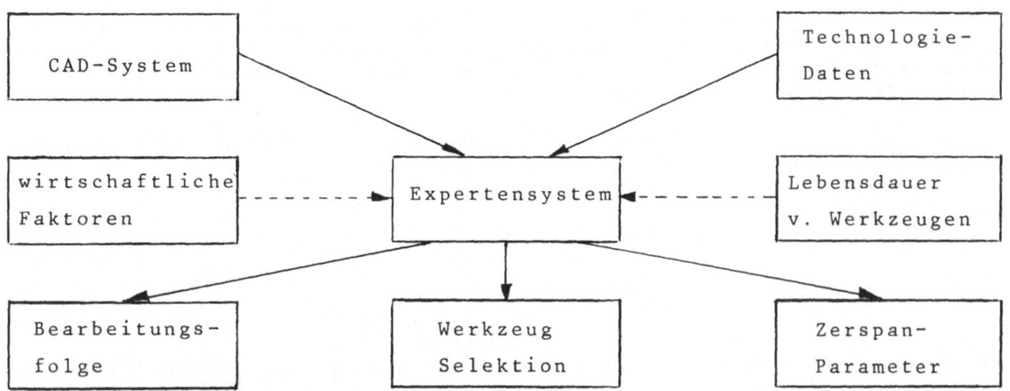

2. ANFORDERUNGEN AN DAS EXPERTENSYSTEM

- Kompatibilität mit bestehenden Systemen
  Mit dem bestehenden CAD/CAM-System sind auch die Schnittstellen
  fix vorgegeben. Da das Expertensystem im Verbund laufen sollte
  ist die Verwendung einer AI-Sprache problematisch.

- Kommunikation mit verschiedenen Datenbasen
  Die Entwurfsdaten sind getrennt von den technologischen Stammdaten
  gespeichert. Die Informationen müssen zueinander in Beziehung gesetzt werden.

- Erweiterbarkeit
  Neue Faktoren sollen in das Expertensystem miteinbezogen werden
  können (Wirtschaftlichkeit, Zeitoptimierung, Maschinenauslastung).

- Flexible Strategie
  Es wäre günstig, wenn man die Auswahlkriterien bei jeder Anwendung
  verändern könnte (billig oder schnell ....).

3. SCHNITTSTELLENLÖSUNG ODER INTEGRIERTES SYSTEM?

Arbeitet das Expertensystem im Anschluss an die CAD-Komponente, so
besteht ein nicht unwesentlicher Teil seiner Aufgabe darin, Information, die im Design-Prozess vorhanden ist, aus Einzeldaten zu re-
konstruieren. (Zusammensetzen von Koordinaten zu einer Primitivform
wie Bohrloch, Tasche, Einstich ...). Es wäre daher um vieles effizienter, die Daten dann zu erfassen, wenn sie aktuell sind, d. h.
dem Designer solche Grundbausteine zur Verfügung zu stellen, die
für die weitere Verarbeitung wichtig sind.

Diese Vorgangsweise würde es ermöglichen, technologische Überlegungen
in den Design-Prozess miteinzubeziehen. Der Designer könnte damit
laufend über die Konsequenzen seines Designs informiert werden.

So kann der Konstrukteur davon informiert werden, dass zur Fertigung
eines Konstruktionselementes Spezialwerkzeug notwendig ist, was die
Herstellung verteuert. Es liegt dann in seinem Ermessen, ob er das
Element so verändert, dass es mit Standardwerkzeugen hergestellt

werden kann, oder ob er auf dem vorgeschlagenen Design besteht. Wird die technologische Information bereits in den Design-Prozess miteinbezogen, ist es leichter aus der resultierenden Repräsentation das NC-Programm zu erzeugen.

Es erscheint daher erstrebenswert, das Expertensystem nicht als Kitt an der Schnittstelle,

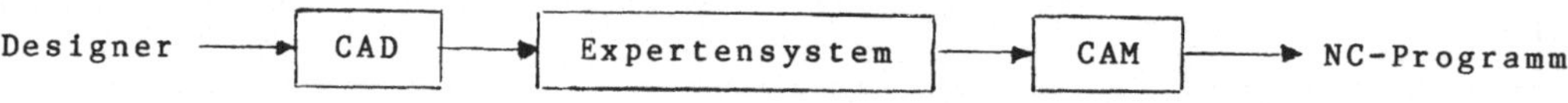

sondern als koordinierendes System einzusetzen:

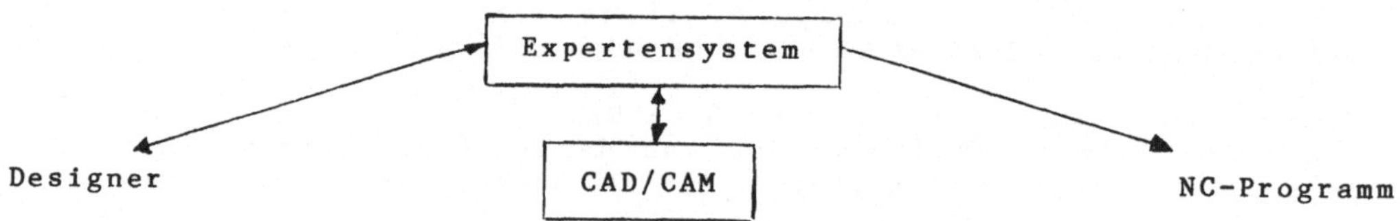

4. ENTWICKLUNG EINES PROTOTYPEN FÜR DIE WERKZEUGAUSWAHL

Als erster Schritt für die Realisierung eines Gesamtsystems wird zurzeit ein Schnittstellen-Prototyp für die Werkzeugauswahl beim Bohren erstellt. Ausgehend von der Beschreibung eines Bohrlochs sollen Werkzeuge bestimmt werden, mit denen das gewünschte Bohrloch erzeugt werden kann. Dabei gibt es nicht eine richtige Lösung, sondern einen Satz möglicher Alternativen.

Im Prototyp werden die Kennmerkmale für ein Bohrloch interaktiv erhoben.

Das Problem, geeignetes Bohrwerkzeug für eine gegebene Lochspezifikation auszuwählen, lässt sich in zwei Teilziele aufspalten:

- Aufstellen von Einschränkungen, denen das Bohrwerkzeug genügen muss (Durchmesser, Gesamtlänge, Genauigkeit, Geometrie, ...).

- Konstruktion von Gesamtwerkzeugen aus Einzelteilen.

Als zusätzliches Resultat erhält man die Bearbeitungsfolgen, in der die Gesamtwerkzeuge eingesetzt werden müssen, um das gewünschte Bohrloch zu erzielen.

Durch diese Aufgliederung des Problems ist es möglich, die Interaktion
mit der Werkzeugdatenbank auf den 2. Schritt zu beschränken.

Werkzeuge werden zu geeigneten Gruppen zusammengefasst, die bei der
Lösung der 1. Aufgabe als Einheit betrachtet werden. Das erste Ziel,
globale Restriktionen festzusetzen, wird durch Propagieren von
Einschränkungen in einem semantischen Netz realisiert /12/.

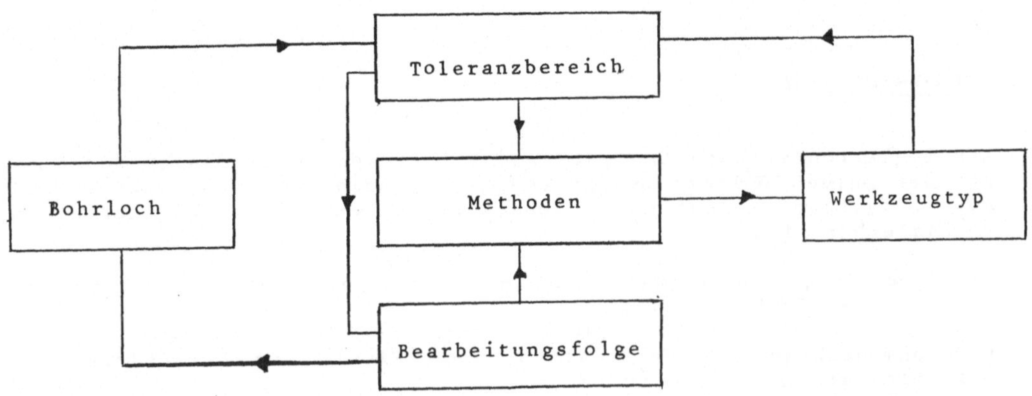

Im ersten Schritt werden ausgehend von der Spezifikation des Bohrlochs
Hypothesen bezüglich der zugelassenen Werkzeuggruppen und der Bear-
beitungsfolge aufgestellt. Zu den ausgewählten Werkzeuggruppen werden
die Restriktionen assoziiert, die in der 2. Lösungsstufe beachtet
werden müssen.

Im 2. Schritt wird überprüft, ob das vorgeschlagene Werkzeug auch
tatsächlich vorhanden ist. Zugleich werden auch auch die genauen
Werte für die Bearbeitungssequenz festgelegt.

Das Ergebnis des ersten Lösungsschrittes sei etwa die Bearbeitungssequenz: Zentrieren, Vorbohren, Aufbohren. Für den Bearbeitungsgang
zentrieren kommen nur Zentrierbohrer in Frage, deren Grösse durch
die Grösse des Bohrlochs bestimmt ist.
Zum Vorbohren lassen sich Spiralbohrer und HM-Bohrer einsetzen, deren
Durchmesser innerhalb eines kleineren Bereiches frei wählbar ist.
Die Auswahl hängt vom Vorhandensein des Werkzeuges mit dem gewünschten
Durchmesser ab. Nachdem das Werkzeug zum Vorbohren selektiert wurde,
kann nach dem Aufbohrwerkzeug gesucht werden. Dabei muss möglicher-
weise die vorherige Entscheidung revidiert werden.

Als Methode für die Lösung des 2. Problemkreises bietet sich daher
ein Generate-Test-Zyklus an. Damit ist auch gewährleistet, dass alle
möglichen Lösungen gefunden werden.

Die Werkzeugdatei wird nach Bohrwerkzeugen, die den aufgestellten
Einschränkungen entsprechen, durchsucht. Dabei können die Parameter
in kleinen Bereichen verändert werden, z. B. der Durchmesser von
Vorbohr- und Aufbohrwerkzeugen. Auch die übrigen Parameter werden
in dieser Phase der Werkzeugselektion endgültig festgelegt. Die Gesamtlänge des Bohrwerkzeuges muss so gewählt werden, dass die gefor-
derte Bohrlochtiefe erreicht werden kann. Daher wird es in vielen
Fällen nötig sein, passende Verlängerungsstücke zu finden. Findet

sich kein geeignetes Werkzeug, das allen Restriktionen genügt, so muss die aufgestellte Hypothese und Bearbeitungssequenz verworfen werden. Daher ist auch im zweiten Lösungsschritt noch eine weitere Einschränkung der aufgestellten Lösungen möglich.

Es ist denkbar im Anschluss an die technische Lösung des Selektionsproblems noch weitere Filterungsmechanismen anzuschliessen, die die gefundenen Lösungen, z. B. auf Wirtschaftlichkeit überprüfen.

5. ZUSAMMENFASSUNG

- Ein begleitendes Expertensystem, das beginnend beim Design das Wissen der beiden Domänen Design und Technologie verfügbar macht, wird dazu beigetragen, dass nur solche Entwürfe entstehen, die technisch realisierbar sind.

- Die Anwendung von AI-Methoden im Bereich der Fertigung führt zu qualitativen Verbesserungen:

  * Zusammenführen und Verarbeiten von Wissen aus verschiedensten Problembereichen (CAD und NC).
    Der Regelmechanismus von Expertensystemen ist ein geeignetes Instrument, bisher nicht formalisiertes Wissen darzustellen.

  * Transparente Entscheidungen
    Durch ein Expertensystem wird der Vorgang der Entscheidungsfindung nachvollziehbar und damit überprüf- und bewertbar gemacht.

LITERATUR

/1/   Autofact 6:
       Proceedings Autofact 6 Conference, Computer and Automated Systems
       Association of SME, Dearborn, Michigan, 1984.

/2/   Descotte Y., Latombe J.C.:
       GARI: A Problem Solver that plans how to Machine Mechanical
       Parts, 8th IJCAI, Vancoucer, 1981.

/3/   Eversheim W.:
       Arbeitsvorbereitung als Bindeglied zwischen Konstruktion und
       Fertigung, Proceedings des Produktionstechnischen Kolloquiums,
       Berlin, 1983.

/4/   EXAPT 11:
       Arbeitszyklenkartei, Verein zur Förderung des EXAPT Programmier-
       systems e.V., Aachen, 1972.

/5/   Mayer R.J., Young R.E., Phillips D.:
       Artificial Intelligence Apllications in Manufacturing presented
       at Autofact 6, Anaheim, California, 1984.

/6/   Müller R.K.:
Artifical Intelligence: A new Tool for Industry and Business.
Technology Insights Inc., Fort Lee, New Jersey, 1984.

/7/   Nau D.S.:
Expert Computer Systems and their Applicability to Automated
Manufacturing, U.S. Dep. of Commerce, National Bureau of Stan-
dards, NBS1R-81-2466, Washington D.C., 1982.

/8/   Phillips R.H., Zkon X-D., Mouleswaran C.B.:
An AI approach to integrating CAD and CAM through generative
process planning, Computers and Engineering, Vol. 2, 1984.

/9/   Reinauer G.:
Die Schnittstelle zwischen CAD/CAM - Probleme, praktische Lösung-
en am Beispiel MEDUSA-EUROAPT, CAD-Computergraphik und Konstruktion, 26, 1983.

/10/ Russo V.J.:
Plan for AI in Manufacturing Research Center. SIGART AI in Day-
ton Conference, April, 1984.

/11/ Spur G., Krause F.-L.:
CAD-Technik, Hauser, München, 1984.

/12/ Stefik M.:
Planning with Constraints (Molgen: Part 1), Artificial Intelligence (16) 111 - 139, 1981.

/13/ Wolfe P.M., Kung H.
Automating Process Planning Using Artificial Intelligence, Pro-
ceedings of the Annual International Industrial Engineering
Conference, Chicago, Illinois, 1984.

VIE-PCX – Ein Expert System Shell für den PC

Gerhard Widmer, Werner Horn

Institut für Medizinische Kybernetik und Artificial Intelligence,
Universität Wien, und
Österreichisches Forschungsinstitut für Artificial Intelligence.

1. Motivation

Der unaufhaltsame Vormarsch der Klein- und Kleinstcomputer ebenso wie
die Nachfrage nach Expertensystemen in der kommerziellen Welt
dokumentieren sich in einer rasch wachsenden Zahl von Expertensystemen
(meist nur Shells) für Personal Computer, die heute auf dem Markt
erhältlich sind [3]. Diese Programme zeichnen sich durch einfache
Bedienbarkeit und Effizienz aus, wenden aber meist sehr simple
Inferenzstrategien an, was das Verhalten des Systems oftmals wenig
intelligent erscheinen läßt: meistens basierend auf der
Repräsentation des Expertenwissens in Form von Regeln, wird eine mehr
oder weniger starre Strategie der Rückwärtsverkettung verfolgt, wobei
der Suchbaum meist vollständig durchforscht wird. Dies mag bei sehr
einfachen und kleinen Problemräumen tolerierbar sein, in
anspruchsvolleren Anwendungen führt es aber zu einem recht ziellosen
Verhalten des Systems: es werden zu viele fruchtlose Wege durchsucht
und irrelevante Fragen an den Benutzer gestellt. (Zur Problematik der
Einschränkung des Suchraumes siehe [1] und [4]).
Dies gilt in besonderem Maße für Problembereiche mit 'flacher'
Problemstruktur, wo der Suchbaum sehr breit, aber nicht tief ist. Ein
Beispiel ist etwa die Allgemeinmedizin: es gibt sehr viele mögliche
Diagnosen (die auf relativ direktem Weg aus Symptomen, Testergebnissen
etc. bestimmt werden können), aber nur ein kleiner Teil davon kommt
jeweils in einem bestimmten Fall in Frage. Vollständige Untersuchung
aller Diagnosen in Backward-Chaining-Manier ist hier wohl die
schlechteste Strategie (und wird auch von einem menschlichen Experten
nicht angewendet, vgl.[2]).
Das Ziel eines Projektes am Institut für Medizinische Kybernetik und

Artificial Intelligence der Universität Wien war und ist es, die
Möglichkeiten und Beschränkungen bei der Implementierung eines
anspruchsvollen Expertensystems auf einem PC zu erforschen. Als
mögliches Einsatzgebiet wurden dabei Probleme der Allgemeinmedizin im
Auge behalten. Das vorliegende System VIE-PCX wurde in IQLISP auf
einem IBM PC mit 512 Kb implementiert. Eine detaillierte Darstellung
des Systems ist in [5] zu finden.

2. Wissensrepräsentation

Zuerst eine kurze Skizze der Strukturen, in denen Wissen dargestellt
wird:

2.1 Der Sachverhalt

Ein vom Expertensystem zu lösendes Problem wird in Form von Aussagen
(Fakten) beschrieben (das Wort Hypothesen heben wir uns für ein
anderes Konzept auf), und zwar Aussagen über das Vorhandensein
bestimmter Objekte oder Merkmale ('Entities') im aktuellen Problem.
Die Merkmale sind in Klassen eingeteilt und können durch
Attribut-Wert-Paare weiter charakterisiert werden.
Ein Beispiel:

```
      SYMPTOM    MATTIGKEIT    WANN: MORGENS    0.9
   (Entityklasse) (Entity)    (Attribut-Wert)
                                    (Certainty Factor CF)
```

Diese Art der Darstellung ist grundsätzlich nichts neues, die
zusätzliche Beschreibung von Entities durch Attribute scheint in
vergleichbaren Systemen bisher kaum verwendet worden zu sein. Attribute stellen eine beträchtliche Bereicherung der Beschreibungs-
möglichkeiten dar, bringen aber auch einige theoretische Probleme mit
sich: schließen sich verschiedene Werte gegenseitig aus? welche
Kombinationen von Attributwerten sind gültig, können gleichzeitig
vorkommen? Hier mußten einige pragmatische Entscheidungen getroffen
werden, die zu erörtern über den Rahmen dieses Beitrags hinausgehen
würde.
Was die Entities betrifft, so können die Entities einer Klasse vom
Benutzer als ausschließend oder nichtausschließend definiert werden.

2.2 Das Expertenwissen - Regeln

Wie in vielen anderen Systemen wird auch in VIE-PCX das fach-
spezifische Expertenwissen in Form von IF-THEN-Regeln dargestellt,
welche sich auf die vorhin genannten Fakten beziehen.
Ein Beispiel:

        (Prädikat) (Entityklasse) (Entity) (Attribut) (Wert)

    IF   IS-PRESENT   SYMPTOM MATTIGKEIT (WANN: DAUERND (MUST))
     OR IS-PRESENT   SYMPTOM APPETITLOSIGKEIT
    AND MAYBE-PRESENT ERSCHEINUNGSBILD BLASS
    AND IS-ABSENT   SYMPTOM FIEBER

    THEN CONCLUDE   DIAGNOSE LIEBESKUMMER 0.5

Auch all dies ist von anderen Systemen her wohlbekannt und bedarf kaum
einer weiteren Erklärung. Nur so viel: zu jedem Attribut-Wert-Paar
in der Prämisse einer Regel kann angemerkt werden, ob der angegebene
Wert vorhanden sein muß (MUST) oder nicht (NEEDNOT). Mit NEEDNOT
annotierte Attribute haben keinen Einfluß auf den logischen Wahrheits-
wert einer Prämisse, beeinflussen aber deren CF-Wert. Ähnliches gilt
für die beiden Prädikate IS-PRESENT und MAYBE-PRESENT.
Aufgabe der Funktion CONCLUDE ist es natürlich, neue Aussagen zu
generieren.

3. Die grundsätzliche Inferenzstrategie

Wie bereits ausgeführt, hielten wir eine reine Backward-Chaining-
Strategie (wie sie etwa in MYCIN angewandt wird) für nicht adäquat.
Stattdessen realisiert VIE-PCX eine dynamische Mischung aus Forward-
und Backward Chaining, deren Haupteffekt ein wesentlich zielgerich-
teteres Verhalten des Expertensystems ist.
Die Basis der Inferenzstrategie ist eine Liste von bewerteten Hypothesen, die sich während einer Konsultation dynamisch verändert.
Diese Liste enthält jene Hypothesen (Paare Entityklasse - Entity), die
aufgrund der bisher gesammelten Information über das Problem als
untersuchungswürdig gelten, d.h., für deren Zutreffen es bestimmte
Indizien gibt. Solche Indizien sind gegeben durch Übereinstimmungen
zwischen bereits bekannten Fakten und Prämissen von Regeln. Dies ist

das klassische Forward Chaining.

Ein einfaches Beispiel: Das folgende Faktum sei gegeben:

    SYMPTOM MATTIGKEIT WANN: MORGENS 0.9

Außerdem gebe es eine Regel

    IF IS-PRESENT SYMPTOM MATTIGKEIT
      AND ...
    THEN CONCLUDE DIAGNOSE LIEBESKUMMER 0.5

Diese Konstellation würde zur Aufnahme der Hypothese (DIAGNOSE LIEBESKUMMER) in die oben erwähnte Liste (Agenda) führen. Eine Bewertung dieser Hypothesen ergibt sich aus der Anzahl der Übereinstimmungen zwischen Fakten und den Regeln, die die Hypothese in ihrer Konklusion führen. (Dazu muß angemerkt werden, daß nur Übereinstimmungen bei Entityklasse und Entity überprüft werden. Auch Attributkombinationen zu überprüfen wäre zu aufwendig - es käme einer vollständigen vorzeitigen Auswertung einer Prämisse gleich. Ausserdem werden nur 'positive' Übereinstimmungen berücksichtigt - die Existenz einer Aussage SYMPTOM FIEBER -1.0 und einer Regel mit Prämisse IS-ABSENT SYMPTOM FIEBER ist aus offensichtlichen Gründen kein ernstzunehmendes Indiz für das Zutreffen einer Hypothese.)

Der Grundzyklus des Inferenzsystems sieht nun folgendermaßen aus:

  - wähle aus der Agenda jene Hypothese mit der höchsten Bewertung

  - versuche diese Hypothese zu beweisen. Verwende dazu alle geeigneten Regeln (wobei die Regeln mit negativer Konklusion zuerst ausgeführt werden, d.h., es wird zuerst versucht, die Hypothese zu **widerlegen**). Exekutiere solche Regeln solange, bis

    - die Hypothese bewiesen oder widerlegt ist (d.h. ein CF größer 0.9 oder kleiner -0.5 erreicht ist) oder

    - alle Regeln probiert worden sind.

Trage das Ergebnis bei den Aussagen über das Problem ein und modifiziere die Agenda - siehe unten.

- wird bei der Ausführung einer Regel ein Entity angesprochen, über dessen Status im vorliegenden Problem noch nichts bekannt ist, so bilde eine entsprechende Hypothese und teste sie sofort (**Backward Chaining**).

Ein wichtiger Punkt hier ist die Tatsache, daß die Agenda **ständig modifiziert** wird: wann immer neue Information bekannt wird (sei es durch Antworten des Benutzers oder durch den Erfolg einer Regel), wird die Datenbasis auf neue Übereinstimmungen zwischen Fakten und Regeln überprüft. Dies kann einerseits dazu führen, daß sich die Bewertung einer Hypothese in der Agenda ändert, andererseits können völlig neue Hypothesen dazukommen, die plötzlich interessant werden.
So reagiert das Inferenzsystem dynamisch auf die Akkumulation von Information über das zu lösende Problem und richtet seine Aufmerksamkeit immer auf das 'interessanteste' neue Ziel.

Voraussetzung für das Ingangkommen dieses ganzen Prozesses ist ein gewisser Satz von Grundinformationen über das aktuelle Problem. Jede Konsultation beginnt daher mit einer Reihe von Übersichtsfragen im Multiple-Choice-Format. (Diese Fragen werden natürlich auch beim Aufbau der Wissensbasis definiert.) Danach setzt der normale Forward-Chaining-Prozess ein. Wenn dieser Prozess erschöpft ist, endet die Konsultation mit der Bekanntgabe der Resultate (i.e., der zu bestimmten 'interessanten' Entityklassen generierten Aussagen).

4. Verfeinerung der Inferenzstrategie - Metaregeln

Dem Experten steht beim Aufbau der Wissensbasis noch ein Mittel zur Verfügung, das Inferenzsystem intelligenter zu machen: Metaregeln. Metaregeln haben dieselbe Form wie 'normale' Regeln, sie unterscheiden sich lediglich in der Form und Bedeutung der Konklusion: die Konklusion einer Metaregel dient nicht dazu, direkt Wissen zu generieren, sondern sie ist ein Steuerbefehl an das Inferenzsystem und beeinflußt so direkt den Ablauf einer Konsultation. Drei Arten von Metaregeln sind im Moment realisiert:

a) DO-ASK: Regeln der Form

```
        IF   ...
        THEN DO-ASK Entityklasse
```

werden direkt nach den vorhin erwähnten Übersichtsfragen ausgewertet und dienen dazu, diesen anfänglichen Frageprozeß in eine 'intelligente' Richtung zu verlängern, d.h., abhängig von den bereits vorhandenen Informationen kann das Inferenzsystem dazu veranlaßt werden, weitere Multiple-Choice-Fragen (über Entityklasse) zu stellen, bevor der normale Inferenzprozeß beginnt. Damit kann das Frageverhalten des Systems wesentlich verbessert werden.

b) DO-APPLY: als zusätzliches Mittel zur Wissensstrukturierung bietet VIE-PCX dem Experten die Möglichkeit, die Regeln in **Klassen** einzuteilen. Metaregeln mit der Konklusion

        DO-APPLY Regelklasse

dienen dann dazu, die Regeln einer Klasse unter bestimmten Umständen 'anwendbar' zu machen: nur Regeln, die anwendbar sind, werden zum Generieren und Testen von Hypothesen herangezogen - ein weiteres Mittel, um irrelevantes Wissen auszuschließen und den Aufmerksamkeitsradius des Systems einzuengen.

c) DO-ACTIVATE: eine andere Motivation haben Metaregeln mit der Konklusion

        DO-ACTIVATE Entityklasse.

Sie zwingen das Inferenzsystem, alle Hypothesen zu untersuchen, welche Entities der angegebenen Entityklasse betreffen - auch wenn diese beim normalen Back- und Forward Chaining nicht in Betracht gezogen würden. Dadurch können viele Regeln einfacher gehalten werden.

Ausser den DO-ASK-Regeln sind alle Metaregeln jederzeit während einer Konsultation anwendbar.

Bild 1 bietet eine schematische Darstellung des Ablaufs der Inferenzkomponente.

5. Weitere Features von VIE-PCX

Neben dem Inferenzsystem besteht VIE-PCX natürlich noch aus anderen, zum Teil sehr umfangreichen Teilen, die hier nur kurz aufgezählt werden können:

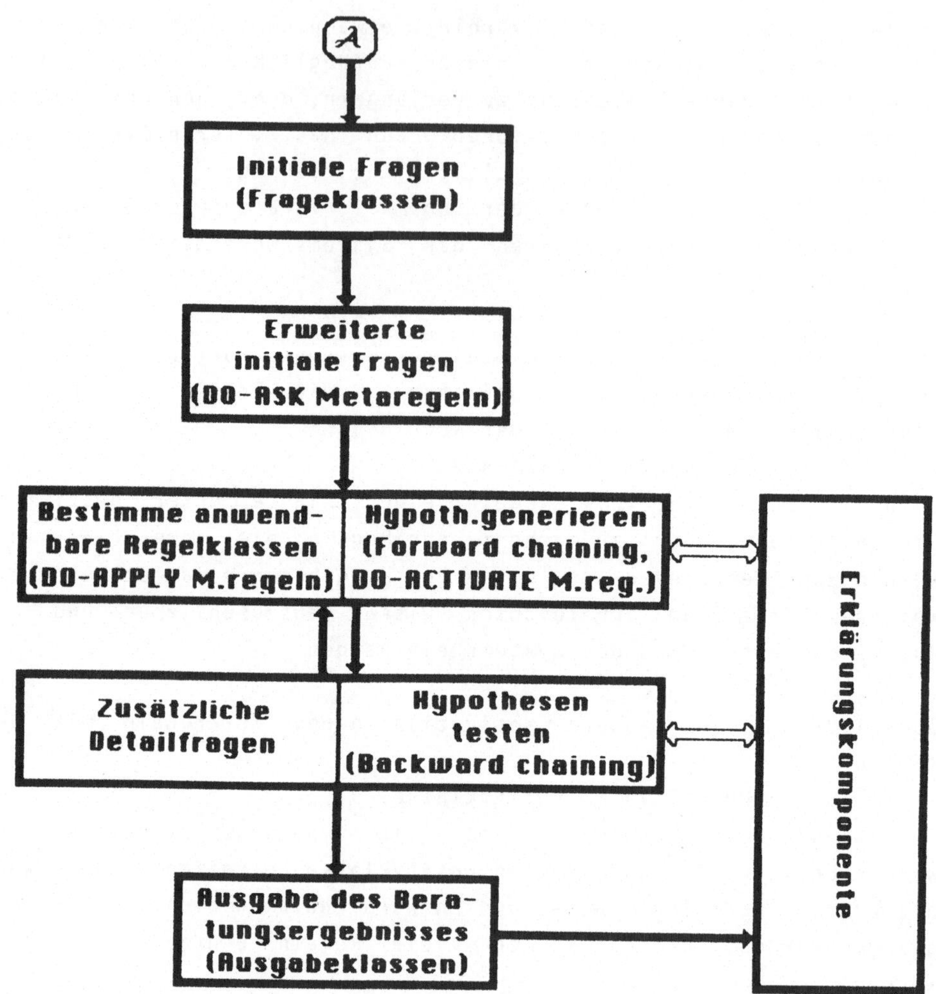

Bild 1: Ablauf der Inferenzkomponente.

- das Inferenzsystem beinhaltet selbstverständlich eine Erklärungs-
komponente, die jederzeit während einer Konsultation Auskunft über
den Stand der Ermittlungen gibt und die klassischen Fragen WHY?
und HOW? beantwortet.

- eine ausgedehnte Wissenserwerb-Komponente erlaubt es dem Experten,
interaktiv eine Wissensbasis für ein beliebiges Einsatzgebiet von
Grund auf zu definieren, wobei er fast alle Aspekte des
Expertensystems selbst bestimmen und verändern kann.

- für den geübten Experten steht ein Batchsystem zur Verfügung, mit dem Regeln aus einem Textfile generiert werden können.

6. Erfahrungen mit VIE-PCX

VIE-PCX ist zu einem recht umfangreichen Programm angewachsen. Daten müssen während einer Konsultation von der Diskette nachgeladen werden. Außerdem läuft das Programm noch in interpretiertem LISP. Es ist daher keine Überraschung, daß das Programm relativ langsam ist. Ein LISP-Compiler könnte hier sicher Abhilfe schaffen.
Weitaus interessanter aber sind die Eigenschaften, die sich aus den Eigenheiten von VIE-PCX's Inferenzmechanismus ergeben. Es ist in der Tat so, daß das Inferenzsystem ein recht zielgerichtetes Verhalten zeigt, das außerdem relativ leicht zu verfolgen ist. Voraussetzung dafür ist allerdings eine sorgfältig aufgebaute und abgestimmte Wissensbasis. Dies scheint der wunde Punkt zu sein: der Aufbau einer 'guten' Wissensbasis (d.h. einer, die das Inferenzsystem immer dazu veranlaßt, alle interessanten - und möglichst wenige irrelevante - Hypothesen zu aktivieren) ist eine äußerst delikate Angelegenheit, die vom Experten viel Erfahrung und Verständnis für die Funktionsweise des Inferenzsystems erfordert.
Nichtsdestoweniger scheint dieser Versuch, gemessen an unseren Zielen und unserer Motivation, gelungen zu sein: für kleinere Applikationen (etwa bis zu 100 Regeln) können mit VIE-PCX durchaus praktikable Expertensysteme erstellt werden.

Danksagung

Diese Forschungsarbeit wird durch das Bundesministerium für Wissenschaft und Forschung unterstützt.

Literatur

[1] Alty J.L., Coombs M.J.: Expert Systems: Concepts and Examples, NCC Publications, Manchester, England, 1984.
[2] Connelly D.P., Johnson P.E.: The Medical Problem Solving Process, Human Pathology, 11(5)412-419, 1980.
[3] Harmon P., King D.: Expert Systems, Wiley, New York, 1985.
[4] Stefik M., Aikins J., Balzer R., Benoit J., Birnbaum L., Hayes-Roth F., Sacerdoti E.: The Architecture of Expert Systems, in Hayes-Roth F., et al.(eds.), Building Expert Systems, Addison-Wesley, Reading, Mass., 1982.
[5] Widmer G., Horn W.: VIE-PCX - The Vienna PC Expert System, Bericht 84-04, Institut für Medizinische Kybernetik und AI, Univeristät Wien, 1984.

MORPHOLOGISCHE ANALYSE UND INTELLIGENTE FEHLERKORREKTUR
IN VIE-LANG

Georg Dorffner, Harald Trost
Institut für medizinische Kybernetik und Artificial Intelligence
der Universität Wien

Abstract
In vielen sprachverstehenden Systemen für das Deutsche erweist es sich
aufgrund der umfangreichen Wortbildung als günstig, eine prozedurale
Komponente zur morphologischen Analyse vorzusehen. Wird eine
Performanz des Systems verlangt, die annähernd der eines Menschen als
Kommunikationspartner entspricht, so muß diese Analyse fehlertolerant
sein. Daraus folgt die Notwendigkeit einer in die Analysekomponente
integrierten Schreibfehlerverbesserung. Durch das Vorhandensein von
Parser und Lexikon stehen Mittel zur Verfügung, mit deren Hilfe eine
intelligente Korrektur realisiert werden kann und das Verfahren
effizienter wird. Diese Aspekte sollen am Beispiel des am Institut
entwickelten Systems VIE-LANG beleuchtet werden.

1. Die Bedeutung der morphologischen Analyse
Im Gegensatz zu sprachverstehenden Systemen für das Englische spielt
die morphologische Analyse bei der Verwendung des Deutschen eine
gewichtige Rolle. Diese Feststellung gilt zunächst besonders für die
Flexion von Verben, Nomina und Adjektiva. Denn kann im Englischen die
Zuordnung von Konstituenten hauptsächlich aufgrund ihrer Stellung im
Satz erfolgen, so fällt dieses Hilfsmittel im Deutschen weg. An seine
Stelle tritt die Markierung der Konstituentenkerne durch Flexion.
Dies betrifft vor allem den Kasus bei Nomina und die entsprechende
Konjugationsform bei Verben. Diese Kennzeichnung der syntaktischen
Eigenschaften mit Flexionsmerkmalen (vor allem Endungen) ist zwar
nicht immer eindeutig, dient aber in vielen Fällen tatsächlich zur
Festlegung der Rollen von Konstituenten.

z.B: 'Der Student liebt die Frau' vs. 'Den Studenten liebt die Frau'

Aus diesem Grund ist es in einem sprachverstehenden System wichtig, zu
jeder Wortform von Verben, Nomina, Adjektiva, aber auch Pronomina und
Artikel, die syntaktische Eigenschaft herauszufinden, die von ihr
ausgedrückt wird. Prinzipiell kann dies auf zwei verschiedene Arten
geschehen, die eng mit dem Aufbau des Lexikons - der Liste der
vorhandenen und zu verstehenden Wörter - verbunden sind: Die erste

Möglichkeit ist die Verwendung eines <u>Vollformenlexikons</u>, das heißt eines Lexikons, in dem alle möglichen flektierten Wortformen enthalten sind. Aufgrund des schnell überhandnehmenden Speicheraufwandes erscheint diese Methode lediglich bei Systemen mit einer eng beschränkten Domäne zweckmäßig (z.B. Datenbankinterfaces). Umfangreichere sprachverstehende Systeme werden sich also eher der zweiten Möglichkeit, des <u>Grundformenlexikons</u>, bedienen. Dieses enthält von jedem flektierbaren Wort nur den Stamm. Eine prozedurale Komponente (eben die 'morphologische Analyse') führt die flektierten Wortformen auf den Stamm zurück und ermittelt die syntaktischen Merkmale.

Eine weitere Eigenschaft der deutschen Sprache, die sich auf die maschinelle Analyse auswirkt, ist die umfangreiche Wortbildung durch <u>Derivation</u> (Ableitung - wie 'les-bar' oder 'Mein-ung') und <u>Komposition</u> (Zusammensetzung - wie 'Tisch-tuch' oder 'Haus-dach'). Derivation transformiert für gewöhnlich die Kategorie eines Wortes in eine andere, aber beinhaltet auch gewisse semantische Modifikationen. Im allgemeinen wird dies im Deutschen durch Endungen ausgedrückt (z.B. drückt die Endung 'bar', die an transitive Verbstämme gehängt werden kann, aus, daß die durch das Verb bestimmte Tätigkeit möglich ist). Dieses Anhängen von Suffixen ist oft in sehr produktiver Weise möglich, das heißt daß sie prinzipiell rein syntaktisch kaum eingeschränkt wird. Das gestattet einem kompetenten Sprecher ad hoc neue Wortschöpfungen, deren Semantik dennoch jedem klar ist - wie 'fragbar', 'Geschriebenheit'. Gerade diese Beispiele zeigen jedoch, daß viele derart gebildeten Wörter einen entsprechenden Kontext erfordern, um völlig akzeptiert zu werden, und sie daher ziemlich selten auftreten. Daraus folgt aber, daß auch solche Endungen in eine automatische morphologische Analyse eingebunden werden sollten, statt alle möglichen Wortbildungen als eigenen Lexikoneintrag aufzunehmen.

Im Vergleich dazu ist Komposition ungleich schwerer zu erfassen, wenngleich auch dies höchst notwendig wäre. Bei der Zusammensetzung von Wörtern ist nämlich sehr oft die Entstehung der neuen Wortbedeutung nicht zu durchschauen, beziehungsweise schwer algorithmisch zu erfassen.

2. Morphologische Analyse in VIE-LANG

Das Lexikon des sprachverstehenden Systems VIE-LANG ist eine Mischform aus Grund- und Vollformenlexikon. Flexion und der produktive Anteil der Derivation werden durch eine Analyseprozedur behandelt, sodaß hier im allgemeinen nur die Stämme im Lexikon stehen. Alle anderen Wortbildungen (wie etwa kompositorische Wörter) sind explizit eingetragen /4,5/.

Die Flexionsanalyse basiert auf einer Suffixanalyse, die durch einen Suchbaum nach Abb.1 gesteuert wird.

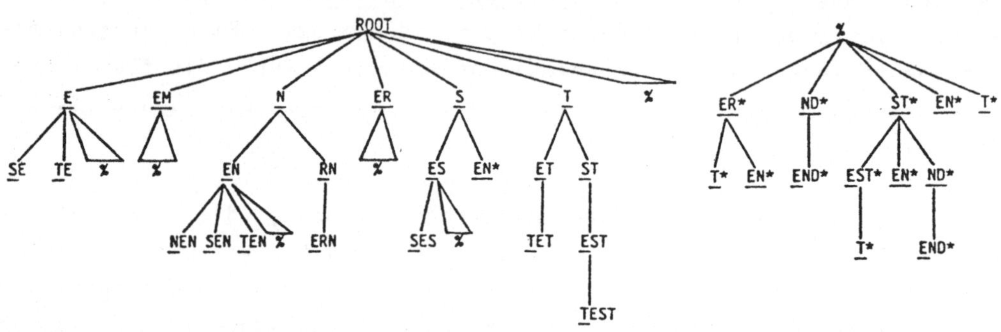

Abb.1

Dieser Baum bietet sich deswegen an, weil die Flexionsendungen des Deutschen eine relativ kleine abgeschlossene Menge mit sehr vielen Ähnlichkeiten unter den Elementen bilden. In jedem Knoten wird versucht, die betreffende Endung abzuspalten und - falls dies gelingt - den Wortrest im Lexikon zu suchen. Das Präfix 'ge' der Partizipien und ein Umlaut (ä,ü oder ö) werden ebenfalls zu entfernen versucht, Stämme die durch sonstige Veränderungen entstehen (wie z.B. 'komme' - 'kam', oder 'bringe' - 'brachte') bilden einen eigenen Lexikoneintrag (dies ist eine Ausnahme zum Prinzip des Grundformenlexikons). Wenn ein Wortstamm gefunden wird, so wird eine bei diesem Stamm vermerkte Nummer, die die Endungsklasse angibt, dazu verwendet, die Korrektheit des Suffixes zu überprüfen. Es existieren ungefähr 50 solcher Endungsklassen und parallel dazu Listen von (codierten) Interpretationen der Suffixe. Je nachdem, ob ein Umlaut oder das Präfix 'ge' gefunden wurde, müssen aus den möglichen Interpretationen noch die diesen Eigenschaften entsprechenden herausgefiltert werden (z.B: 'gäben' ist Konjunktiv, 'gaben' Indikativ, beide Interpretationen sind bei der Endung 'en' des Stammes 'gab' vermerkt).

Da es auch eine Art 'Mehrfachflexion' geben kann (z.B: 'klein-er-es', ge-frag-t-er, etc.), wird in jenen Knoten, in denen dies der Fall sein kann (mit '*' gekennzeichnet), ein Stack von Endungen aufgebaut, die nach dem Finden des Stammes der Reihe nach einzeln überprüft werden.

Zur Derivationsanalyse wurde eine Menge von produktiven Endungen

gewählt (z.B: 'bar',   'sam',   'ung', etc.), die am Ende eines Wortes
gesucht werden, wenn dieses nicht direkt im Lexikon gefunden wird. Da
solche Endungen rein syntaktisch mehrfach angehängt werden können
(z.B: 'Mein-ung-s-los-igkeit'),   ist   die   Analyseprozedur   rekursiv
gestaltet, wobei in jeder Ebene geprüft wird, ob die Endung an die
Wortform angehängt werden darf. Jeder Wortstamm muß daher auch einen
zusätzlichen Eintrag erhalten, der über die erlaubten Endungen
Auskunft gibt (z.B. 'er' und 'ung' für 'mein').

3. Schreibfehlerkorrektur und Morphologie

Sprachverstehende   Systeme,   wie   zum   Beispiel   Auskunftsysteme,
Frage/Antwortsysteme oder Zugriffsysteme für Datenbanken, wie sie zur
Zeit   realisiert   werden   können,   erlauben   die   Eingabe
natürlichsprachiger Sätze über die Tastatur eines Terminals oder
ähnlichen Gerätes.   Es   handelt   sich   also immer um die geschriebene
(graphemische) Form von Sprache, die   untersucht   werden   muß.   Die
Codierung der Bestandteile der Sprache - eben ihrer Wörter - mit Hilfe
der   Schrift   ist   an   Normen   gebunden   und   ermöglicht   somit   eine
eindeutige   Identifizierung.   Diese   Codierung   enthält   genügend
Redundanz, um   die   Identifizierung auch bei fehlerhaften Elementen zu
ermöglichen: Einerseits   sind   die   meisten   Wörter   untereinander
genügend unterschiedlich (ähnlich   einem großen Hammingabstand in der
Informationstheorie) und andererseits wird im Satzkontext die Zahl der
an einer bestimmten Stelle möglichen Wörter meist stark eingeschränkt.
Dies ermöglicht einem kompetenten Sprecher, beim   Lesen   eines   Textes
die meisten der auftretenden Schreibfehler sofort zu korrigieren. Und
das sollte   auch   eine   Maschine   können,   die   in   einer dem Menschen
gewohnten Form, eben seiner Sprache, mit ihm kommunizieren soll.

3.1 Methoden der Schreibfehlerverbesserung

In der Literatur sind einige Ansätze zur Erkennung und   zur   Korrektur
von Tippfehlern   zu   finden,   die   aber   nicht   alle   im   Rahmen eines
sprachverstehenden Systems zielführend sind /1-3/. Da zum Beispiel
bei einem solchen System ein Lexikon vorhanden sein muß, erscheinen
lexikonfreie Methoden zur Fehlererkennung (die auf rein graphemischer
Ebene die Wörter auf nicht erlaubte Buchstabensequenzen untersuchen)
von vornherein   weniger   sinnvoll   und   dienen   höchstens   einer
Vorselektion.

3.1.1 Stringvergleich

Auf der untersten Ebene einer Schreibfehlerkorrektur hat man es mit Zeichenketten zu tun (sogenannten Strings), die miteinander verglichen werden müssen. Gesucht ist ein möglichst effizientes Verfahren, das aus einem Korpus von korrekt geschriebenen Wörtern dasjenige heraussucht, das am ähnlichsten dem zu korrigierenden String ist, das heißt mit größter Wahrscheinlichkeit seine Verbesserung. Die Voraussetzungen für den zu entwickelnden Spelling Corrector in VIE-LANG waren der Wunsch nach einem (hinsichtlich Rechenzeit) möglichst effizienten Algorithmus, der die häufigsten Tipp- und Schreibfehler korrigieren sollte. Das hieß, daß durchaus einige Fälle unentdeckt bleiben dürfen, wenn dadurch der Aufwand für das Gesamtverfahren in Grenzen bleibt.

Daher wurde die Annahme getroffen, daß pro Wort höchstens ein Schreibfehler auftritt, und dieser einer von 4 Elementarfehlern (Einfügen, Auslassen, Ändern eines Buchstaben, Vertauschen zweier adjazenter Buchstaben) ist. Diese Annahme wird durch statistische Unterlagen, nach denen 80 % aller Fehler dadurch abgedeckt werden, unterstützt /1,3/.
Aus diesen Gründen wurde auf Stringebene ein Verfahren implementiert, das Fehler der beschriebenen Art durch Vergleich von Fehlerwort und dessen richtig geschriebener Entsprechung erkennt. Dies kann so erfolgen, daß mit dem ersten Buchstaben beginnend jedes Zeichen mit der Entsprechung im Fehlerwort verglichen und bei der ersten Ungleichheit geprüft wird, ob 'der Rest wieder stimmt'.
Der Aufwand für dieses Verfahrens besteht aus einem einzigen Vergleich pro Stringpaar (Fehlerwort und Kandidat für Korrektur) und pro Editoperation, der früher abgebrochen wird, wenn der Kandidat nicht die korrekte Entsprechung ist.

3.1.2 Morphologische Analyse fehlerhafter Wörter

Bei der Integration einer Schreibfehlerkorrektur in ein System mit einer Morphologie-Komponente im dargelegten Rahmen wird eine starke Interaktion zwischen diesen Teilsystemen zu erwarten sein. Ja mehr noch, die Korrekturkomponente wird direkt an der morphologischen Analyse ansetzen müssen, und diese muß daher modifiziert werden. Bei den grundlegenden Gedanken über ein Verfahren zur Verbesserung von fehlerhaften Wörtern /1-3/ wird immer davon ausgegangen, daß eine Liste aller richtig geschriebenen Formen existiert und der betrachtete String mit jedem dieser Einträge verglichen werden kann. Wenn man das nun auf ein sprachverstehendes System umsetzt, heißt das, daß implizit ein Vollformenlexikon vorausgesetzt wird.

Im vorliegenden Fall (im System VIE-LANG) existiert kein Lexikon dieser Art, sondern es enthält nur die Wortstämme, alle anderen Formen werden wie geschildert abgeleitet. Ein Schreibfehler in einer abgeleiteten Wortform kann sich nun auf verschiedene Arten auswirken:

        Beispielwort: MEINUNGEN
        a) Fehler im Stamm: MINUNGEN
        b) Fehler in Derivation: MEINUGNEN
        c) Fehler bei Flexion: MEINUNGN
        d) Vertauschfehler Stamm/Derivation: MEIUNNGEN
        e) Vertauschfehler Deriv./Flexion: MEINUNEGN

Werden diese Fehlerwörter der morphologischen Analyse unterworfen, so entspricht nur Fall a) den bisherigen Vorstellungen: Die Flexionsendung wird richtig abgespalten, das Derivationssuffix 'ung' gefunden und statt der direkten Suche im Lexikon folgt ein Vergleich mit allen Grundformen, bis man schließlich auf 'mein' stößt, das einen erfolgreichen Abschluß der Analyse erlaubt.

Die anderen Fehlerfälle können so einfach nicht abgehandelt werden. In Fall b) wird zwar die richtige Flexionsendung gefunden, aber dafür kann die Derivationsanalyse in ihrer bisherigen Form nicht zum Ziel führen. Fall c) erlaubt zwar ein Finden der derivierten Form 'Meinung', aber im falschen Knoten des Suchbaums. Fall d) und e) sind die kritischsten, denn sie erforderten ein Interagieren von Flexion/Derivation bzw. Derivation/Lexikonsuche.

Eine relativ triviale Lösungsmöglichkeit wäre das Erzeugen von allen möglichen Formen durch Synthese, sozusagen eine prozedurale Simulation eines Vollformenlexikons, was sich aber aufgrund des überhandnehmenden Aufwands von vornherein ausschließt. Es muß also eine Modifikation der beiden Komponenten Flexion und Derivation vorgenommen werden.

3.1.2.1 Analyse fehlerhafter Flexion

Bei fehlerhaften Flexionsendungen ist es besser, von der Baumsuche wieder abzugehen. Diese hatte sich aufgrund der Aufbaustruktur der Endungen angeboten, die aber durch das Zulassen von Fehlern zerstört wird. Ein Schreibfehler kann nämlich einen beliebigen neuen Buchstaben hinzufügen, oder auch einen wesentlichen weglassen, wodurch die nach Abspaltung von n Zeichen aufgestellten Erwartungen hinsichtlich des (n+1)-ten Zeichens nicht gehalten werden können. Befindet man sich etwa im Knoten N, so kann nicht mehr wie früher die Feststellung getroffen werden, daß, soferne eine Flexionsendung vorhanden ist, der nächste Buchstabe ein E oder R sein muß (direkte Nachfolger des N-Knotens), da ja das N durch einen Änderungs- oder Fügefehler entstanden sein kann, wodurch es völlig irrelevant wäre.

Für eine effiziente Fehlerbehandlung der Flexion muß also die Baumidee verworfen werden, da deren Vorteile nicht mehr vorhanden sind. Besser ist es, das Abspalten der hinteren Buchstaben noch ohne Vergleich durchzuführen und erst wenn ein Stamm gefunden wird zu prüfen, ob der getrennte Rest das Fehlerwort einer korrekten Flexionsendung ist. Ist nämlich der Stamm bekannt, so weiß man auch dessen mögliche Suffixe (Endungsklasse) und der Fehlervergleich braucht nur mehr mit den Elementen dieser Liste erfolgen. Da zusätzlich bekannt ist, daß die Maximallänge einer Flexionsendung gleich 4 ist ('-test'), kann (bei Einfachflexion) nach fünf Schritten (Fügefehler) die Suche abgebrochen werden. Das bedeutet, daß auch die Zahl der Suchvorgänge im Lexikon auf fünf beschränkt bleibt.

3.1.2.2 Analyse fehlerhafter Derivation

Ähnlich wie im vorhergehenden Abschnitt beschrieben können auch bei Derivationsendungen die Erwartungsaussagen über die Suffixe während des Abspaltens nicht gehalten werden. Auch hier bietet sich deshalb ein Verfahren an, das - von hinten beginnend - sukzessive Buchstaben abspaltet und den Rest im Lexikon sucht. Von hinten abspalten ist deshalb sinnvoll, weil dadurch Wortformen, die man explizit (trotz Derivationsanalyse) im Lexikon stehen haben möchte - etwa weil sie wie 'Meinung' sehr häufig sind - früher als der Stamm gefunden werden. Allerdings kann hier nicht nach fünf Schritten abgebrochen werden, da der 'Schwanz' von Derivationsendungen theoretisch beliebig lang sein kann.

Wird ein Stamm gefunden, so muß der Rest des Wortes daraufhin überprüft werden, ob er eine Aneinanderkettung von kompatiblen Derivationssuffixen ist, wobei eines davon einen Fehler enthält. Dies kann so passieren, daß - nun rechts angefangen - Buchstaben abgespalten werden und die so entstehenden Strings mit Derivationsendungen verglichen werden (hier brauchen nur die genommen werden, die an den bereits analysierten Teil passen), ob sie entweder gleich oder ein Fehlerwort letzterer sind. Wurde der Fehler erkannt, so muß der übriggebliebene Rest aus lauter richtig geschriebenen Endungen bestehen.

3.1.2.3 Lexikonsuche fehlerhafter Stämme

Sind alle Endungen korrekt, oder besitzt das Wort keine Suffixe (d.h. der Fehler sitzt im Stamm), so muß es mit den Stämmen des Grundformenlexikons verglichen werden, um eine (oder alle) Korrektur(en) zu finden. Es können jedoch gleich starke Einschränkungen hinsichtlich des zu durchsuchenden Bereichs des Lexikons getroffen werden: Als wichtigstes Kriterium ist hier die Wortlänge zu nennen. Denn unter der getroffenen Voraussetzung eines einzigen zugelassenen Fehlers kann sich die Länge des Wortes höchstens um 1 verändern. Werden also die Lexikoneinträge nach ihrer Länge geordnet, so beschränkt sich der Bereich, mit dem die Fehlervergleiche durchgeführt werden müssen, auf die Stämme mit Länge n, n+1, n-1 wenn n die Länge des fehlerhaften Strings ist.

3.1.2.4 Aufbau des gesamten Korrektursystems

Das System SPELLCORR, das im Rahmen des natürlichsprachigen Systems VIE-LANG entwickelt wurde, umfaßt folgende Komponenten:

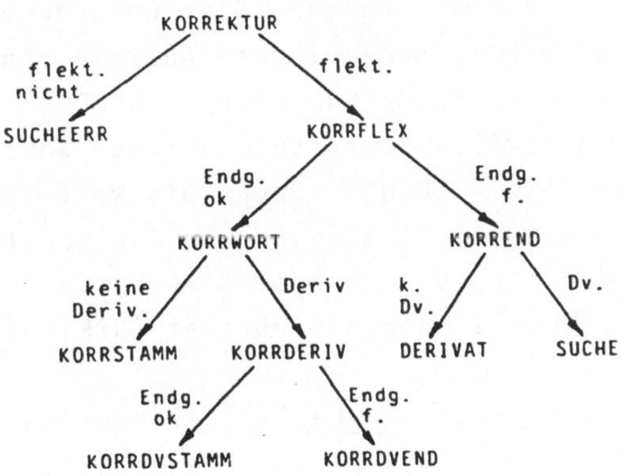

Abb.2

Die Kanten entsprechen den Verzweigungen von Entscheidungen hinsichtlich des zu untersuchenden Wortes. Im Prinzip gibt es folgende Möglichkeiten:

a) Wort flektiert / flektiert nicht
b) Wort ist Derivat / kein Derivat
c) Flexionsendung richtig / fehlerhaft
d) Derivationsendungen richtig / fehlerhaft

Die Entscheidungen c) und d) brauchen natürlich nur dann getroffen zu werden, wenn die korrespondierende Entscheidung a) bzw. b) positiv

ausgefallen ist. Außerdem ist die Möglichkeit 'Wort flektiert nicht' mit der Aussage 'Wort ist Derivat' nicht vereinbar, womit dieser Ast im Baum nicht existiert.
Der Baum ist nun so angeordnet, daß in einer Depth-first-Suche die wahrscheinlichsten (da häufigsten) Fälle zuerst gefunden werden: Unflektierte Wörter werden sofort gefunden. Die nächstwahrscheinliche Annahme ist, daß das Wort flektiert und die Flexionsendung richtig ist (dies ist auf Grund der geringen Länge der Suffixe anzunehmen), und so fort.

Die Knoten des Baumes sind die nach einer getroffenen Entscheidung aufgerufenen Prozeduren, die folgendes leisten:

SUCHEERR: Vergleicht ein Fehlerwort mit den möglichen Kandidaten im Lexikon und gibt die Korrekturen zurück. KORRDVEND: Prüft, ob das Wort ein Derivat mit einer fehlerhaften Endung ist und liefert die Korrektur(en). KORRDVSTAMM: Prüft, ob das Wort ein Derivat mit fehlerhaftem Stamm ist und liefert die Korrektur(en). KORRWORT: Unter der Annahme, daß eine mögliche Flexionsendung richtig ist, wird der Endungsbaum aus der morphologischen Analyse abgearbeitet, wobei in jedem Knoten entweder SUCHEERR oder KORRDERIV mit dem Wortrest aufgerufen wird. DERIVAT: Überprüft, ob das Wort ein Derivat mit korrekten Suffixen ist. SUCHE: Sucht ein Wort im Lexikon. KORREND: Unter der Annahme, daß die Flexionsendung fehlerhaft ist, wird dies überprüft, wobei der nach dem Abspalten verbleibende Wortrest entweder im Lexikon direkt (SUCHE) oder als Derivat (DERIVAT) gesucht wird.

4. Faktoren einer intelligenten Fehlerverbesserung

Bisher wurde besprochen, wie eine Fehlerkorrektur fast lückenlos durchgeführt werden kann, mit wenig Rücksicht auf Speicher- und Zeitaufwand des gesamten Systems. Doch gerade letzteres - die für die Korrektur eines Wortes aufzuwendende Zeit - ist ein wesentlicher Faktor in einem sprachverstehenden System. Denn der Nutzen ist gering, wenn das System nun zwar alles (oder zumindest das meiste) versteht, aber die Antwortzeiten derart lang werden, daß dadurch die erwartete performative Simulation eines menschlichen Partners wieder zunichte gemacht wird /6/.
Um das Verhalten eines menschlichen Kommunikationspartners nachzubilden, muß man versuchen, bei den Methoden, die dieser verwendet, Anleihen zu nehmen - zumindest bei denen, die beobachtbar sind.
Wie korrigiert aber ein Mensch? Sicherlich gibt es Parallelen zu den

bisher dargelegten Algorithmen, doch eine wesentliche Hilfe für die
Verbesserung von Fehlern ist bis jetzt außer Acht gelassen worden:
Die Berücksichtigung des Kontexts, der Umgebung im Satz (denn Worte
stehen ja nur selten isoliert). Die Korrektur ist fest eingebunden in
die syntaktische Interpretation eines Satzes und wird durch
Erwartungen syntaktischer und semantischer Natur entscheidend
unterstützt.

Ein sprachverstehendes System hat - im Gegensatz zu vielen
Textsystemen zur reinen Zeichenverarbeitung - genau jene Komponenten
zur Verfügung, die es (in der analogen Entsprechung) dem Menschen
leichter machen, auftretende Fehler sofort zu verbessern: Einen
Parser und eine interne semantische Repräsentation, bzw. zumindest
semantische Merkmale unter den Lexikoneinträgen. Was liegt also
näher, als mit Hilfe dieser Teilsysteme ein oben dargelegtes Verhalten
nachzubilden, und damit eine intelligente Fehlerkorrektur zu
realisieren. Intelligent bedeutet hier, daß versucht wird, möglichst
alle einem Menschen zur Verfügung stehenden Methoden, wie zum Beispiel
die Betrachtung des Kontexts, für eine effiziente Verbesserung zu
berücksichtigen.

4.1 Syntaktische und semantische Erwartungen

In Abb.3 sind zwei Möglichkeiten aufgezeichnet, wie ein Spelling
Corrector mit einem Parser interagieren könnte.

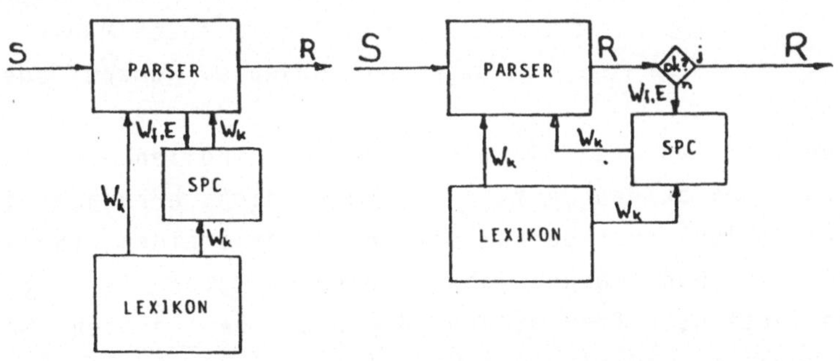

Abb.3

SPC: Spelling Correction, E: Erwartung, Wf: fehlerhaftes Wort
Wk: korrektes oder korrigiertes Wort, S:Satz, R: Repräsentation
des Satzes

Im ersten Fall setzt der Parser seine Analyse so lange fort, bis er
auf ein Wort stößt, das er im Lexikon bzw. mit seiner morphologischen
Analyse nicht findet. Unter der Annahme, daß es sich um einen

Schreibfehler in diesem Wort handelt, ruft er nun die Fehlerkorrektur auf. Abhängig von dem bereits analysierten Teil des Satzes kann der Parser in vielen Fällen aber bereits Aussagen über das gesuchte Wort treffen, eben Erwartungen aufstellen. Es kann zum Beispiel gefolgert werden, daß nach einem Artikel (höchstwahrscheinlich) ein Substantiv folgt. Wenn der bereits analysierte Teil lang genug ist und bereits den Aufbau einer teilweisen Struktur erlaubt hat, ließen sich noch andere Erwartungen vorstellen (z.B. Person oder eventuell Zeit bei Verbformen, etc.).
Die auf diese Weise erhaltenen Erwartungen sind klarerweise von der Stellung des fehlerhaften Wortes im Satz abhängig.

Der zweite Fall setzt die vollständige Analyse des Satzes voraus, bevor der Spelling Corrector aufgerufen wird. Dies kann natürlich nur soweit geschehen, wie es die unbekannten Wörter erlauben. Das Verfahren müßte etwa für die fehlerhaften und daher nicht erkannten Strings eine Art 'Match-any-wort' einsetzen, das alle syntaktischen Vergleiche erfüllt. Je nachdem, an welchen Stellen in der so aufgebauten Satzstruktur diese Match-any-wörter nach der Analyse stehen, können dann die Erwartungen für diese Wörter getroffen werden.

```
    z.B: 'Robert fährt dixh nach Hause'      'dixh' - #
    (mögliches) Analyseergebnis: Hauptverb 'fahren'
                                 semantische Kasus:
                                     Agens: 'Robert' oder '#'
                                     Ziel:  'nach Hause'
                                     Objekt: 'Robert' oder '#'
```

Der Grund, daß '#' und 'Robert' in zwei Rollen auftauchen, liegt darin, daß bei beiden Wörtern der Kasus nicht erkennbar ist, und sich die zwei Rollen nur durch diesen unterscheiden (Nominativ oder Akkusativ). Nun können aber Aussagen über '#' (das 'dixc' repräsentiert) getroffen werden, die nach der ersten Methode nicht möglich gewesen wären: Das Wort ist entweder ein Pronomen (wie 'du' oder 'dich') oder ein Nomen (wie 'Kisten') und steht im Akkusativ oder Nominativ. Mit diesen Erwartungen wird die richtige Korrektur 'dich' sicher schneller gefunden als ohne sie.

Weiters ist schon angeklungen, daß sich auch semantische Merkmale gut für eine Einschränkung der in Frage kommenden Wörter verwenden ließen. Da aber die Bedeutung eines Wortes und deren Darstellung im Computer noch eine der Komponenten eines sprachverstehenden Systems ist, die am meisten Probleme aufwerfen, wurde eine Berücksichtigung solcher Eigenschaften noch ausgeklammert.

4.2 Fehlerkorrektur mit Erwartungen

Wie man gesehen hat, können Aussagen über die Eigenschaften eines Wortes als zusätzliche Eingabe für die Korrekturkomponente dienen. Diese neuen Parameter dürfen aber nur als Entscheidungshilfe gesehen werden, die nicht immer belegt sind und eventuell nur mit einer gewissen Wahrscheinlichkeit richtig sind. Daher muß die Korrektur auch ohne sie funktionieren.

4.2.1 Flexion und Derivation mit Erwartungen

Bei der Analyse von Flexions- und Derivationsendungen können syntaktische Erwartungen vor allem bei der Auswahl der möglichen Suffixe und eventuell auch der Suppletionsform helfen.

Durch die Einschränkung der in Frage kommenden Flexionssuffixe kann sich auch die maximale Länge derselben verkleinern (das einzige Suffix der Länge 4 ist ja 'test', das nur für Verben im Imperfekt vorkommt). Dadurch verringert sich auch die Anzahl der Suchschritte im Analyseablauf (für 'Verben im Präsens' wären es z. B. nur 4 Schritte)

Bei der Derivation können Suffixe in Klassen eingeteilt werden, abhängig von der Wortkategorie, in die sie ein Wort transformieren. Ist in den Erwartungen die Kategorie enthalten, so kann auch hier die Zahl der in Frage kommenden Endungen - auf der äußersten Ebene - verkleinert werden. Allerdings ist die Ersparnis nur sehr klein, denn erstens ist die Anzahl der möglichen Suffixe von vornherein relativ gering (geringer als bei der Flexion) und zweitens kommt es, solange noch kein Derivationssuffix gefunden wird, zu keinem Lexikonzugriff, sondern nur zu relativ wenig zeitaufwendigen Prozeduren.

4.2.2 Lexikonzugriff mit Erwartungen

Beim Lexikonzugriff, bzw. beim Vergleich eines fehlerhaften Stamms mit Stämmen aus dem Lexikon, eröffnen sich die größten Ersparnismöglichkeiten durch Ausnutzung von syntaktischen Parametern. Denn gerade der Fehlervergleich ist sehr zeitaufwendig, und wenn die Liste jener Stämme, die als richtig geschriebene Lösung in Frage kommen, eingeschränkt werden kann, so äußert sich das drastisch in der insgesamt benötigten Zeit.

Um aber tatsächlich einschränken zu können, muß die Datenbank, in der das Lexikon realisiert ist, entsprechend organisiert sein, sodaß nach mehreren Kriterien gesucht werden kann. Eine Eigenschaft zur Einteilung wurde bereits im letzten Kapitel erwähnt: die Länge des Wortes. Jetzt kommen noch Eigenschaften wie Wortkategorie, Genus bei Substantiven, Transitivität bei Verben, etc. hinzu. Es sollten zum Beispiel leicht alle Nomen-Stämme der Länge 6 oder alle transitiven Verbstämme der Länge 5 gefunden werden können.

Eine volle Invertierbarkeit nach mehreren Kriterien wird bei vielen Datenbanken nicht gegeben sein (so etwa auch beim im System VIE-LANG implementierten Lexikon). Um auch hier ein sinnvolles Suchkriterium zu verwirklichen, kann die Tatsache ausgenützt werden, daß die Eigenschaften, nach denen gesucht wird, in weiten Bereichen hierarchisch angeordnet sind. Die Länge zum Beispiel wird auf alle Fälle berücksichtigt. Wenn eine syntaktische Erwartung vorhanden ist, so wird in den meisten Fällen am ehesten über die Kategorie eine Aussage getroffen (was nützt zum Beispiel die Angabe 'feminin' ohne die Angabe 'Substantiv'), usf.
Eine Möglichkeit der Lexikonorganisation eröffnet sich, wenn die Suche in der Datenbank zwar nur nach einem Schlüssel möglich ist, aber auch nach Teilwörtern gesucht werden kann. Auch hier wird die Hierarchie ausgenutzt. Das Schlüsselwort wird zu diesem Zweck unterteilt, indem für jede Eigenschaft eine feste Anzahl von Stellen vorgesehen wird.

z.B:

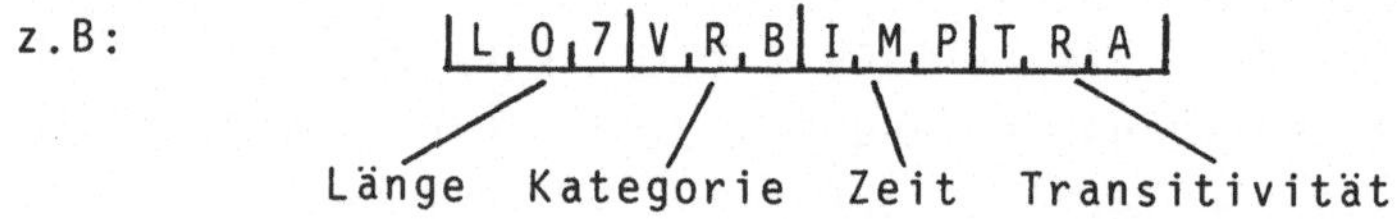

Werden nun zum Beispiel alle Wörter der Länge 5 gesucht, so werden die ersten drei Zeichen auf L05 untersucht, sind alle Verben der Länge 7 gefragt, so müssen die ersten 6 Zeichen gleich L07VRB sein.
Schwierigkeiten treten auch hier nur auf, wenn die Hierarchie verletzt wird und etwa alle transitiven Verben (der Länge 7) gesucht werden. Denn dazu muß mehrmals gesucht werden, indem man die Stellen für 'Zeit' mit allen möglichen Werten belegt.

Ganz egal, wie das Schema nun aussehen mag, auf alle Fälle läßt sich durch eine selektive Suche, basierend auf den Erwartungen, eine starke Einsparung dadurch erzielen, daß das Fehlerwort nur mehr mit einer weitaus kleineren Anzahl von Kandidaten verglichen werden muß.

5. Zusammenfassung

Es hat sich herausgestellt, daß eine Komponente zur Schreibfehlerverbesserung im Rahmen eines intelligenten sprachverstehenden Systems für das Deutsche einerseits umfangreiche Überlegungen, die Morphologie der Sprache betreffend, verlangt, die von bisherigen Arbeiten meist noch vernachlässigt worden sind, aber andererseits durch das Vorhandensein von syntaktischer und auch semantischer Analyse in einem solchen System völlig neue Hilfsmittel für eine bessere Performanz der Korrektur zur Verfügung hat. Die Implementierung der einzelnen Komponenten zur Fehlerverbesserung hat gezeigt, daß einer nahezu lückenlosen Korrektur - vor allem bei längeren Wörtern - theoretisch nichts im Wege steht. Was in VIE-LANG also verwirklicht wurde, ist eine Spelling Correction, die möglichst alle (sinnvollen) Fälle abdeckt, bei der man dann eventuell noch Abstriche machen kann, um die Effizienz im Gesamtdurchschnitt zu steigern.

<u>LITERATUR</u>

/1/ Damereau F.J.: A Technique for Computer Detection and Correction of Spelling Errors, Comm. ACM 7 pp.171-176, 1964.

/2/ Fliegner   M.:   Ueberlegungen   zur   automatischen Schreibfehlerkorrektur für ein KI-System, Univ.Hamburg, Memo GEN-18; 1983.

/3/ Peterson J.L.: Computer Programs for Spelling Correction: An Experiment in Program Design, Springer, N.Y.; 1980.

/4/ Trost H., Buchberger E.:   Lexikon, Morphologische Analyse und Synthese im System VIE-LANG, Bericht des Inst.f.Medizinische Kybernetik u.Artificial Intelligence d.Univ.Wien, No.   81-02, 1981.

/5/ Trost H., Dorffner G.: A System for Morphological Analysis and Synthesis of German Texts, in Hainline D.(ed.), Foreign Language CAI, Crooms Helm, in Druck.

/6/ Weischedel R.M., Black J.E.:   Responding   Intelligently   to Unparsable Inputs, American Journal of Comp.Linguistics, Vol.6, No.2, 1980.

A HEURISTIC MODEL FOR TREATMENT OF VAGUE TIME DESCRIPTIONS

Helmut Horacek
Research Unit for
Information Science and
Artificial Intelligence
University of Hamburg

Abstract
In this paper we present a heuristic model which is capable of dealing
with vague time references and modifiers. Basically, vagueness appears
in two different ways: a reference can be incomplete or the degree of
concreteness may be low. In order to overcome this lack of information
we propose the application of defaults and probability distributions
for the computation of possibility estimates about the temporal
constellation of events. Conceptual descriptions of time references
are assumed to be derivable from natural language expressions. They
are mapped onto an appropriate numeric form providing the unification
of descriptions with different types of units and concreteness. Some
operations are defined realizing reasoning processes to determine
adequate expectations about events characterized by several temporal
descriptions. As we will show, this method provides a basis for
treating questions about potential events, which cannot be answered on
the basis of a true/false mechanism. Finally, some ideas about the
verbalization of the numeric representation are discussed.

Introduction
In natural language temporal relations are expressed in many different
ways and they contain various types of information. A frequent characteristic of temporal references is vagueness. In the field of AI the
work dealing with the concept of time is mainly concentrated on
deriving temporal chains /4,5/, preferably treating them in a unique
formalism /1/. Some others also consider special aspects, for example
periodic events /2/. A compound work on time was realized by Kahn and
Gorry /6/, but the aspect of vagueness was not treated exhaustively.
The relations between time and events were treated by Retz-Schmidt
/7/, augmenting the concept of scripts /8/ with a hierachical depen-
dency. The effort in these works was concentrated in the process of
understanding an event by recognizing the appropriate relations
between actions. Compared to our work, the consideration of scales was
performed by simple boundary values. On the other hand, there is
considerable work on vagueness itself /10/, but there is no evidence
for treatment of the specific properties of time.

The aim of this work is to improve the performance of programs when
they are confronted with incomplete or vague knowledge. Because of the
dynamics of time, information about temporal references is usually
vague in some way and is therefore a nice area to demonstrate our
approach. In order to clarify our intentions let's consider the
following assertions:

1) There is an external meeting in summer where A. will participate.
2) In August A. is on vacation.

Let us assume that the context is the current year. Then, the question
'Is A. at work on August 15?' would usually be answered by 'probably'
in case 1) and by 'probably not' in case 2) by a human on the basis of
the facts provided so far. Expectations about defaults and their skill
in estimating vague information adequately enable humans to reason in
this way when only vague or incomplete information is at their
disposal. As computers lack this knowledge completely, they frequently

commit errors by inferencing incorrectly, by asking inadequate questions and by selecting an inappropriate amount when offering alternative choices to the user. A reasonable performance in these tasks would be of great use for a cooperative NLU-system. In order to undertake a computational approach to this kind of reasoning we consider three types of knowledge to be required:

Relations between **different types of reference;** time-points, durations and some kinds of modification (e.g. early, end, almost, less). Each of them can be expressed in different units with different degrees of concreteness.

Expectations about **defaults** for certain kinds of events or time descriptions to represent an interpretation of vague or incomplete reference. This representation is intended to be in a form appropriate for an associated reasoning process.

Reasoning processes leading to time expectations about events that are characterized by several time descriptions.

Representation
In order to obtain relations between elements of a time description such a description is separated into information about time-point and duration as well as about the modifiers. Our representation provides two different views of knowledge:

Relations between **conceptual elements** (e.g. beginning time, evening, 10 o'clock), which are gained from natural language expressions. The way to obtain those elements is straightforward in most cases. This task is not within the scope of this paper.

A **numeric interpretation** realized by discrete probability distributions which is used as a unique schema to enable reasoning processes. The connection to the conceptual elements is treated below.

As time-points and durations are sometimes closely related in natural language expressions we will now clarify our conception concerning their distinction and separation. We consider a time-point to be a point of reference on the time axis which cannot be divided further in the sense of naive physics when related to a specific event. Events are frequently referenced this way (the meeting takes place at 2 p.m.), indicating the time of the beginning in most cases. Sometimes the relation is explicitly expressed by the verb phrase: is on the way, ends at. If the time-point is named by a large unit, this description often allows several interpretations. 'On April 1st A. is in London' can mean that A. is there already earlier and/or later on or that he only spends some part of the day there. Such a reference is mapped onto a time-point slot which is named time-in(at) and allows all interpretations. Information about the event's duration is needed to determine the circumstances closer. When a reasoning process is triggered this information is required to be complete otherwise no useful result can be expected. This completion is done by providing two kinds of defaults:

An **event-based conceptual description** for the components of time references typically realized by a range or a vague expression covering the most reasonable instances. This is especially applicable for durations which can usually be specified to a degree that gives a guideline to typical units at least. As events are frequently referenced by a time-point (of begin), the information about the reference can only be completed by a default value.

Unless a concrete information is available, the assumption is made that the default value is the actual value when a reasoning process is triggered.

A **time-specific interpretation** in form of a probability distribution which is available for each conceptual description. For reasons of simplicity we disregard the event-specific influence on that interpretation as well as information which can be derived from a user model.

Taking these features into account we obtain a scale of precision, where the most concrete value is the one that is used in the evaluation. The representation of the beginning time of the meeting in Figure 1 which is scheduled for the afternoon shows instances of the two types of defaults mentioned above. The probability estimates chosen for the numeric interpretation of the conceptual elements represent the personnel opinion of the author. Therefore no claim is made that they constitute a general representation of the treated time descriptions. If a specific application requires a different interpretation, the numbers can be changed freely.

general meaning	specific value
value restriction	daytime
event-based default	between 8 a.m. and 8 p.m.
actual value	afternoon
time-specific interpretation	0.1 0.2 0.2 0.2 0.2 0.1 13h 14h 15h 16h 17h 18h

Figure 1

Because of the separation into time-point and duration we use probability distributions instead of possibility values for the interpretation of each conceptual description. This way, the contributions of all descriptions are scaled appropriately. An event is usually characterized by a point of reference and a duration and their values can be vague and can contain modifiers. In order to take all these components into account an evaluation process is performed resulting in a possibility estimate.

Formal realization

We have chosen a semantic network similar to KL-ONE /3/ and influenced by VIE-LANG /9/ for the representation formalism because the distinction between the conceptual and individual layer it provides is very useful for our purposes. While we have no difficulty in realizing the **interpretation** as a role in the conceptual layer we are forced to extend the formalism minimally to realize the **event-based defaults**. We introduce a second branch for the roles linking not only a value restriction as usual but also a default value to the concept which is specified. This feature is restricted to the conceptual layer only. Additionally we allow special individuals at the conceptual layer which serve as default values. We restrict their occurrence to the basic concept 'time-description'.

We assume that concept to be linked via a time role to the associated event. There are five roles available to describe the time reference:

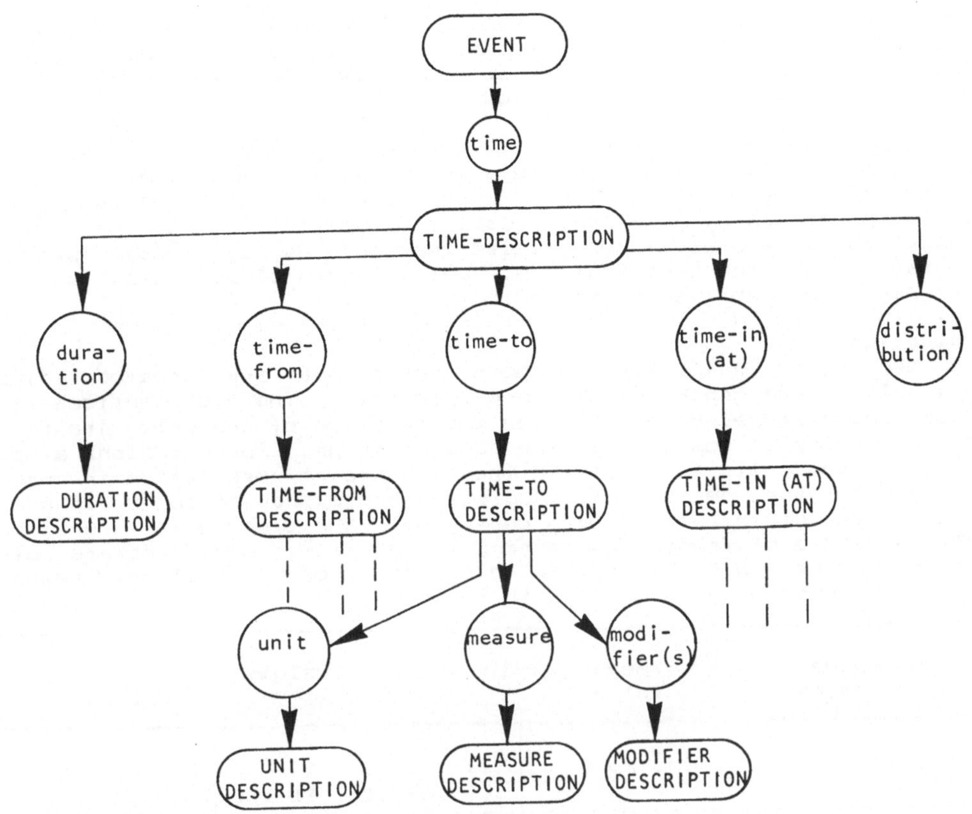

Figure 2

duration, time-from, time-to, time-in(at) and a distribution. The distribution is gained by combining the interpretations for the descriptions which are linked to that reference. For each concept these roles point to (except to the distribution) there are again roles which concretely specify the actual values: a unit, a measure and modifiers. Especially for the time-point roles multiple descriptions can occur: e.g. a part of the day or a time and a date. Vague descriptions such as evening or summer are represented as units in our approach. The measure roles are not used in those cases. The relations can be seen completely in Figure 2.

The standard place for representing information is the time-in(at) role. The other roles for time-points as well as the role for duration are used only when the reference explicitly denotes that kind of relation. This way, 'in the evening' is treated as a time-in(at) reference only, while 'the whole evening' is seen as a duration as well. In the first case a default duration for the described event is used to support associated evaluation.

While a date can only be used as a time-point, many vague expressions like 'evening' or 'summer' can be used for both. For all concepts except to the distribution concept feasible units for time-points are (day)time, date, weekday, week, month, season and year, while hour, day, week, month, season and year are provided for durations. Minutes and seconds are treated as fractions of hours when they become of interest. Feasible modifiers are early, late, begin, middle, end, almost, exactly, around, more, less and much. Only reasonable combinations are assumed to be specified.

For the distribution concept units are restricted to time of the day and date as well as hours and days respectively. All symbolic units can obviously be transduced into these two units. The differences are still maintained by different probability distributions. As, e.g., 'seven days' sounds more precise than 'one week,' this fact is maintained by the distributions. Let's take a closer look at the features of probability distributions.

Evaluation
The two basic units for time-point references are treated simultaneously, when both of them are specified. The distributions for those units represent events with the duration of one unit (hour or day) occurring at sometime in the denoted range. For durations a mean value of ten units is chosen in the standard representation in order to provide for deviations. Modifiers are expressed in a standard range. The distributions form curves over the time axis. Durations have a degree of freedom concerning translation. Modifiers are also underdetermined with respect to contraction or dilatation, respectively. Some examples are shown in Figure 3.

conceptual description	mean value	values probability distributions		
around 15.(mm.yy)	15.(mm.yy)	11 12 13 14 .04 .08 .12 .16	15 .20	16 17 18 19 .16 .12 .08 .04
around 3 o'clock	3 o'clock	1 2 .1 .2	3 .4	4 5 .2 .1
may	16.5.(yy)	1 ... 15 .02 ... .039	16 .04	17 ... 31 .039 ... .02
evening	21 o'clock	19 20 .15 .2	21 .3	22 23 .2 .15
ten hours	10 hours	8 9 .1 .2	10 .4	11 12 .2 .1
ten days	10 days	9 .15	10 .7	11 .15
ten weeks	70 days	60 ... .03 ...	70 .1	... 80 ... .03

As modifiers are underdetermined in many ways, we have arbitrarily chosen a range of seven values with the mean value m.

		values probability distributions		
exactly		m-3 m-2 m-1 0 0 0	m 1	m+1 m+2 m+3 0 0 0
early		m-3 m-2 m-1 .2 .35 .35	m .1	m+1 m+2 m+3 0 0 0

Figure 3

The first and the second item are exceptions as they also include the modifier 'around'. This is necessary in those cases because without that modifier the reference is nearly exact and no combination with vagueness is possible. If a specific date or time of the day is referenced, the distribution for 'exactly' is combined with the corresponding one including 'around' in order to remove the vagueness.

The main interest now lies in the derivation of new possibility estimates for events characterized by several descriptions. Apart from the simple computation method for and/or operations there are two types of non-trivial combinations:

    time-point with a duration
    anything with a modifier

Let's start with the example: three hours in the evening. Assuming evening to lie between 7 p.m. and 11 p.m. the result of a straightforward logical approach is shown in Figure 4. Note that a value in the next Figures represents the possibility by which the referenced event takes place at the time-point the value stands for.

description	values – distributions				
evening	19	20	21	22	23
1 hour	.2	.2	.2	.2	.2
2 hours	.25	.5	.5	.5	.25
3 hours	.33	.67	1	.67	.33
4 hours	.5	1	1	1	.5
5 hours	1	1	1	1	1

Figure 4

This result is not satisfying for many reasons. The series of possibility values looks counter-intuitive because of the ridges. Preferences for certain subranges cannot be expressed this way. The duration of the whole range is inflexible and there is no support for the underlying continuous character of time. We therefore propose a flexible mechanism where the possibility values for a longer duration are computed stepwise from the preference scale for the duration of a single unit. This scale is shifted by one place and added to the original one as many times as the actual duration contains the duration unit as shown in Figure 5.

```
original scale
for one unit           .15   .2    .3    .2    .15
shifted by one step          .15   .2    .3    .2    .15
added, gives distibution  ------------------------------------
with double duration   .15   .35   .5    .5    .35   .15
and so on
```

Figure 5

The idea behind this shift is the persistence of the referenced event through the following time units. By adding the probability values placed in the same column the fact is expressed, that these numbers represent possible occurrences of the denoted time unit in the whole duration of the event.

If the time-point is the beginning or the end this computation leads to a new distribution, and the shift is performed in the appropriate direction. For time-in(at) references the new distribution is centered accordingly. For our example representing a reference of 'evening' we get the distribution for 'in the evening' in Figure 6 and for 'from the evening on' in Figure 7.

description	values – distributions								
in the evening	17	18	19	20	21	22	23	24	1
1 hour			.15	.2	.3	.2	.15		
2 hours		.075	.25	.425	.5	.425	.25	.075	
3 hours		.15	.35	.65	.7	.65	.35	.15	
4 hours	.075	.25	.5	.75	.85	.75	.5	.25	.075
5 hours	.15	.35	.65	.85	1	.85	.65	.35	.15

Figure 6

from the evening on	19	20	21	22	23	24	1	2	
1 hour	.15	.2	.3	.2	.15				
2 hours	.15	.35	.5	.5	.35	.15			
3 hours	.15	.35	.65	.7	.65	.35	.15		
4 hours	.15	.35	.65	.85	.85	.65	.35	.15	
5 hours	.15	.35	.65	.85	1	.85	.65	.35	.15

Figure 7

Note the dynamics of the range dependent on the changing duration. When the duration is rather vague as well as the time-point reference, the distributions for all of its values are computed and added up according to the weights of the duration values. The schema works rather well within a reasonable duration.

The consideration of modifiers involves a special case of an 'and'-composition. The range of a modifier's distribution is expanded or contracted according to the description to be modified. After the appropriate operation (a multiplication in most cases) is performed, the result has to be scaled so that the sum of the new probability values is the same as that of the original one. 'Around' exceptionally is treated the same way as a duration in order to provide for the desired dilatation of the original range by application of that method. In comparison to our approach, Zadeh /11/ proposed modification rules for fuzzy-sets, e.g. the application of the square operation for intensification or concentration and the square root for diffusion or dilatation. Although these operations are very elegant in a mathematical sense they have some concrete drawbacks:

- the degree of concentration or dilatation is a constant function (determined by the exponent)
- it is the same over the whole series of possibility values
- the range of possibility values remains the same

This inflexibility severely inhibits adequate modelling of vague natural language modifiers.

Interpretation

When descriptions expressed in the same unit are to be combined, there are two special cases as possible results:

Redundancy

When a description is compared with another one that is included in the first and whose degree of concreteness is higher, the result is identical to the more precise description. This way, the information can be simplified by removing the vaguer description.

Contradiction

occurs, when the resulting distribution consists of zero values only. Depending on the performed task, a specific action may ensue (such as a check-back with the user regarding the evidently inconsistent instruction), or the inquiry has been proved unequivocally negative.

When going back to the examples 1) and 2) from the introduction we can demonstrate how our approach supports an appropriate treatment of the discussed problem. By combining the time-in(at) reference 'summer' from assertion 1) with the default duration range of one day up to seven days we will get an estimate of about 0.03 for the combined facts on the 15th of August. On the other hand, when August is combined with the default duration of about three weeks for A.'s vacations in assertions 2), the expectation for August 15th lies somewhere between 0.7 and 0.9. These estimates demonstrate a good coherence with the expectations verbalized in the introduction.

Verbalization

A compound treatment of verbalizations for possibility estimates covers a paper on its own. We therefore restrict ourselves to a description of the general strategy, e.g. what methods are applicable according to the type of distribution. A distribution may represent a duration, a time-point or a combined description, whereas a verbalization may be required for either of the basic descriptions. This way, we can distinguish three tasks:

- decomposition of a combined description into time-point and duration
- verbalization of a single possibility value
- verbalization of a serie of possibility values

The decomposition of a distribution $(p_i, i=1,n)$ is performed as follows: The duration is calculated by 'round(sum(pi))' yielding the mean value just. For the determination of the time-point the operation described in Figure 5 is performed in the inverse direction as many times as the duration indicates. In the combined description the information about the vagueness of the duration gets lost. The fraction of the (mean of the) duration and the number of possibility values gives a measure for the degree of vagueness (e.g. 1 may be verbalized by 'exactly', 0.1 by 'around'). Single possibility values can be verbalized by the point of reference and an appropriate modifier expressing the degree of uncertainty (e.g. 0.7 by 'probably' , 0.4 by 'perhaps').

The most interesting task , however, is the verbalization of a series of possibility values. If the distribution contains more than one peak, a regularity check may be performed in order to find common properties for the peaks. If there remains still more than one, they are treated separately together with their adjacent regions. The regions created by this partition can be verbalized by a range or by a more or less vague expression according to the degree of flatness and to the appearence of ridges on their borders. Determination is required for:

- a unit derived from the mean value and the shape of the distribution.
- an amount derived from the mean value and from the unit which has just been selected.
- appropriate modifiers to improve the fit. Some promising ones can be tried by the method 'Generate and Test', finally selecting the best choice.

Although some points still remain unelaborated in our discussion of the verbalization phase, we have provided an outline of the way it might proceed. A precise consideration would require exhaustive tests after an implementation, which, unfortunately, has not been possible to realize because of the lack of hardware in the first phase of our project.

References

/1/ Allen, J.F. (1981), 'An Interval-Based Representation of Temporal Knowledge', Proc. of the 7th IJCAI, Vancouver, Canada, 1981.
/2/ Anderson T.L. (1981), 'The Data Base Semantics of Time', Ph.D. thesis, Univ. of Washington, 1981.
/3/ Brachman R.J., A Structural Paradigm for Representing Knowledge, Bolt Beranek and Newman Inc., Rep. 3605, Cambridge, MA, 1978
/4/ Bruce B. (1972), 'A Model for Temporal Reference and its Application in a Question-Answering Program', Artificial Intelligence, Vol. 3, No. 1, 1972.
/5/ Hirschmann L., Story G. (1981), 'Representing Implicit and Explicit Time Relations in Narratives', Proc. of the 7th IJCAI, Vancouver, Canada, 1981.
/6/ Kahn K.M., Gorry A.G. (1977), 'Mechanizing Temporal Knowledge', Artificial Intelligence, Vol. 9, No. 2, 1977.
/7/ Retz-Schmidt G. (1984), Zur Repräsentation von Alltagswissen für die Ereigniserkennung in Straßenverkehrsszenen, Studienarbeit am FBI der Universität Hamburg, 1984.
/8/ Schank R.C., Abelson R.P. (1977), Scripts, Plans, Goals and Understanding, Hillsdale, N.J., 1977.
/9/ Trost H., SEMNET — Ein semantisches Netz zur Darstellung von Umweltwissen in einem natürlichsprachigen System, Dissertation, Technische Universität Wien, 1983.
/10/ Wahlster W. (1977), 'Die Repräsentation von vagem Wissen in natürlichsprachlichen Systemen der Künstlichen Intelligenz', Univ. Hamburg, Fachbereich Informatik, IFI-HH-B-38/77, 1977.
/11/ Zadeh L.A. (1981), Test-Score Semantics for Natural Language Systems and Meaning Representation via Pruf, in Rieger B. (ed.), Empirical Semantics, Bochum: Brockmeyer, 1981.

<u>GRAPHON - EIN SYSTEM ZUR SPRACHSYNTHESE BEI TEXTEINGABE</u>

Markus Kommenda
Institut für Nachrichtentechnik
Technische Universität Wien

A-1040 Vienna, Austria

<u>ZUSAMMENFASSUNG</u>

GRAPHON ist ein System zur akustischen Ausgabe von deutschem Text. Ein
Schwerpunkt der Arbeit liegt in der Weiterentwicklung eines Transkriptionsprogramms, das eingegebenenText nach den Ausspracheregeln des
Deutschen in die entsprechende phonetische Umschreibung (Lautschrift)
umsetzt. Um gut verständliche und natürlich klingende Sprache zu erzeugen, werden Verfahren zur automatischen Wort- und Satzanalyse untersucht, die zusätzlich die Bestimmung prosodischer Parameter, wie Wortbetonung, Sprachrhythmus und Satzmelodie, erlauben.

1. Einleitende Bemerkungen

In zunehmendem Maße werden Computer- und Kleincomputer-Systeme mit der
Möglichkeit der akustischen Sprachausgabe ausgestattet. Insbesondere
ist dies dann wünschenswert, wenn das Telephon zur Kommunikation mit
einem zentralen Rechner herangezogen wird, wodurch eine große Zahl von
Benutzern Zugang erhält. Ein Beispiel hiefür sind automatische Informationssysteme, wie sie in Deutschland bereits bestehen (z.B.: automatische Fahrplan-Auskunft durch "Karlchen" in Frankfurt).

Ist bei einem solchen System der Umfang des geforderten Vokabulars
klein (einige hundert Wörter), so genügt es, Wörter oder Wortteile
bereits in ihrer akustischen Realisierung zu speichern und die gespeicherten Elemente bei der Ausgabe aneinanderzufügen ("Reproduktive
Sprachausgabe", beispielsweise verwendet für die automatische tele-
phonische Zeitansage).

Bei umfangreicherem oder häufig wechselndem Vokabular wird es aber
nötig, noch kleinere Einheiten (Silben, Halbsilben, Doppel- oder
Einzellaute) zu speichern und bei der Ausgabe zusammenzufügen ("Synthese von unbegrenztem Vokabular").

Ziel unserer Arbeiten ist die akustische Ausgabe von beliebigem deutschem Text bei Eingabe in gewöhnlicher Rechtschrift ("Sprachsynthese
aus Text", "Vollsynthese").

Dies erfordert

- erstens die Übertragung des Textes in Lautschrift (Transkription,
  Graphem-Phonem-Umsetzung) und

- zweitens die Umsetzung der so gewonnenen Lautfolgen in das akustische Signal.

Für die Erzeugung des akustischen Signals wird vorerst ein handelsübli-
cher Baustein verwendet. Im folgenden soll daher der erste Problemkreis
eingehender behandelt werden.

2. Transkription

2.1. Überblick

Eine erste Version des Transkriptionsprogramms GRAPHON (eine detaillierte Beschreibung ist in [1] zu finden) wurde auf einem APPLE III -
Personal-Computer implementiert. Da Flexibilität und Portabilität
gegenüber der Verarbeitungsgeschwindigkeit im Vordergrund standen,
wurde das Programm mit Ausnahme einer einzigen Ein-/Ausgabe-Routine
in einer höheren Programmiersprache (PASCAL) erstellt.

Im Gegensatz zu anderen Sprachen, wie Englisch oder Französisch, wird
die Aussprache deutscher Wörter nur wenig von benachbarten Wörtern beeinflußt. Wie in anderen deutschsprachigen Systemen (z.B. [2-4] wird
daher der eingegebene Text Wort für Wort nach den deutschen Ausspracheregeln in die entsprechende Kette von Lautsymbolen umgesetzt.

Das Programm umfaßt etwa 2500 Zeilen und besteht aus zwei großen Teilen:

- einem Editor für die benutzerfreundliche Eingabe und Korrektur der
  aufgestellten Regeln und Ausnahmen und der Zuordnung der verwendeten
  Phoneme zu den Ansteuerkodes für den Sprachsynthese-Baustein und

- dem Sprachausgabe-Modul für die Umsetzung von Text in Lautschrift
  und die Ansteuerung des Synthese-Bausteins.

Zusätzlich zur akustischen Ausgabe ist die Ausgabe der Lautschrift
über Bildschirm oder Drucker vorgesehen. Dies ermöglicht eine vom verwendeten Sprachsynthese-Baustein unabhängige Kontrolle der Transkrip-
tionsergebnisse durch Vergleich mit den Angaben im Aussprachewörterbuch [5] und erleichtert die Eingabe von Ausspracheregeln.

2.2. Implementierung der Ausspracheregeln

Für jeden Buchstaben des deutschen Alphabets ist eine sequentielle
Liste von Ausspracheregeln abgespeichert. Die insgesamt etwa 600 Regeln
wurden auf der Grundlage allgemeiner Prinzipien der deutschen Aussprache [5] und Phonologie [6] aufgestellt und zunächst manuell an
Hand eines Häufigkeitswörterbuchs [7] überprüft.

```
          bT           =>    p
          bt           =>    pt
          beT          =>    bə
     Tbeurlau          =>    bə|u:əlau
     Tbeurteil         =>    bə|u:etail
     Tbeinhalte        =>    bə|inhaltə
     Tbeirr            =>    bə|ir
     Tbeist            =>    baiʃt
     Tbeisp            =>    baiʃp
     Tbei              =>    bai
     Tbeei             =>    bə|ai
     Tbeeh             =>    bə|e:
     Tbeend            =>    bə|ɛnd
     Tbeerdi           =>    bə|e:edi
 J   Tbesu             =>    baʃt
 3   Tbeste            =>    bɛstə
 2   TbestⱶMT          =>    bɛst
 2   Tbestens          =>    bɛstns
 2 K Tbest             =>    baʃt
 2   Tbesp             =>    bəʃp
 3   Tbev              =>    bəl
 3   Tbe               =>    bə
     bd                =>    p
     bf                =>    pf
     bk                =>    pk
     bə                =>    p
     bch               =>    pç
     bsch              =>    pʃ
     baßT              =>    bas
     boßT              =>    bos
     b                 =>    b
```

          invers gedruckte Zeichen werden durch die Regel
                  umgesetzt
     V ...   Vokal
     M ...   Mitlaut
     T ...   Trennzeichen, Wortgrenze
     2,3 ... Regel ist nur auf mindestens 2-(3-)silbige
              Wörter anzuwenden
     K ...   Regel ist nur auf kleingeschriebene Wörter
              anzuwenden

Abb.1 zeigt die Liste zum Buchstaben "b" als Beispiel für die gespeicherten Regeln. Diese zeigen den Buchstaben im relevanten Kontext und
geben die jeweilige Ergebnislautfolge an; jene Zeichen, die durch die
Anwendung der Regel umgesetzt werden, sind invers - also weiß auf
schwarzem Hintergrund - dargestellt. Um allgemeine Regeln, wie

"a vor Doppelkonsonantenzeichen → /a/"

formulieren zu können, wurden einzelne Buchstaben und Buchstabenfolgen
in Klassen zusammengefaßt und durch eigene Symbole gekennzeichnet (vgl.
Abb.1).

Wegen der höheren Flexibilität bei der Regelgestaltung wurde dieser
Ansatz trotz der sequentiellen Suche einem Verfahren, das sich auf
einen Entscheidungsbaum stützt, vorgezogen. Um die Effizienz bei
gleichbleibender Flexibilität dennoch zu erhöhen, wurden zusätzlich
etwa die häufigsten 100 deutschen Wörter in einer Hash-Tabelle gespeichert. Diese sind zumeist kurz - oft bestehen sie nur aus zwei
oder drei Buchstaben - und werden großteils nicht flektiert. Beide
Umstände begünstigen die Verwendung des Hash-Verfahrens. Legt man die
Häufigkeitswerte nach MEIER [7] zugrunde, so ergibt sich, daß nahezu
jedes zweite Wort aus fließendem Text in der Tabelle enthalten ist,
woraus eine beträchtliche Steigerung der Umsetzungsgeschwindigkeit
resultiert.

2.3. Erweiterung des Konzepts

Erwartungsgemäß treten bei der Transkription mit dem beschriebenen
Regelwerk abgesehen von Namen und Fremdwörtern hauptsächlich in zu-
sammengesetzten Wörtern Aussprachefehler auf (z.B. "Mehrwertsteuer":
/'me:ɐveːɐʦ-tɔɐ/ statt /'me:ɐveːɐt-ʃtɔɐ/). Zwar ist die deutsche Recht-
schreibung im Gegensatz beispielsweise zur englischen ziemlich regel-
haft, doch setzen die Ausspracheregeln die Kenntnis der internen Wort-
struktur voraus. Insbesondere sind die Grenzen zwischen den einzelnen
Morphemen (Vorsilben, Stämme, Nachsilben, Endungen,...) für die Aussprache relevant.

Da nun ein leistungsfähiger Personal-Computer (HP 9816 mit 68 000 CPU)
zur Verfügung steht, liegt es nahe, eine Komponente zur morphologischen
Analyse in den Transkriptionsalgorithmus einzubeziehen. Das neue Konzept (Abb.2) stützt sich stark auf ein gespeichertes Morphemlexikon
und unterscheidet sich in diesem Punkt von bestehenden deutschsprachigen

Systemen. Ziele der morphologischen Analyse sind

- die Berücksichtigung von Morphemgrenzen bei der Bestimmung der Aussprache,

- die Erfassung von Ausnahmen, beispielsweise von Fremdwortstämmen,

- die Lokalisierung des Stammes für die Bestimmung der Wortbetonung und

- eine Wortklassifizierung für eine nachfolgende einfache syntaktische Analyse zur Bestimmung von Sprachrhythmus und Satzmelodie.

Neben der Vermeidung von Transkriptionsfehlern wird also die Bestimmung prosodischer Merkmale (Betonung, Sprachrhythmus und Melodie) angestrebt. Die erzeugte Sprache wird damit nicht nur natürlicher, sondern auch besser verständlich, nicht zuletzt deshalb, weil die Konzentrationsfähigkeit des Zuhörers über längere Zeit hin erhalten bleibt.

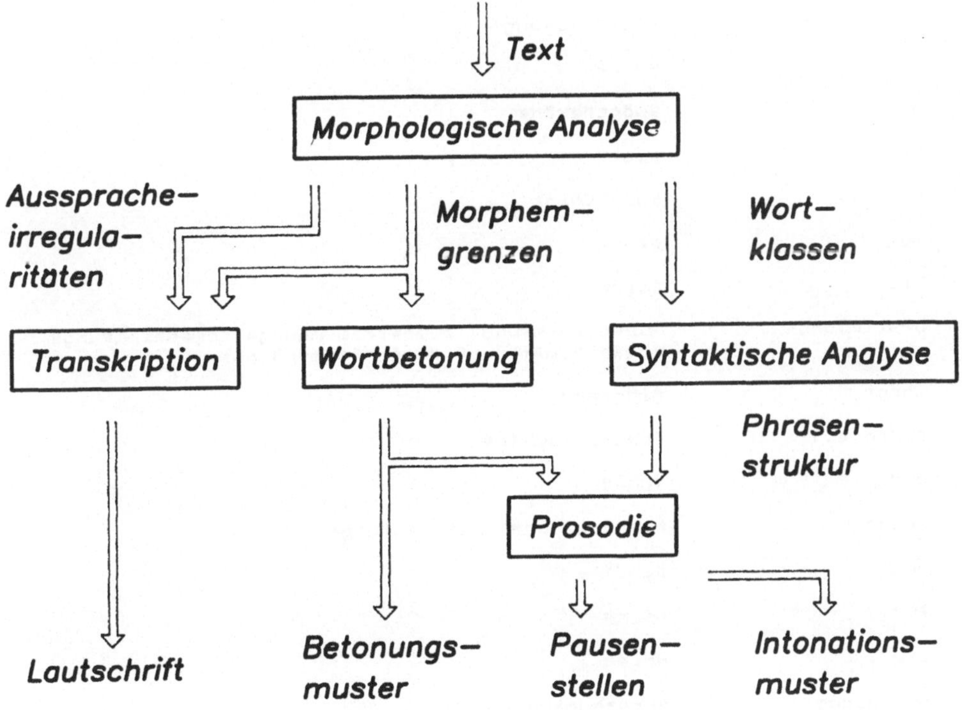

Abb.2: Analyseschritte im neuen Konzept

Zur Evaluierung des beschriebenen Konzepts und aller späteren Erweiterungen oder Änderungen wurde ein Testfile mit den häufigsten 2000 deutschen Wörtern aus der Sprachstatistik von MEIER [7] angelegt. Um die Realisierbarkeit zu prüfen, wurde weiters ein Inventar von etwas mehr als 2000 der häufigsten deutschen Morpheme eingegeben. Dieses Inventar wurde in Form von Hash-Tabellen abgespeichert, wobei für jede Morphemlänge eine eigene Tabelle vorgesehen ist. Diese Organisation des Morphemlexikons erlaubt einen schnellen Zugriff und eine kurze Verarbeitungszeit bei gleichzeitig hoher Speichereffizienz. In der ersten Version des erstellten Programms werden nach zunächst einfachen Algorithmen mögliche Morphemgrenzen in den zu analysierenden Wörtern, insbesondere den Wörtern des Testfiles, gesucht. Abb.3 zeigt das Ergebnis dieser Zerlegung an einem Beispiel.

```
die                  #die#

richtige             #richt#ig#e#

zerlegung            #zer#leg#ung#

von                  #von#

wörtern              #wört#er#n#

ist                  #ist#

wichtig              #wicht#ig#

für                  #für#

die                  #die#

bestimmung           #best#im#m#ung#  #bes#t#im#m#ung#  #be#stimm#ung#
                     #be#st#im#m#ung#  #be#s#t#im#m#ung#

ihrer                #ihr#er#

aussprache           #aus#sprach#e#

und                  #und#

betonung             #be#ton#ung#  #be#to#n#ung#

und                  #und#

für                  #für#

die                  #die#

erzeugung            #er#zeug#ung#

einer                #ein#er#  #ei#n#er#  #e#in#er#

satzmelodie          #satz#melodie#
```

Abb.3: Beispiel für morphologische Zerlegung

Diese ersten Versuche bestätigten die Erwartungen in zweierlei Hinsicht:
Einerseits können mit dem gespeicherten Morpheminventar schätzungsweise
90% der Wörter aus fließendem Text erfaßt werden. Andrerseits werden bei
den bisherigen einfachen Algorithmen, die noch keine grammatikalischen
Regeln für den deutschen Wortbau enthalten, für sehr viele Wörter mehrere mögliche Zerlegungen gefunden (z.B. "An-teil", "Ant-eil" und "Ant-eil"). Eine Grammatik zur Auswahl und Auswertung der morphologisch
richtigen Zerlegung wird zur Zeit implementiert. Dazu muß das erstellte
Morphemlexikon durch Angaben für jedes Morphem ergänzt werden, die beispielsweise die Klasse des Morphems (Präfix, Stamm, Suffix,...), mögliche Wortklassen und Flexionsparadigmen, Umlautung und auftretende
Fugen, Herkunftssprache und schließlich Ausspracheirregularitäten betreffen.

Damit die morphologische Analyse auch dann nicht versagt, wenn einer
oder mehrere Teile eines Worts nicht im Lexikon enthalten sind, ist
eine Prozedur vorgesehen, die überprüft, ob die fraglichen Wortteile
dem Aufbau deutscher Morpheme entsprechen. Dazu werden Listen der am
Anfang, in der Mitte und am Ende von Morphemen auftretenden Vokal-
und Konsonantenkluster verwendet.

Zwar kann ohne Berücksichtigung semantischer Kriterien nicht in allen
Fällen die richtige morphologische Zerlegung ermittelt werden (z.B.:
"Nach-Teile" gegen "Nacht-Eile"); auch ist die einwandfreie Bestimmung einer natürlich klingenden Prosodie selbstverständlich nicht
möglich. Durch die Einbeziehung der morphologischen Analyse ist jedoch eine wesentliche Verbesserung der erzeugten Sprache zu erwarten.

Literatur

[1] Kommenda, M.; Kubin, G.; Doblinger, G.: Ein System zur akustischen
    Ausgabe von deutschem Text für Personal-Computer. In: Sprach-
    synthese (Müller, B.S., Hrsg.), Hildesheim: Georg Olms. Im Er-
    scheinen.
[2] Mangold, H.; Stall, D.S.: Principles of Text-Controlled Speech
    Synthesis with Special Application to German. In: Speech Communi-
    cation with Computers (Bolc, L., Hrsg.), S. 139-181. München:
    Carl Hanser. 1978.
[3] Rühl, H.-W.: Sprachsynthese nach Regeln für unbeschränkten deut-
    schen Text. Dissertation Ruhr-Universität Bochum. 1984.
[4] Wolf, H.E.: Ein Sprachausgabesystem für unbegrenzten Wortschatz
    nach dem Formantvocoderprinzip. Frequenz vol.34, S. 131-136 (1980).
[5] DUDEN Aussprachewörterbuch. Mannheim: Bibl. Inst. 1974.
[6] Philipp, M.: Phonologie des Deutschen. Stuttgart: Kohlhammer. 1974.
[7] Meier, H.: Deutsche Sprachstatistik. Hildesheim: Georg Olms. 1978.

<u>PARSING MIT CONTROLLED ACTIVE PROCEDURES</u>

Heinz-Dirk Luckhardt
Sonderforschungsbereich 100
"Elektronische Sprachforschung"
Universität des Saarlandes
D-6600 Saarbrücken 11
Bundesrepublik Deutschland

<u>Abstrakt</u>

Controlled active procedures sind kontextfreie und kontextsensitive Regeln, die durch Prozeduren erweitert sind und von "Grammatiken" aktiviert werden, die wiederum von "Prozessen" gesteuert werden. Diese Entwicklung gründet sich auf Erfahrungen, die im Sonderforschungsbereich 100 in Saarbrücken mit der Analyse und Übersetzung natürlicher Sprachen in den letzten 12 Jahren gewonnen wurden, und ist von dem Wunsch geprägt, effiziente Parser für beliebige, d.h. nicht auf bestimmte Diskursbereiche beschränkte Parser zu schaffen. Die CAP-Grammatik bildet die linguistische Basis für solche Parser; sie hat einiges gemeinsam mit der lexical functional grammar und verfügt über einige Eigenschaften, die sie besonders als Grundlage für die Entwicklung eines Parsers für das Deutsche geeignet erscheinen lassen.
Das Referat beschäftigt sich mit einem Vergleich von CAP und LFG und beschreibt einige Eigenschaften des für das Deutsche implementierten CAP-Parsers.

Die CAP-Theorie in ihren Grundzügen

Die CAP-Theorie muß im Kontext der maschinellen Analyse und Übersetzung natürlicher Sprache gesehen werden. Als linguistische Theorie steht sie gleichermaßen in der Tradition der TG und der Dependenzgrammatik. Als Theorie des effizienten Parsing berücksichtigt sie Begriffe wie Kontrolle, Implementierbarkeit, Modularität, Flexibilität und Erweiterbarkeit. Diese beiden Standpunkte haben einander beeinflußt, so daß man sagen kann, daß in CAP theoretische Linguistik und angewandte Linguistik auf eine ganz neue Art und Weise miteinander kombiniert sind.
Ein allgemeines Beispiel für diese Problematik ist die Verwendung von kontextfreien Regeln: das Faszinierende an ihnen ist für die theoretische Linguistik ihre Durchsichtigkeit und Einfachheit, die angewandte Linguistik mag sich ihrer jedoch nicht ohne starke Kontrollmöglichkeiten bedienen.

In CAP gibt es bezüglich der Kontextfreiheit oder -sensitivität der Regeln keine Einschränkung; ihre Anwendung wird auf zwei Arten gesteuert:

(a) 'grammars' wählen die Datenstruktur aus, auf die eine Regel angewandt werden soll
(b) 'processes' bestimmen die Strategie für ihre Anwendung

CAP-Regeln für einfache Strukturen sind Konstituentenstruktur-Regeln (z.B. DET+SUB = NP), wohingegen Regeln für komplexe Strukturen "inkrementelle" (incremental) Regeln sind; d.h. anstatt die Struktur P + X + X + X mit der KS-Regel P X X X => P zu analysieren, benutzen wir die Regel P X => P inkrementell, d.h. durch Iteration (vgl. unten).

CAP-Regeln werden erweitert, d.h. es sind nicht einfach strukturbildende Regeln wie die obige, sie enthalten auch Bedingungen für ihre Anwendung (die die linke Regelseite betreffen) und Zuweisungen für die Symbole auf der rechten Regelseite.

CAP verfügt über starke lexikalische und morphologische Komponenten, die schon für den Vorgänger des implementierten CAP-Parsers entwickelt wurden. Sie sind eher als Vorbedingungen für effizientes Parsing anzusehen und nicht als Teil der Theorie, wie auch in der LFG das Lexikon eigentlich nicht Teil der Theorie ist, sondern vielmehr eine Möglichkeit, Informationen zu speichern, die beim Parsing zum Auslösen bestimmter Aktionen benötigt werden. Die Verwendung solcher Informationen ist ein Gemeinplatz für jeden, der einmal einen Parser entwickelt hat, und kann nicht als neue Errungenschaft angesehen werden.

In CAP wird eine prinzipiell dependentielle Repräsentation mit den folgenden Charakteristika benutzt:
- die Oberflächenreihenfolge der Konstituenten bleibt gewahrt
- die Knoten tragen umfangreiche Beschreibungen
- die Funktionen der Konstituenten und ihre Beziehungen zueinander werden auf drei Ebenen notiert:

    SF = syntaktische Funktion
    DSF = tiefensyntaktische Funktion
    SR = semantische Relation

Es gibt natürlich nicht drei verschiedene Bäume, also einen für jede Ebene. Die Ebenen sind vielmehr in den Knoten repräsentiert
- Die lexikalischen Einheiten der Verben, Substantive und Adjektive tragen Valenzrahmen, die zur Berechnung der Funktion der Komplemente benutzt werden.

Ein weiteres wichtiges Merkmal der CAP-Theory ist die Vererbung (inheritance) von Merkmalen, die in CAP gesteuert werden kann (vgl. unten).

<u>Der Formalismus</u>

Die neueren Grammatiktheorien wie LFG und GPSG stimmen darin überein, daß sie Transformationen und TG-Terminologie – die zu "baroque systems" (GAZDAR 1982) führten – vermeiden; sie ermöglichen es dem Linguisten vielmehr, Regeln "in a transparent style" (WINOGRAD 1983) zu schreiben. Die CAP-Theorie zielt in die gleiche Richtung, da die CAP-Regeln kontextfrei sowie leicht zu lesen und zu schreiben sind. Es gibt, was die Wirkung der Regeln angeht, vier Regeltypen:

```
start rule:        A       => X (A)
right expansion:   A + B   => A' (B)
left expansion:    A + B   => B' (A)
concatenation:     A + B   => X (A + B)
```

CAP-Regeln sind um einen Bedingungsteil und einen Zuweisungsteil erweitert, so daß sie die folgende Architektur haben:

```
    rule  RULENAME
    < geometry >
    < conditions >
    < assignments >
    end
```

Bedingungen und Zuweisungen können Prozeduren enthalten; dies ist jedoch nicht obligatorisch, so daß einfache Sachverhalte mit einfachen Regeln beschrieben werden können und komplexe mit komplexen.
Eine "grammar" wählt die Kanten bzw. Folgen von Kanten (Pfade) aus dem S-Graphen (einer Datenstruktur vom Typ 'Chart', vgl. MAAS 1984 + 1985) aus, auf die die Regeln der Grammatik angewandt werden könnten. Grammars haben die folgende Architektur:

```
grammar  GRAMMARNAME
< path > < conditions on arcs >
use   rule RULE1

    .

    .

    .

use   rule RULEn
< mode >
end
```

Die Anwendungsmodi ('mode') können sein:

parallel: alle Regeln werden auf die gleiche Struktur angewendet
stratificational: eine Regel wird nach der anderen angewendet (Stop bei Mißerfolg)
preferential: Stop nach Erfolg
iterative: Wiederholung nach Erfolg

Grammars werden von "processes" kontrolliert, d.h. das Prozeßsystem repräsentiert die Kontrollstruktur. Der Linguist kann seine Strategie frei wählen. Die Anwendungsmodi sind die gleichen wie bei den grammars. Processes haben die folgende Architektur:

process PROCESSNAME
(expectations)
do GRAMMAR1 ... GRAMMARn
(goal)
< mode >
end

Die vom Linguisten mit Hilfe des SUSY-II-Formalismus (vgl. MAAS 1985) formulierten rules, grammars und processes werden in einen Zwischencode kompiliert, der zur Laufzeit interpretiert wird. Über Compiler und Laufzeitsystem muß der Linguist nichts wissen, d.h. er ist von Programmieraufgaben befreit. Ebensowenig muß er sich um die Verwaltung seiner Datenstrukturen kümmern, da dies das Softwaresystem ebenfalls für ihn erledigt. So kann sich der Linguist auf die reinen linguistischen Aufgaben konzentrieren, d.h. den Aufbau seines Prozeßsystems (ein Beispiel folgt später), wobei er immer nur Teilstrukturen betrachten muß. Auf diese Weise verliert die traditionelle Aufteilung von Parsern - hie Regeln, hie Algorithmus - etwas von ihrer Bedeutung. Es gibt natürlich einen Verarbeitungsmechanismus für das CAP-Prozeßsystem, aber er ist weder linguistisch noch informatisch von Interesse, weil er lediglich ein ausführendes Organ ist. Informatisch gesehen läßt sich die Saarbrücker CAP-Implementation wohl am ehesten als stark kontrolliertes Produktionensystem charakterisieren, wobei die Kontrolle Teil des Prozeßsystems ist.
Eine Beschränkung auf vier Elemente auf der linken Regelseite ist möglich, weil Regeln "inkrementell" (incremental) benutzt werden können, wenn es sich nicht um Konstituentenstrukturregeln handelt. Einfache NPs und Prädikate (PRED) werden mit KS-Regeln beschrieben, z.B.: DET + N => NP oder TO + INF => PRED.
Komplexe NPs und PREDs werden durch Inkrementation erfaßt, die durch iterative Anwendung von left-expansion- oder right-expansion-Regeln bewirkt wird. Eine gute Basis für diese Strategie bietet die Valenzgrammatik. Inkrementelle Regeln sind z.B.:

NP1 + NP2 => NP1' (NP2')
    Bedingung: NP2 füllt einen slot im Valenzrahmen von NP1

PRED + NP1 => PRED' (NP1')

   Bedingung: NP1 füllt einen slot im Valenzrahmen von PRED

PRED1 + PRED2 => PRED1' (PRED2')
   Bedingungen: der Satztyp von PRED2 wird von PRED1 erlaubt und
                 PRED2 entspricht einer Valenz von PRED1

Nach der Anwendung solcher Regeln wird die entsprechende Valenz gelöscht.
Koordination wird durch Regeln wie die folgende analysiert:

PRED1 + COORD + PRED2 => PRED3 (PRED1' + COORD + PRED2')

CAP und LFG

Im folgenden werden einige Unterschiede zwischen CAP und LFG aufgezeigt und Gründe
für die Unterschiede diskutiert. Die Entwicklung von CAP ist motiviert durch

- das Ziel, Deutsch zu analysieren
- die Erfahrungen mit effizientem Parsing

Einige Unterschiede, von denen hier nicht alle diskutiert werden können, sind:

- homogene Datenstruktur anstelle zwei verschiedener Strukturen (C- und F-Struktur)
- Kontrolle der Regelanwendung anstelle unkontrollierter Anwendung von PS-Regeln
- kontrollierte Vererbung von Merkmalen anstelle unkontrollierter Vererbung
- Inkrementation von Strukturen
- dependentielle Repräsentation anstelle von PS-Strukturen

<u>Homogene Datenstruktur</u>

Die CAP-Grammatik hat als zugrundeliegende Datenstruktur den S-Graphen, dessen Kanten mit Dependenzbäumen versehen sind. Die Datenstruktur hat (wie in EUROTRA) vier Repräsentationsebenen:

   the morpho-syntactic level   (MS)
   the syntactic-function level   (SF)
   the deep-syntactic-function level (DSF)
   the semantic-relation level   (SR)

Kontrollierte Vererbung von Merkmalen

In der LFG erben Knoten Merkmale von abhängigen Knoten, z. B. geht das Genus vom Nomen auf die NP über und das Tempus vom Verb auf das Prädikat. Vererbung kann nicht immer so einfach sein. Das wird besonders klar bei der Analyse deutscher Konstruktionen vom Typ DET ADJ SUB, da die Flexion deutscher Adjektive von der Art des Determiners abhängt, infolgedessen auch die Vererbung von Numerus und Kasus. Numerus, Genus und Kasus von Determiner, Adjektiv und Substantiv müssen miteinander auf eine komplizierte Art und Weise geschnitten werden.
Besondere Probleme bereitet Vererbung auch bei der Koordination von NPs und Prädikaten, wo u. U. das Vorhandensein zweier Merkmale die Vererbung eines dritten, das von den anderen beiden verschieden ist, zur Folge haben muß. So muß in dem Satz
    "Er wird ... importiert und ... exportiert haben."
das Gesamtprädikat das Merkmal "TEMPUS = FUTUR" erhalten, das in keinem der beiden konstituierenden Prädikate enthalten ist.

Inkrementation

Die Struktur NP+V+NP+NP kann mit der PS-Regel   NP V NP NP => S oder durch inkrementelle Anwendung der Regeln

   V => PRED, NP PRED => PRED und PRED NP => PRED

erfaßt werden. Letztere berücksichtigen auch die Strukturen V, NP+V, NP+V+NP, V+NP, V+NP+NP etc. Die Strukturen, die keine NP links von V haben, sind z.B. Imperativsätze ("Komm her!"), Konditionalsätze und Hauptsätze in zweiter Position ("Tritt ein weiteres Land dem Vertrag bei, gelten die gleichen Bedingungen"), oder Fragen ("Kommt er?"). Der Nutzen der Inkrementation wird um so deutlicher, je komplexer die Strukturen werden.
Durch Inkrementation läßt sich die freie Wortstellung im Deutschen erfassen:

<1> Der Vater kaufte seiner Tochter einen Hund.
<2> Seiner Tochter kaufte der Vater einen Hund.
<3> Einen Hund kaufte der Vater seiner Tochter.
<4>* Seiner Tochter kaufte einen Hund der Vater.
<5>* Einen Hund kaufte seiner Tochter der Vater.

Subjekt und Objekte werden mithilfe der Flexionskasus der NPs und der Valenzrahmen der Prädikate durch inkrementelle Regeln, d.h. durch "left expansion" bzw. "right expansion" (vgl. folgendes Beispiel) bestimmt.

Eine konkrete CAP-Implementation

Der derzeit implementierte CAP-Parser umfaßt 150 erweiterte cf-Regeln, 74 grammars und 40 processes. Das Parsing eines Satzes dauert etwa 0,5 - 1 Sekunde pro Wort.

Beispiel

<6> Diesem Problem schenkte keiner Beachtung.

Im folgenden ein Ausschnitt aus einem implementierten Prozeßsystem, der die für die Analyse von <6> relevanten rules, grammars und processes enthält:

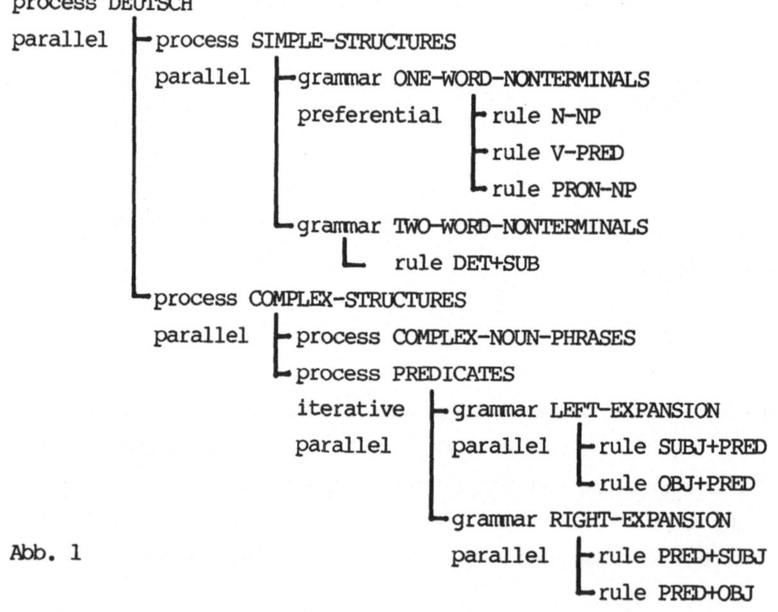

Abb. 1

Die morphologische Komponente des Saarbrücker SUSY-Parsers, die mit Hilfe einer lexikalischen Datenbasis mit über 140.000 Einträgen jeden beliebigen Text des Deutschen analysiert, liefert als Input für den process DEUTSCH den folgenden Eingangs-S-Graphen:

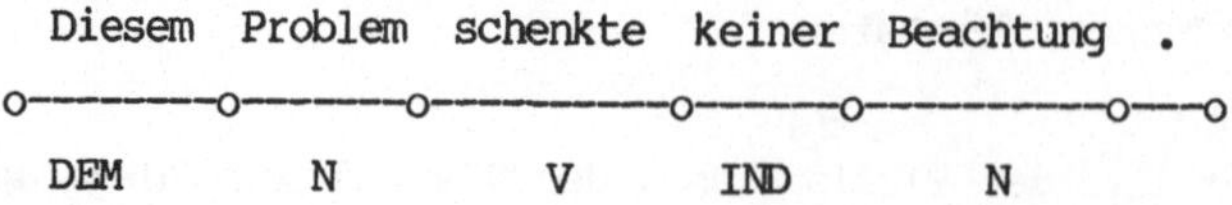

DEM = Demonstrativpronomen, N = Nomen, V = finites Verb, IND = Indefinitpronomen

Die Anwendung des process SIMPLE-STRUCTURES wird den S-Graphen folgendermaßen verändern:

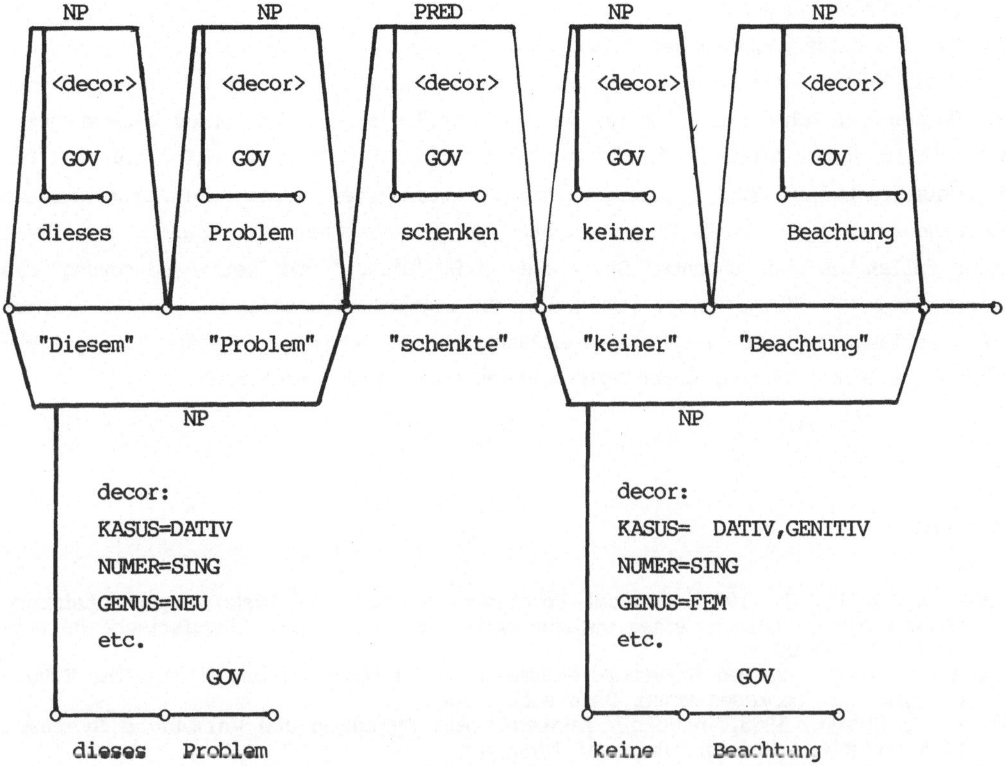

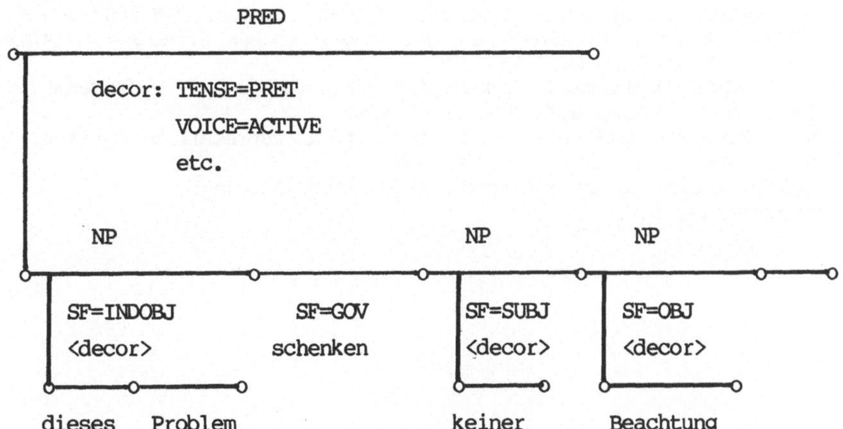

Abb.2

Abb. 3

"Decor" steht für "decoration" und enthält die gesamte morphosyntaktische Beschreibung einer Kante, die entweder aus dem Lexikon kommt (z.B. GENUS) oder von Regeln zugewiesen wird (z.B. NUMER(US)).

"Parallele" Anwendung bedeutet z.B für die processes COMPLEX-NOUN-PHRASES und PREDICATES, daß beide nacheinander (also nicht simultan) auf der gleichen Datenstruktur arbeiten. Dadurch erreichen wir etwa, daß die syntaktisch möglichen Interpretationen des Satzes "Ich sah das Mädchen mit dem Fernrohr" erfaßt und in einer Datenstruktur dargestellt werden können. Für <6> wird nur der process PREDICATES aktiv, der die Ergebnisstruktur in Abb. 3 erzeugt. Vom Softwaresystem werden die Strukturen am höchsten gewichtet, deren längste Kante die gesamte Chart überspannt. Auf diese Weise fallen die unerwünschten Strukturen (z.B. "Diesem" und "keiner Beachtung" als selbständige NP, die ja keiner Prädikatskante zugeordnet wurden) heraus. Der Formalismus erlaubt auch die explizite Gewichtung von Strukturen, z.B. die Höhergewichtung von Prädikatskanten, deren Valenzrahmen vollständig gefüllt ist.

Literatur

Frey, W., Reyle, U. (1983). **Lexical Functional Grammar und Diskursrepräsentationstheorie als Grundlagen eines sprachverarbeitenden Systems.** Linguistische Berichte 88/83, 79–100

Gazdar, G. (1982). **Phrase Structure Grammar.** In: Jacobson/Pullum (1982). **The Nature of Syntactic Representation.** Dordrecht:Reidel

Klenk, U. (Hrsgb., 1985, in Vorb.). **Kontextfreie Syntaxen und Verwandte Systeme.** Linguistische Arbeiten. Tübingen: Niemeyer

Luckhardt, H.-D. (1985). **Parsing mit SUSY und SUSY-II.** Linguistische Arbeiten des SFB 100 Neue Folge, Heft 12. Saarbrücken: Universität des Saarlandes

– (1985a). **Parsing with Controlled Active Procedures.** CL-Report Nr.2, Saarbrücken: Universität des Saarlandes: SFB 100/TP A2

Luckhardt, H.-D., Maas, H.-D., Thiel, M. (1984). **The SUSY-E Machine Translation System.** Arbeitspapier. Saarbrücken: Universität des Saarlandes: SFB 100/TP A2

Maas, H.-D. (1984). **Struktur und Steuerung der linguistischen Prozesse in SUSY-II.** Erscheint in: U. Klenk (Hrsgb., 1985).

– (1985, in Vorb.). **SUSY-II-Handbuch.** Linguistische Arbeiten des SFB 100 Neue Folge, Heft 14. Saarbrücken: Universität des Saarlandes

Thiel, M. (1985). **Eine konzeptionelle Basis für natürlichsprachliche Systeme.** Vortrag auf der GLDV-Jahrestagung 1985, Hannover

Winograd, T. (1983). **Language as a Cognitive Process.** Reading, Mass.: Addison-Wesley P.C.

THE AUTOMATIC DISCOVERY OF CONCEPTS BY INDUCTION AND FEEDBACK: TOWARDS A THEORY OF INTELLIGENCE

Kurt Ammon

University of Hamburg
Fibigerstr. 163, 2000 Hamburg 62
F.R. Germany

ABSTRACT

This paper explores the evolution of higher mathematics. It presents a
formal holistic theory of knowledge acquisition and cognitive development.
The theory is illustrated by detailed examples. I describe the automatic
analysis of mathematical proofs and the automatic discovery of heuristic
proof strategies. These processes produce perception mechanisms, concepts
and operators. I demonstrate the efficiency of the heuristic strategies by
applying them to various theorem-proving tasks, e.g., SAM's Lemma. My
investigation suggests several important hypotheses on the architecture of
cognition. They are concerned with concept formation, the basis of cognitive structures and the discovery of new knowledge. The most important
result of this work is the discovery of a holistic logic which creates
structures but whose kernel and whose activity are formless.

1. Introduction

> Nur die Fülle führt zur Klarheit,
> Und im Abgrund wohnt die Wahrheit.
> F. v. Schiller

This work is compared with the state-of-the-art in knowledge acquisition, automated mathematics research, machine learning and cognitive
development.
Knowledge acquisition. Knowledge acquisition is the bottleneck for the
development of expert systems (e.g., Waltz et al. 1983, p. 61). I describe
an approach by which one can automate the acquisition of mathematical
theories, i.e., the studies of mathematical textbooks.
Mathematics research. The first project concerned with automated mathematics research was AM (Lenat 1982, p. 137). My work is the first application of the ideas developed by Lakatos (1976). I use his method "proofs
and refutations" for the automatic discovery of proof strategies.
Machine learning. Two of the most fundamental difficulties in machine
learning are the following: (1) The learning system cannot change its
representation language and its structure (e.g., Mitchell et al. 1983,
p. 187). (2) After a while, the efficiency of the system decreases drastically (e.g., Minton 1984, p. 253). I describe the architecture of a
system that automatically changes its language and its structure by experience. As a consequence, its efficiency increases.
Cognitive development. It is not known whether new knowledge can be discovered by a machine (Feigenbaum and McCorduck 1983, p. 237). Neither
Piaget's theory nor the information processing paradigm is a theory of
cognitive development (Simon and Newell 1978, p. 947). My work is connected with the theory of Piaget (1975). Holistic logic may explain the
discovery of the theory of relativity and may be suitable for quantum
theory.

2. The Automatic Acquisition of Heuristic Proof Strategies

A detailed analysis of a knowledge acquisition process is presented.

2.1. A Proof Procedure, a Theorem and a Proof

This section gives a sound and complete proof procedure for the predicate calculus, a formalization of the elementary theory of groups, a theorem and its proof.

Proof procedure. We define finite sets of theorems $E(n)$, $n \in \mathbb{N}_0$:
1. $E(0) = A$, where A is the set of axioms.
2. From $E(n-1)$, $n \in \mathbb{N}$, we construct $E(n)$: (a) $E(n-1) \subseteq E(n)$. (b) We apply the axiom schemas and the rules of inference to $E(n-1)$. In doing so, we only use the variables and the terms that are contained in $R(n)$.

The set of all theorems E is the union of all $E(n)$, $n \in \mathbb{N}_0$.

Predicate letters, function letters, axioms. (a) $P = \{p(1,2)\}$. We write $s=t$ for $p(1,2)(s,t)$. (b) $F = \{f(1,2), f(2,2), f(3,2), f(4,0)\}$. We write st, $g(s,t)$, $h(s,t)$, c for $f(1,2)(s,t)$, $f(2,2)(s,t)$, $f(3,2)(s,t)$, $f(4,0)$. (c) $A = \{(xy)z=x(yz), g(x,y)x=y, xh(x,y)=y\}$.

Rules of inference. Some rules of inference are given: (a) Substitution: $r=t \in E$, $s \in subs(r=t) \Rightarrow sub(r=t,s) \in E$. Operator: $sub(r=t,s)$. (b) Reflexivity: $t \in R \Rightarrow t=t \in E$. Operator: $refl(t)$. (c) Symmetry: $s=t \in E \Rightarrow t=s \in E$. Operator: $sym(s=t)$. (d) Transivity: $r=s$, $s=t \in E \Rightarrow r=t \in E$. Operator: $tran(r=s,s=t)$. (e) Replacement: $t \in R$, $a \in Arg$, $r=s \in E$, $a(t)=r \Rightarrow repl(t,a,r=s) \in E$. Operator: $repl(t,a,r=s)$.

Theorem. $g(c,c)x = x$.

Lemma. For the proof procedure, we obtain: (a) The theorem $g(c,c)x = x$ is an element of the set $E(6)$. (b) $|E(0)| = 3$, $|E(1)| > 20$, $|E(2)| > 10^3$, $|E(3)| > 10^8$, $|E(4)| > 10^{18}$, $|E(5)| > 10^{36}$, $|E(6)| > 10^{72}$. The proofs of the lemmas are not contained in this paper.

Proof. The proof of the theorem is represented as a chain of terms:
$$g(c,c)x = g(c,c)(ch(c,x)) = (g(c,c)c)h(c,x) = ch(c,x) = x.$$
The following definition is a complete formalization of the proof.

```
t(0)    g(c,c)x
a(1)    arg(2)                                a(3)    arg(1)
e(1)    y=xh(x,y)                             e(3)    g(x,y)x=y
s(1)    {(x,c), (y,x)}                        s(3)    {(x,c), (y,c)}
t(1)    g(c,c)(ch(c,x))                       t(3)    ch(c,x)
a(2)    id                                    a(4)    id
e(2)    x(yz)=(xy)z                           e(4)    xh(x,y)=y
s(2)    {(x,g(c,c)), (y,c), (z,h(c,x))}       s(4)    {(x,c), (y,x)}
t(2)    (g(c,c)c)h(c,x)                       t(4)    x
```

For $k = 1,\ldots,4$, we have
$$t(k) = arg(2)(repl(t(k-1),a(k),sub(e(k),s(k)))),$$
where $a(k) \in Arg$, $e(k) \in A \cup \{sym(x) \mid x \in A\}$, $s(k) \in subs(e(k))$ and $a(k)(t(k-1)) = arg(1)(sub(e(k),s(k)))$.

2.2. A Systematic Proof Strategy

This section gives a formal definition and a verbal description of the strategy at the beginning of the automatic knowledge acquisition process. The discovery of this strategy is not analyzed in this paper.

Definition.
1. Let T be a tree, r a term and $n \in \mathbb{N}$.
   p11(b,T) $b \in Arg \wedge b(T) \in leaves(T)$
   p12(r,a,e,s,t) $a \in Arg \wedge e \in A \cup \{sym(x) \mid x \in A\} \wedge s \in subs(e) \wedge a(r)=arg(1)(sub(e,s)) \wedge t=arg(2)(repl(r,a,sub(e,s)))$
   q11(T,R(n)) $ins(T, p11(b,T) \wedge (\exists a)(\exists e)(\exists s)(p12(b(T),a,e,s,t) \wedge pr(2)(s) \subseteq R(n)))$
2. Let T be the tree whose only node is $g(c,c)x$. We write S1 for the strategy
   $$sel(rec(T, q11, x \in nds(T)), x).$$
We apply $R(n)$ for the n-th recursion.

3. We write $\underline{T(n)}$, $n \in \mathbb{N}_0$, for the tree T after the nth recursion.
<u>Description</u>. (1) Write down the longer term of the equation to be proved.
(2) Choose an axiom and construct a substitution. (3) Perform a replacement. (4) Repeat steps (2) and (3) until you obtain the shorter term of
the equation.
<u>Lemma</u>. (a) The path sel(T(4),x) is a proof of the theorem.
(b) $|\text{nds}(T(0))| = 1$, $|\text{nds}(T(1))| = 21$, $|\text{nds}(T(2))| > 2800$,
$|\text{nds}(T(3))| > 10^7$, $|\text{nds}(T(4))| > 10^{14}$.
<u>Search tree</u>. The search tree for the proof is given.

```
                                                   g(c,c)x
         T(0)
q11   T(1)   g(g(c,c)c,c)x     ...   g(c,c)(ch(c,x))      g(c,c)(xh(x,x))
                   |                        |                   |
q11   T(2)       g(c,c)x              (g(c,c)c)h(c,x)     (g(c,c)x)h(x,x)
                   |                        |                   |
q11   T(3)   g(c,c)((yc)h(yc,x))          ch(c,x)         g(c,c)(xh(x,x))
                   |                        |                   |
q11   T(4)       ...                        x                  ...
```

2.3. A Heuristic Proof Strategy

This section gives a formal definition and a verbal description of the
strategy at the end of the automatic knowledge acquisition process. This
process terminates in the discovery of an efficient strategy. Miller et
al. (1970) compare systematic and heuristic plans.
<u>Definition</u>.
1. Let T be a tree, e an equation and s a substitution.
$$\begin{array}{ll}
\underline{\text{r21}(s)} & \text{pr}(2)(s) \subseteq C \cup \text{var}(\bar{e}) \\
\underline{\text{r22}(T,e,t)} & \text{length}(\text{arg}(1)(e)) \geq \text{length}(\text{arg}(2)(e)) \wedge t \notin \text{nds}(T) \\
\underline{\text{q21}(T)} & \text{ins}(T, \text{p11}(b,T) \wedge (\exists a)(\exists e)(\exists s)(\text{p12}(b(T),a,e,s,t) \wedge \text{r21}(s))) \\
\underline{\text{q22}(T)} & \text{ins}(T, \text{p11}(b,T) \wedge (\exists a)(\exists e)(\exists s)(\text{p12}(b(T),a,e,s,t) \wedge \\
& \text{r22}(T,e,t))) \\
\underline{\text{d21}(T)} & \text{q22}(T) \neq T
\end{array}$$
2. Let T be the tree whose only node is g(c,c)x. We write $\underline{S2}$ for the
   strategy
   $$\underline{\text{sel}(\text{rec}(T, \text{doo}(\text{d21},\text{q22},\text{q21}), x \in \text{nds}(T)), x)}.$$
<u>Description</u>. (1) Write down the longer term of the equation to be proved.
(2) Choose an axiom and construct a substitution. (3) Perform a replacement if it yields a shorter term or a term of the same length. (4) If
step (3) does not construct new terms, perform a replacement that yields
a longer term. (5) Repeat steps (2), (3) and (4) until you obtain the
shorter term of the equation.
<u>Lemma</u>. (a) The path sel(T(4),x) is a proof of the theorem.
(b) $|\text{nds}(T(0))| = 1$, $|\text{nds}(T(1))| = 13$, $|\text{nds}(T(2))| = 17$, $|\text{nds}(T(3))| = 18$,
$|\text{nds}(T(4))| = 19$.
<u>Search tree</u>. The search tree for the proof is given.

```
                                                   g(c,c)x
         T(0)
q21   T(1)   g(g(c,c)c,c)x     ...   g(c,c)(ch(c,x))      g(c,c)(xh(x,x))
                                            |                   |
q22   T(2)                            (g(c,c)c)h(c,x)     (g(c,c)x)h(x,x)
                                            |
q22   T(3)                                ch(c,x)
                                            |
q22   T(4)                                  x
```

2.4. The Evolution of the Heuristic Strategy

This section describes the acquisition of the heuristic proof strategy. The system constructs efficient strategies for the previous proof
steps and integrates them into a holistic structure. I believe that the
discovery mechanism I present is universal, i.e., it is suitable for the
acquisition of mathematical theories.

<u>The theory formation mechanism</u>. The discovery of heuristic strategies is regarded as a theory formation process. The system has the following task:

> Apply the previous theory to the new information. If this is difficult, analyze the new information and construct a new theory. Unify the two theories.

A formalization of the present task is given.

1. Let T be a tree and $r(T,a,e,s,t)$ a predicate. Write $\bar{q}(0)(T)$ for the operator

$$ins(T, p11(b,T) \wedge (\exists a)(\exists e)(\exists s)(p12(b(T),a,e,s,t) \wedge r(T,a,e,s,t))).$$

Write $T(0)$ for the tree whose only node is $t(0)$.

2. From $\bar{q}(k)(T)$ and $T(k)$, $k < n$, $n = 1,\ldots,4$, construct an efficient operator $\bar{q}(n)(T)$ and a tree $T(n)$:

   a. If $n = 1$, construct a predicate $r(T,a,e,s,t)$, if $n > 1$, reconstruct the predicates $r(T,a,e,s,t)$ and $d(T)$ in $\bar{q}(n-1)$ so that the resulting operator $\bar{q}(n)(T)$ has the following properties:
- $(\bar{q}(n))^n(T(0))$ contains few nodes,
- $t(n) \in nds((\bar{q}(n))^n(T(0)))$.

   Write $T(n)$ for the tree $(\bar{q}(n))^n(T(0))$.

   b. If it is difficult to achieve the goal of step (a), perform a division process. Construct two predicates, $r(T,a,e,s,t)$ and $d(T)$, that satisfy the following conditions:
- $r(T(n-1),a(n),e(n),s(n),t(n))$,
- $q(T(n-1))$ contains few nodes, where $q(T)$ is the operator
  $$ins(T, p11(b,T) \wedge (\exists a)(\exists e)(\exists s)(p12(b(T),a,e,s,t) \wedge r(T,a,e,s,t))),$$
- $d(T(n-1))$,
- $\neg d(T(k))$, for $k = 1,\ldots,n-2$.

   Write $\bar{q}(n)(T)$ for the operator $dec(d(T),q(T),\bar{q}(n-1)(T))$ and $T(n)$ for the tree $\bar{q}(n)(T(n-1))$.

For $n = 1,\ldots,4$, we obtain the strategies

$$sel(rec(T, \bar{q}(n), x \in nds(T)), x).$$

The division process introduces a new view of the environment (di-vision). An illustration of the division is:

<pre>
                      d(T)
        no   ________________   yes
         ____/   ____
   q̄(n-1)(T)   q(T)
</pre>

<u>A trace of the evolution process</u>. The evolution process gives rise to a differentiation and an integration of the cognitive structures (Piaget 1975). This process is not deterministic, i.e., different cognitive systems produce different cognitive structures. The extensions of the systematic strategy are given.

1. The strategy for $t(0)=t(1)$. The system constructs a predicate.

$$r21(s)$$

2. The strategy for $t(0)=t(1)=t(2)$. The system has to perform a division process.

<pre>
                       d(T)
         no   ________________   yes
          ____/   ____
    r21(s)   r(T,a,e,s,t)
r(T,a,e,s,t)   length(arg(1)(e)) = length(arg(2)(e))
d(T)   q(T) ≠ T
</pre>

3. The strategy for $t(0)=t(1)=t(2)=t(3)$. It is difficult to discover the following strategy. Many trials fail. Chaos arises. The division process is complex and produces an inefficient strategy. Therefore, the system has to reconstruct the predicates $r(T,a,e,s,t)$ and $d(T)$. Powerful concepts are discovered and a new structure (gestalt) of the proof comes to light. The discovery of the theory of relativity and the quantum theory was accompanied by similar phenomena (e.g., Heisenberg 1962, p.167). The concepts of space and time had to be reconstructed from more elementary cognitive structures for the theory of relativity, and the concept of causality had to be abandoned for the quantum theory.

<pre>
                      d12(T)
        no   ________________   yes
         ____/   ____
    r21(s)   r22(T,e,t)
</pre>

4. The strategy for t(0)=t(1)=t(2)=t(3)=t(4). See step (3).

A theory formation process. The theory formation process for the proof step t(0)=t(1) is analyzed. The system has to construct an efficient theory of the objects T(0), a(1), e(1), s(1), t(1), i.e., a predicate r(T,a,e,s,t) with the property r(T(0),a(1),e(1),s(1),t(1)).

1. Concept space. A subset of the concept space is given. It contains operators and predicates.

notation	domain	range
var	formula	set
pr(1), pr(2)	Cartesian-product	set
∪	(set, set)	set
⊆	(set, set)	truth-value

2. Knowledge base. A subset of the knowledge base is given. It contains the following elements: formula($\bar{e}$), set(C), Cartesian-product(s(1)).

3. Induction. The induction process is described. It replaces the objects T(0), a(1), e(1), s(1), t(1) by variables, constructs predicates and tests if they are consistent with the objects and if they are efficient. An operator or a predicate is efficient if it has a simple structure, if its evaluation requires few resources, and if it defines a small search tree. The predicate pr(2)(s)⊆C∪var($\bar{e}$) has the required properties. Therefore, it is an efficient theory of the objects T(0), a(1), e(1), s(1), t(1). The search tree for the theory is:

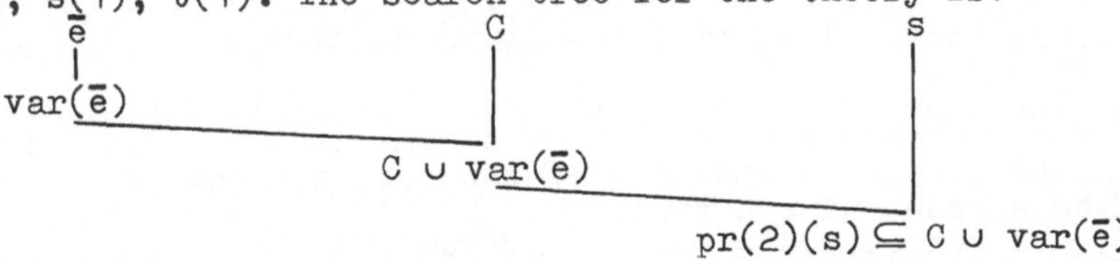

3. The Automatic Discovery of Proofs

The system has to analyze various proofs before it is capable of discovering new ones. It uses the concepts and heuristics generated by the knowledge acquisition processes to construct strategies for the theorem-proving tasks.

3.1 Another Theorem

This section describes the discovery of a proof for the following theorem: In a group, $(x^{-1})^{-1} = x$.

Predicate letters, function letters, axioms. (a) P = {p(1,2)}. We write st for p(1,2)(s,t). (b) F = {f(1,2), f(2,1), f(3,0)}. We write st, g(t), i for f(1,2)(s,t), f(2,1)(t), f(3,0). (c) A = {(xy)z=x(yz), ix=x, xi=x, g(x)x=i, xg(x)=i}.

Theorem. g(g(x)) = x.

Strategy. The tree generated by the strategy S2 does not contain a proof of the theorem. The system searches for a strategy that defines a larger search tree, i.e., it constructs a more general predicate and replaces the previous predicate by the new one. It discovers S3:

1. Let T be a tree, e an equation and s a substitution.

    r31(e,s)   var(arg(1)(e)) ≠ var(arg(2)(e)) ⇒pr(2)(s) ⊆ C ∪ var($\bar{e}$)
    q31(T)   ins(T, p11(b,T) ∧ (∃a)(∃e)(∃s)(p12(b(T),a,e,s,t) ∧ r31(e,s)))

2. Let T be the tree whose only node is g(g(x)). We write S3 for the strategy

    sel(rec(T, dec(d21,q22,q31), x ∈ nds(T)), x).

Lemma. (a) The path sel(T(5),x) is a proof of the theorem.
(b) |nds(T(5))| = 94.

Solution path. g(g(x)) = ig(g(x)) = (xg(x))g(g(x)) = x(g(x)g(g(x))) = xi = x.

Proof analysis. The system analyzes the previous proof and discovers the following strategy:

1. Let T be a tree and t a term.
   $\underline{r41(t)}$ $\neg\mathrm{subbag}(\mathrm{bag}(i,i), \mathrm{bcon}(t))$
   $\underline{q41(T)}$ $\mathrm{ins}(T, \mathrm{p11}(b,T) \wedge (\exists a)(\exists e)(\exists s)(\mathrm{p12}(b(T),a,e,s,t) \wedge r31(e,s) \wedge$
                $r41(t)))$
2. Let T be the tree whose only node is $g(g(x))$. We write $\underline{S4}$ for the strategy
   $$\underline{\mathrm{sel}(\mathrm{rec}(T, \mathrm{dec}(d21,q22,q41), x \in \mathrm{nds}(T))\ x)}.$$
For S4, we obtain: (a) The path $\mathrm{sel}(T(5),x)$ is a proof of the theorem.
(b) $|\mathrm{nds}(T(5))| = 34$.
We have the following solution path: $g(g(x)) = ig(g(x)) = (xg(x))g(g(x)) = x(g(x)g(g(x))) = xi = x$.
<u>Remark</u>. The predicate r31 does not hit the crucial point. Certain equations are not important but the variables that are not bound by the replacements are important. If the system analyzes further proofs, it will discover this idea.

3.2. Group Commutativity

This section describes the discovery of a proof for the following theorem: In a group, $x^2 = i$ implies commutativity.
<u>Predicate letters, function letters, axioms</u>. (a) $P = \{p(1,2)\}$. See section 3.1. (b) $F = \{f(1,2), f(2,1), f(3,0)\}$. See section 3.1. (c) $A = \{(xy)z=x(yz), ix=x, xi=x, g(x)x=i, xg(x)=i, xx=i\}$.
<u>Theorem</u>. $xy = yx$.
<u>Strategy</u>. The tree generated by the strategy S2 is very large. The system searches for a strategy that defines a smaller tree, i.e., it constructs an additional predicate that prunes the search tree. It discovers S5:
1. Let T be a tree and t a term.
   $\underline{r51(t)}$ $(\forall n)(f(n,1) \in F \Rightarrow f(n,1) \notin \mathrm{fun}(t))$
   $\underline{q51(T)}$ $\mathrm{ins}(T, \mathrm{p11}(b,T) \wedge (\exists a)(\exists e)(\exists s)(\mathrm{p12}(b(T),a,e,s,t) \wedge r21(s) \wedge$
                $r41(t) \wedge r51(t)))$
2. Let T be the tree whose only node is xy. We write $\underline{S5}$ for the strategy
   $$\underline{\mathrm{sel}(\mathrm{rec}(T, \mathrm{dec}(d21,q22,q51), yx \in \mathrm{nds}(T)), yx)}.$$
<u>Lemma</u>. (a) The path $\mathrm{sel}(T(15),yx)$ is a proof of the theorem.
(b) $|\mathrm{nds}(T(15))| = 940$.
<u>Solution path</u>. $xy = (ix)y = i(xy) = (yy)(xy) = ((yy)x)y = (y(yx))y = ((yi)(yx))y = (((yi)y)x)y = ((yi)y)(xy) = ((y(xx))y)(xy) = (((yx)x)y)(xy) = ((yx)(xy))(xy) = (yx)((xy)(xy)) = (yx)i = yx$.
<u>Proof analysis</u>. The system analyzes the previous proof and discovers the following strategy:
1. Let T be a tree, r a term and e an equation.
   $\underline{p63(r,t)}$ $(\exists n \in \mathbb{N}_o)(\exists t(0),\ldots,t(n))(\exists a(1),\ldots,a(n))(\exists e(1),\ldots,e(n))$
                $(\exists s(1),\ldots,s(n))(r=t(0) \wedge t=t(n) \wedge (\forall k \in \{1,\ldots,n\})$
                $(\mathrm{p12}(t(k-1),a(k),e(k),s(k),t(k)) \wedge \mathrm{length}(\mathrm{arg}(1)(e(k)))=$
                $\mathrm{length}(\mathrm{arg}(2)(e(k)))))$
   $\underline{p64(T,t)}$ $(\forall x)(x \in \mathrm{nds}(T) \Rightarrow \neg p63(x,t))$
   $\underline{r62(e)}$ $\mathrm{length}(\mathrm{arg}(1)(e)) > \mathrm{length}(\mathrm{arg}(2)(e))$
   $\underline{q61(T)}$ $\mathrm{ins}(T, \mathrm{p11}(b,T) \wedge (\exists a)(\exists e)(\exists s)(\mathrm{p12}(b(T),a,e,s,t) \wedge r21(s) \wedge$
                $r41(t) \wedge r51(t) \wedge p64(T,t)))$
   $\underline{q62(T)}$ $\mathrm{ins}(T, \mathrm{p11}(b,T) \wedge (\exists r)(\exists a)(\exists e)(\exists s)(p63(b(T),r) \wedge$
                $\mathrm{p12}(r,a,e,s,t) \wedge r62(e) \wedge p64(T,t)))$
   $\underline{d61(T)}$ $q62(T) \neq T$
2. Let T be the tree whose only node is xy. We write $\underline{S6}$ for the strategy
   $$\underline{\mathrm{sel}(\mathrm{rec}(T, \mathrm{dec}(d61,q62,q61), yx \in \mathrm{nds}(T)), yx)}.$$
For S6, we obtain: (a) The path $\mathrm{sel}(T(6),yx)$ is a proof of the theorem.
(b) $|\mathrm{nds}(T(6))| = 46$.
We have the following solution path: $xy = (ix)y = ((yy)x)y = ((y(iy))x)y = ((y((xx)y))x)y = (yx)i = yx$.
<u>Remarks</u>. (a) The strategy S2 also discovers a proof of the theorem. It defines a larger search tree than S5. The system needs more knowledge for constructing a general efficient strategy for the present theorem-proving task. (b) The predicate p12 is not a suitable basis for discovering an efficient proof strategy for the following theorem: In a ring, $x^2 = x$

implies commutativity. If the system analyzes a proof for this theorem, it performs a division process that generates mechanisms for selecting theorems from the search tree and using them as inference rules. Thus, this theorem-proving task produces an anomaly with regard to the predicate p12. The anomaly is the key to powerful concepts.

3.3. SAM's Lemma

SAM's Lemma was an open problem until 1969. It was solved by Guard et al. (1969) and subsequently by McCharen et al. (1976). Its degree of difficulty represents the state-of-the-art in automatic theorem proving (Antoniou and Ohlbach 1983, p. 919).

Predicate letters, function letters, axioms. (a) $P = \{ p(1,2) \}$. We write $s=t$ for $p(1,2)(s,t)$. (b) $F = \{ f(1,2), f(2,2), f(3,0), f(4,0), f(5,0), f(6,0), f(7,0), f(8,0) \}$. We write $s \lor t$, $s \land t$, 0, 1, a, b, c, d for $f(1,2)(s,t)$, $f(2,2)(s,t)$, $f(3,0)$, $f(4,0)$, $f(5,0)$, $f(6,0)$, $f(7,0)$, $f(8,0)$. (c) $A = \{ x \lor x=x,\ x \land x=x,\ x \lor y=y \lor x,\ x \land y=y \land x,\ (x \lor y) \lor z=x \lor (y \lor z),\ (x \land y) \land z=x \land (y \land z),\ x \lor (x \land y)=x,\ x \land (x \lor y)=x,\ 0 \lor x=x,\ 0 \land x=0,\ 1 \lor x=1,\ 1 \land x=x,\ x \lor z=z \Rightarrow (x \lor y) \land z=x \lor (y \land z),\ (a \lor b) \land c=0,\ (a \lor b) \lor c=1,\ (a \land b) \land d=0,\ (a \land b) \lor d=1 \}$.

Theorem. $(c \lor (d \land a)) \land (c \lor (d \land b)) = c$.

Strategy. The system builds the axiom $x \lor z=z \Rightarrow (x \lor y) \land z=x \lor (y \land z)$ into the strategy.

1. Let T be a tree and r a term.

p72(r,a,e,s,t)   Replace A in p12 by $\{ x \in A \mid root(x)=p(1,2) \}$.
p73(r,t)   Replace p12 in p63 by p72.
p74(T,t)   Replace p63 in p64 by p73.
p75(r,a,e,s,t) $a \in Arg \land (\exists x)(x \in A \land root(x) \neq p(1,2) \land s \in subs(x) \land (\exists y)$ $proof(arg(1)(sub(x,s)),y) \land e \in \{ arg(2)(x), sym(arg(2)(x)) \} \land$ $a(r)=arg(1)(sub(e,s)) \land t=arg(2)(repl(r,a,sub(e,s))))$
q71(T) $ins(T, p11(b,T) \land (\exists a)(\exists e)(\exists s)(p72(b(T),a,e,s,t) \land r21(s) \land$ $p74(T,t)))$
q72(T) $ins(T, p11(b,T) \land (\exists r)(\exists a)(\exists e)(\exists s)(p73(b(T),r) \land$ $p72(r,a,e,s,t) \land r62(e) \land p74(T,t)))$
q73(T) $ins(T, p11(b,T) \land (\exists r)(\exists a)(\exists e)(\exists s)(p73(b(T),r) \land$ $p75(r,a,e,s,t) \land p74(T,t)))$
d71(T) $q72(T) \neq T$
d72(T) $q73(T) \neq T$

Remark. The system uses the strategy $sel(rec(T, q72, t \in nds(T)), t)$, where T is the longer and t the shorter term of the equation to be proved, to evaluate the predicate $(\exists y)proof(arg(1)(sub(x,s)),y)$.

2. Let T be the tree whose only node is $(c \lor (d \land a)) \land (c \lor (d \land b))$. We write $\underline{S7}$ for the strategy
$$sel(rec(T, dec(d71,q72,dec(d72,q73,q71)), c \in nds(T)), c).$$

Lemma. (a) The path $sel(T(11),c)$ is a proof of SAM's Lemma. (b) $\lceil nds(T(11)) \rceil = 388$.

Solution path.

	$T(0)$	$(c \lor (d \land a)) \land (c \lor (d \land b))$	
q73	$T(1)$	$c \lor ((d \land a) \land (c \lor (d \land b)))$	because $c \lor (c \lor (d \land b))=c \lor (d \land b)$
q73	$T(2)$	$c \lor (a \land ((d \land b) \lor (c \land d)))$	because $(d \land b) \lor d=d$
q73	$T(3)$	$c \lor (a \land (((c \land d) \lor b) \land d))$	because $(c \land d) \lor d=d$
q71	$T(4)$	$c \lor ((a \land (a \lor b)) \land (((c \land d) \lor b) \land d))$	
q73	$T(6)$	$c \lor ((a \land d) \land (b \lor ((c \land d) \land (a \lor b))))$	because $b \lor (a \lor b)=a \lor b$
q72	$T(7)$	$c \lor ((a \land d) \land (b \lor (d \land 0)))$	
q72	$T(8)$	$c \lor ((a \land d) \land (b \lor 0))$	
q72	$T(9)$	$c \lor ((a \land d) \land b)$	
q72	$T(10)$	$c \lor 0$	
q72	$T(11)$	c	

Remarks. (a) If the system analyzes the previous proof, it discovers that the number of occurrences of the constant a and the number of occurrences of the constant b are equal in every term. This concept of symmetry reduces the size of the search tree to 48 nodes. (b) This section suggests how difficult proofs may be discovered by analogy (see Bledsoe 1977, p. 27). (c) The application of q71 to $T(0)$, $T(1)$ or $T(2)$ yields further proofs. If the repeated application of q72 and q73 is regarded as a simplification operator, proofs of SAM's Lemma are obtained in two or three steps. A proof in two steps is: $(c \lor (d \land a)) \land (c \lor (d \land b)) = (c \lor (d \land (a \land (a \lor b)))) \land (c \lor (d \land b)) = c$. (d) The size of a proof in ordinary scientific notation is approximately one and a half pages (see Ohlbach 1982, pp. 60-61).

4. Conclusion

The acquisition of knowledge is regarded as a discovery process. I have demonstrated how new information is integrated into efficient cognitive structures. The integration involves division processes. It is accompanied by chaos and creates a new view (gestalt) of the "world". This chaos is produced by evolution processes starting from more elementary cognitive structures. The formation of stronger theories from weaker ones was illustrated by examples. My investigation suggests the following hypotheses: (1) The central mechanism of intelligence is concept formation by induction and feedback. (2) Induction and feedback are knowledge-based processes that involve the most important activities of intelligence such as observation, experimentation and the formation of simple theories. (3) Simple, efficient operators and predicates and their relations form the heart of cognition. (4) Cognitive structures are inconsistent. Subject and object are holistically interwoven. (5) The basis of cognition is experience. There are no fundamental cognitive concepts, procedures or structures. Examples: production systems, representation languages; space, time, causality. (6) The evolution mechanisms also evolve by experience. Cognition is an open historical process. (7) Cognitive development involves the transformation of anomalies into theories and results in an improvement of cognitive economy. (8) There is no universal decomposition of cognition, i.e., the architecture of cognition is domain specific. (9) The discovery of new knowledge is a holistic algebraic process.

I am extending my studies to further mathematical theories. An implementation of the system is in progress.

Appendix: Notations

$\underline{A}$ The axioms of a predicate calculus.

$\underline{Arg}$ The set $\{id, arg(1), arg(2), \ldots, arg(1,1), arg(1,2), \ldots\}$. The elements of this set denote operators that are applied to trees and yield the subtrees. Examples: $id(x) = x$, $arg(2)(f(x,y)) = y$.

$\underline{C}$ The constants of a predicate calculus.

$\underline{bcon}(t)$ The bag of constants of a term t.

$\underline{dec(p(T),q(T),r(T))}$ Decision: object T, predicate p, operators q, r. If $p(T)$ is true, apply $q(T)$ else $r(T)$. Example: For $T = 1$, $dec(T > 0, T + 1, T + 2) = 2$.

$\underline{\bar{e}}$ The theorem to be proved.

$\underline{E}$ The theorems of a predicate calculus.

$\underline{F}$ The function letters of a predicate calculus.

$\underline{fun}(t)$ The function letters of a term t.

$\underline{ins(T,p(b,T,t))}$ Insertion: tree T, predicate p, $b \in Arg$, object t. Insert the objects t with the property $p(b,T,t)$ into the tree T at the position b. Example: For $T = 0(1,2)$, $ins(T, b \in Arg \land b(T) \in leaves(T) \land t=3) = 0(1(3),2(3))$.

$\underline{N}, \underline{N_0}$ The natural numbers: $N = \{1, 2, 3, \ldots\}$, $N_0 = \{0\} \cup N$.

$\underline{nds}(T)$ The nodes of a tree T.

$\underline{P}$ The predicate letters of a predicate calculus.

$\underline{proof(x,y)}$ The string y is a proof of the formula x.

$\underline{pr(n)(M)}$ Projection: $n \in \{1, 2\}$, Cartesian product M. Example: $pr(2)(\{(x,c), (y,x)\}) = \{c, x\}$.

$\underline{rec(T,q(T),p(T))}$ Recursion: object T, operator q, predicate p. Apply the operator q to the object T until $p(T)$ is true. Example: For $T = 1$, $rec(T, 2 + T, T > 3) = 5$.

$\underline{repl(t,a,r=s)}$ Replacement: term t, $a \in Arg$, equation r=s. Example:

```
                repl(g(c,c)x, arg(2), x=ch(c,x)) = g(c,c)x=g(c,c)(ch(c,x)).
```
sel(T,t) Selection: tree T, node t. Select a path to the node t in the
          tree T. Example: sel(x(y,z), y) = x(y).
sub(e,s) Substitution: formula e, substitution s. Example:
          sub(g(x,y)x=y, {(x,c), (y,x)}) = g(c,x)c=x.
subs(e)   The substitutions of an equation e. Example: {(x,c), (y,x)} is a
          substitution of the equation g(x,y)x=y.
R   The terms of a predicate calculus.
R(n)   For a predicate calculus, we define finite sets of terms R(n),
          $n \in \mathbb{N}$: (1) R(1) = C $\cup$ {x(1)}. (2) From R(n-1), n > 1, we construct
          R(n): (a) R(n-1) $\subseteq$ R(n). (b) x(n) $\in$ R(n). (c) f(m,k) $\in$ F,
          t(1), ..., t(k) $\in$ R(n-1) $\Rightarrow$ f(m,k)(t(1),...,t(k)) $\in$ R(n).
          We write x, y, z for x(1), x(2), x(3).
var(e)   The variables of an equation e.

Acknowledgements

I wish to thank Professors W. Brauer, B. Neumann and W. Wahlster for
providing comments on an earlier draft of this paper. I thank the ref-
erees for helpful suggestions.

References

Antoniou, G., and Ohlbach, H. J. (1983) TERMINATOR. Proc. of the Eighth
    International Joint Conference on Artificial Intelligence, Karlsruhe,
    West Germany, 916-919.
Bledsoe, W. W. (1977) Non-Resolution Theorem Proving. Artificial Intelli-
    gence 9(1): 1-35.
Feigenbaum, E. A., and McCorduck, P. (1983) The Fifth Generation: Arti-
    ficial Intelligence and Japan's Computer Challenge to the World. Menlo
    Park: Addison-Wesley.
Guard, J. R., Oglesby, F. C., Bennett, J. H., and Settle, L. G. (1969)
    Semi-Automated Mathematics. Journal of the ACM 16(1): 49-62.
Heisenberg, W. (1962) Physics and Philosophy: The Revolution in Modern
    Science. New York: Harper & Row.
Lakatos, I. (1976) Proofs and Refutations: The Logic of Mathematical Dis-
    covery. London: Cambridge University Press.
Lenat, D. B. (1982) AM: Discovery in Mathematics as Heuristic Search. In:
    Davis, R., and Lenat, D. B. (eds.), Knowledge-Based Systems in Arti-
    ficial Intelligence. New York: McGraw-Hill.
McCharen, J. D., Overbeek, R. A., and Wos, L. A. (1976) Problems and Ex-
    periments for and with Automated Theorem-Proving Programs. IEEE Trans-
    actions on Computers C-25(8): 773-782.
Miller, G. A., Galanter, E., and Pribram, K. H. (1970) Plans and the
    Structure of Behavior. London: Holt, Rinehart and Winston.
Minton, S. (1984) Constraint-Based Generalization: Learning Game-Playing
    Plans From Single Examples. Proc. of the National Conference on Arti-
    ficial Intelligence, Austin, Texas, 251-254.
Mitchell, T. M., Utgoff, P. E., and Banerji, R. (1983) Learning by Experi-
    mentation: Acquiring and Refining Problem-Solving Heuristics. In:
    Michalski, R. S., Carbonell, J. G., and Mitchell, T. M. (eds.), Ma-
    chine Learning: An Artificial Intelligence Approach. Palo Alto: Tioga.
Ohlbach, H. J. (1982) The Markgraf Karl Refutation Procedure: The Logic
    Engine. Interner Bericht 24/82, University of Karlsruhe, West Germany.
Piaget, J. (1975) L'équilibration des structures cognitives: Problème
    central du développement. Paris: Presses Universitaires de France.
Simon, H. A., and Newell, A. (1978) Informationsverarbeitung und Problem-
    lösen. In: Steiner, G. (ed.), Piaget und die Folgen. Zürich: Kindler.
Waltz, D., Genesereth, M., Hart, P., Hendrix, G., Joshi, A., McDermott,
    J., Mitchell, T., Nilsson, N., Wilenski, R., and Woods, W. (1983)
    Artificial Intelligence: An Assessment of the State-of-the-Art and
    Recommendation for Future Directions. AI Magazine 4(3): 55-67.

Maschinelles Lernen
mit heuristisch generierten Modellen

Werner Emde
Technische Universität Berlin
Institut für Angewandte Informatik
Projekt KIT-Lerner, Sekr. FR 5-8
Franklinstr. 28/29
D-1000 Berlin 10

Abstract

In this paper an approach to the model-directed induction of inferential knowledge is discussed. In contrast to most existing programs that employ one single rule model, this approach is based on the heuristically-guided generation of several rule models. Furthermore, tentative ideas as how to achieve a fully operational system in the early stages of induction, are presented.

1 Einleitung

In einem Aufsatz, der vor einiger Zeit erschienen ist, wurde behauptet, daß das menschliche Lernen extrem langsam verläuft (Simon 83). Allein bis ein Mensch die Schulreife erlangt, vergehen sechs Jahre und anschließend verbringt der Mensch noch Jahrzehnte in denen er täglich neues hinzulernt. Eine Begründung für den Sinn der Forschung auf dem Gebiet des Maschinellen Lernens, die Simon anführte, lautete daher auch: Man solle versuchen, lernende Programme zu konstruieren, die die "Ineffizienz" des menschlichen Lernens zu vermeiden, wobei man aber darauf gefaßt sein müsse, daß sich dies als prinzipiell nicht möglich erweist.

In Simons Aufsatz drängt sich manchmal der Eindruck auf, daß er die Begriffe "langsam" und "ineffizient" synonym verwendet. Bezieht man den Aspekt der Handlungsfähigkeit ein, stellt sich dies als irreführend heraus. Menschen lernen hochgradig effizient insofern, daß sie mit sehr wenig "Eingabedaten" sehr früh ohne eine "vollkommene" Theorie in einem Weltausschnitt handlungsfähig werden. Dies beweisen sehr viele Arbeiten auf dem Gebiet der Entwicklungspsychologie (s. z.B. Carey 78, Inhelder/Piaget 68).

Dem Aspekt der Handlungsfähigkeit wird auch bei den Arbeiten am System METAXA.3, von denen hier berichtet werden soll, ein hoher Stellenwert eingeräumt. In diesem Aufsatz soll die modellgesteuerte Methode der Durchsuchung des Raumes möglicher Generalisierungen, wie sie den Systemen der METAXA-Reihe zu Grunde liegt, beschrieben werden (vgl. Emde 84). Sie zeichnet sich dadurch aus, daß sie im Gegensatz zu anderen modellgesteuerten Verfahren mehrere Regelmodelle verwendet, die im Akquisitionsprozess heuristisch generiert werden.

Anschließend sollen erste einfache Ideen erläutert werden, wie ein lernendes Programm arbeiten sollte, um das "Performanzelementes" des Gesamtsystems (Frage-Antwort-System, textverstehendes System etc.) möglichst schnell handlungsfähig zu machen. Sie stehen in Zusammenhang mit Schritten, die hin auf das Aufgeben von bestimmten Idealisierungen gemacht werden, die sonst bei Arbeiten im Maschinellen Lernen üblich sind. Wissensakquisitionsprozesse werden meist meist dahingehend idealisiert, daß das Wissen eines Systems als frei von verrauschten Daten ("noisy data") angenommen wird, daß backtracking Verfahren unbegrenzt angewendet werden können oder daß die Sequenz von Beispielen, die die Grundlage für Generalisierungen bieten, von einem didaktisch vorgehenden Lehrer präsentiert werden. Statt dessen soll eine Strategie verwendet werden, die in einem oft bei Menschen beobachtbaren Lernverhalten mündet: der Bildung eines "Paradigmas".

2 Die heuristisch gesteuerte Modellgenerierung in METAXA

Die modellgesteuerte Suche von METAXA im Regelraum weicht in der Vorgehensweise von den meisten anderen Ansätzen dieser Klasse dadurch ab, daß Hypothesen nicht nach dem "generate-and-test"-Prinzip erzeugt und getestet werden [1], sondern mit Hilfe der Technik der Schemainstanziierung. Auf diese Technik, die auf anderen Gebieten der KI häufig verwendet wird, ist selten im Maschinellen Lernen zurückgegriffen worden. Eine Ausnahme bildet das SPARC-Programm von Dietterich (Dietterich/Michalski 85).

Die Aufgabe von SPARC besteht darin, zu einer gegebenen Sequenz von Objekten das nächste Objekt zu prognostizieren, was erforderlich macht, die Regel aufzudecken, nach der die Sequenz zusammengestellt wurde. SPARC greift zur Induktion dieser Vorhersageregeln (zum Kartenspiel ELEUSIS) auf allgemeine Modelle möglicher Regeln zurück [2].

SPARC generiert aus einer Menge von drei allgemeinen parametrisierbaren Modellbeschreibungen und zwei numerischen Parametern, die der Benutzer einzugeben hat, eine Menge von Modellen möglicher Vorhersageregeln. Damit unterscheidet sich dieser Ansatz von den meisten anderen modellgesteuerten Verfahren, die mit einem

----

[1] Nach dem "generate-and-test"-Prinzip arbeitet z.B. Michalskis INDUCE 1.2 (s. Dietterich et. al. 82).

[2] Die Spieler des Kartenspiels ELEUSIS müssen abwechselnd eine Sequenz von Karten um eine Karte erweitern, wobei der Kartengeber die Karten, die nicht der "geheimen" Regel entsprechen, zurückweist.

1. Einfaches Modell
2. Auswahl unter verschiedenen Modellen
3. Vorbestimmte Generierung von Modellen
4. Heuristisch gesteuerte Generierung von Modellen
5. Entwicklung neuer Modelle

Abb. 1: Spektrum modellgesteuerter Methoden nach ihrer
Schwierigkeit geordnet (Dietterich/Michalski 85)

einfachen Modell arbeiten (Abb. 1). Ein Modell in SPARC beinhaltet z.B. Regeln mit disjunktiv verknüpften Bedingungen, ein anderes "periodische" Regeln [3].

An den Parametrisierungschritt schliesst sich die Instanziierung der generierten Modelle mit Informationen an, die aus der Eingabesequenz extrahiert wurden [4]. Das Ergebnis dieses Schrittes besteht aus möglichst wenigen Regeln (im Idealfall einer einzigen), die die nächste Karte vorhersagen. Dazu werden in Abhängigkeit von der Art des Modells verschiedene Verfahren angewendet, die, um es stark vereinfachend zu charakterisieren, die "einfachste" Regel jedes Modells auswählen, mit der sich die Objektsequenz beschreiben läßt.

Mit einem Parametrisierungsschritt und einem Instanziierungsschritt läßt sich auch die Durchsuchung des Regelraumes durch METAXA beschreiben. Allerdings führt der Instanziierungsschritt in METAXA noch nicht zu Regeln, die dem Benutzer vorgeschlagen bzw. die in die Regelbasis eingetragen werden, sondern zu einer Menge von Hypothesen, die vorher noch auf ihre Konsistenz zum Faktenwissen hin überprüft werden müssen.

METAXA verfügt über ein parametrisierbares Modell häufig vorkommender Klassifikationsregeln, das man sich als Menge von Regelschemata vorstellen kann, in denen anstelle eines Prädikats einer Inferenzregel Prädikatsvariablen stehen. Als Beispiel zeigt (1) die Regelsschemata für Antonym-, Transitivitäts- und Konversregeln.

   (1) antonym: $p(x) \rightarrow \sim q(x)$

                $q(x) \rightarrow \sim p(x)$

  transitiv: $p(x,y)\ \&\ p(y,z) \rightarrow p(x,z)$

  konvers: $p(x,y) \rightarrow q(y,x)$

----

[3] "Periodisch" wird z.B. folgende Regel genannt: "Wenn zuletzt eine rote Karte gespielt wurde, spiele eine schwarze, wenn zuletzt eine schwarze Karte gespielt wurde, spiele eine rote".

[4] Der Instanziierungsschritt umfasst bei SPARC u.a. die gesamte Transformation der Eingabedaten, d.h. er besteht nicht nur aus einer einfachen Ersetzung von Variablen durch Konstanten.

Die Instanziierung der Regelschemata erfolgt durch die Ersetzung der Prädikatsvariablen durch Prädikate. Solchen Instanziierungen geht jedoch wie bei SPARC ein Parametrisierungsschritt voraus. Um den erläutern zu können, ist eine (informale) Einführung des Begriffs der Stützmenge notwendig.

Jeder Regel ist in METAXA ein Gültigkeitsbereich (eine Stützmenge) zugeordnet. So sind z.B. Antonymregeln zwischen den beiden einstelligen Prädikaten "ist_gross" und "ist_leicht" darstellbar, deren Gültigkeitsbereich auf die Stützmenge "Objekte der Blockwelt" eingeschränkt ist. Die Einführung von Stützmengen ermöglicht, daß z.B. im Fall eines eingetretenen Widerspruchs zwischen abgeleitetem und vom Benutzer eingegebenem Wissen versucht werden kann, den Widerspruch durch die Veränderung der Stützmengen der Regeln zu beseitigen (s. Emde/Habel/Rollinger 83). Das Wissen über "interessante" Gültigkeitsbereiche, d.h. Bereiche, in denen mindestens eine Regel gilt, wird in Bereichskonzepten ("domain concepts") deklarativ festgehalten.

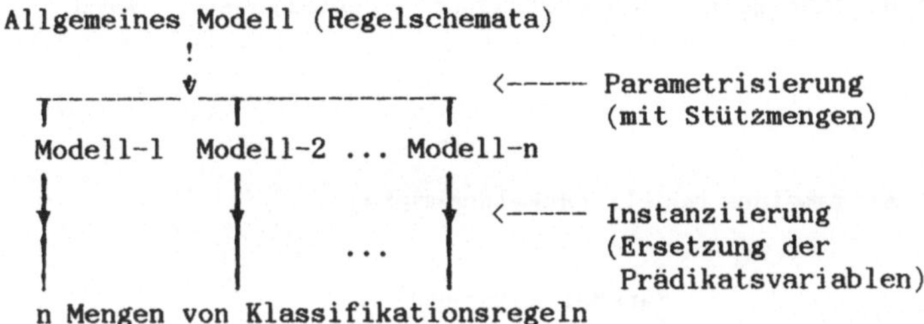

Abb. 2: Parametrisierung und Instanziierung
in METAXA

METAXA verfügt über ein allgemeines Modell, bestehend aus einer Menge von Regelschemata. Daraus werden n spezifische Modelle generiert, in denen die Regelschemata mit einem Gültigkeitsbereich verknüpft werden (Abb. 2), wobei "n" auf die Anzahl der bekannten Bereichskonzepte verweist. Beispielsweise könnte ein Modell generiert werden, dessen Regelschemata alle mit dem Gültigkeitsbereich "nördliche Hemisphäre" versehen sind, und ein anderes, dessen Regelschemata "Objekte der Blockwelt" als Gültigkeitsbereich zugeordnet ist. Die Parametrisierung des allgemeinen Modells von METAXA erfolgt nicht wie bei SPARC durch Parameter, die von außen eingegeben werden, sondern mit den Bereichskonzepten, die METAXA zu einem früheren Zeitpunkt, z.B. bei Stützmengeneinschränkungen, aufgedeckt hat. (2) zeigt als Beispiel ein Regelschema eines Modells, das durch Parametrisierung des allgemeinen Modells von METAXA mit dem Gültigkeitsbereich "Objekte der Blockwelt" generiert wurde.

(2) (p(x) -> ~q(x),

    Stützmenge(x): (x| x∈"Objekte der Blockwelt"))

Zu lesen ist (2) als Tupel bestehend aus einem Regelschema und der Stützmengenangabe
für die Argumentstellen innerhalb der Prämissenschemaliste, deren Belegung in der
resultierenden Regel beschränkt ist. Im Beispiel muß das Argument der
(instanziierten) Prämisse mit einem Verweis auf ein Objekt der Blockwelt belegt sein
[5].

Den Parametrisierungsschritt kann man sich so vorstellen, daß zu allen bis zu
diesem Zeitpunkt gefundenen "interessanten Gültigkeitsbereichen", z.B. den Konzepten
"nördliche Hemisphäre", "Objekte der Blockwelt", "Mitteleuropa" oder "Zeitabschnitt
zwischen April und September", Modelle generiert werden, in denen die Regelschemata
mit einem Gültigkeitsbereich verknüpft sind.

Die Instanziierung dieser Modelle erfolgt anschließend u.a. auf der Basis von
Metawissen, in dem zum einen die Ergebnisse von vorangegangenen
Hypothesenüberprüfungen in sogenannten Metafakten festgehalten ist und zum anderen
in Form von Metaregeln, in denen allgemein Verträglichkeit bzw. Unverträglichkeit
verschiedener Klassifikationsregeln untereinander beschrieben wird (s.
Emde/Habel/Rollinger 83).

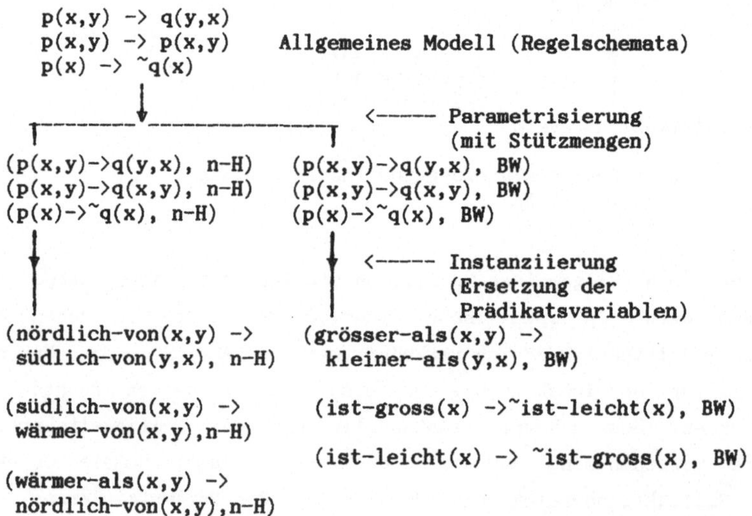

Abb. 3: Beispiel-Parametrisierung und -Instanziierung
in METAXA

---

[5] Diese vereinfachende Notation wird hier zur Verdeutlichung des
Stützmengenkonzeptes verwendet, eine ausführliche Beschreibung findet sich in
(Emde 84).

Die Abbildung 3 zeigt als Beispiel die Parametrisierung und Instanziierung eines allgemeinen Modell mit zwei Regelschemata bei zwei Bereichskonzepten (nördliche Hemisphäre(n-H) und Blockwelt (BW)) und sieben Operatoren. Das Ergebnis besteht aus zwei Regelmengen, eine für jeden Gültigkeitsbereich. Jede Regel wird anschließend einzeln auf ihre Konsistenz zum Faktenwissen geprüft und gegebenenfalls in die Regelwissensbasis eingetragen. Durchlaufen wird dieser Prozess der Parametrisierung, Instanziierung und Regelüberprüfung jeweils nach Veränderungen der Faktenwissensbasis und Aufdeckung neuer Bereichskonzepte z.B. im Rahmen einer Widerspruchsbehandlung.

Der Vorteil dieser Methode der Durchsuchung des Regelraumes ist darin zu sehen, daß die Suche im Laufe des Akquisitionsprozesses auf immer speziellere Bereiche gelenkt wird. Während mit der fortschreitenden Entwicklung des Regelwissens und der Aufdeckung neuer "interessanter" Gültigkeitsbereiche die Anzahl der Regelmodelle zunimmt, wird gleichzeitig die Instanziierung aufgrund des zunehmenden Metafaktenwissens restriktiver gehandhabt.

Zusammenfassend läßt sich festhalten, daß METAXA im Vergleich zu SPARC im Spektrum modellgesteuerter Verfahren, wie es von Dietterich/Michalski (85) angegeben wurde (Abb. 1), auf einer höheren Stufe anzusiedeln ist. Während bei SPARC nur vorbestimmte Modelle generiert werden, hängt bei METAXA die Generierung der Modelle von den entwickelten Bereichskonzepten ab.

3 Die Wissensakquisition in METAXA.3

Die Implementierung dieser Methode im System METAXA.2 hat gezeigt, daß ähnlich wie bei anderen modell- oder datengesteuerten Methoden Probleme entstehen, wenn mit fehlerhaftem Datenmaterial gerechnet werden muß und das Faktenwissen nicht von einem Lehrer in einer didaktisch sinnvollen Reihenfolge präsentiert wird, die z.B. das Finden der "richtigen" Gültigkeitsbereiche unterstützt.

Ein Kernpunkt, der das System METAXA.3 von seinem Vorgänger unterscheidet, besteht in seiner Behandlung negativer Beispiele. Werden negative Beispiele bei der Überprüfung instanziierter Beispiel entdeckt oder tritt bei der Anwendung induzierter Regeln ein Widerspruch auf, wird eine Fallunterscheidung vorgenommen.

Unterschreitet die Anzahl negativer Beispiele einen bestimmten Schwellwert, werden

---

[6] Die im Maschinellen Lernen übliche Art, verrauschte Daten zu behandeln ist die, die Anzahl der Gegenbeispiele mit einem Schwellwert zu vergleichen und die Regeln zu verwerfen, bei denen dieser Schwellwert überschritten wird (s. z.B. Langley et. al. 83). Vernachlässigt werden bei den bekannten Ansätzen aber die Probleme, die durch die Anwendung der so gewonnenen entstehen können. Ein Problem ist, daß falsche Regeln zur falschen Klassifikation der Eingabedaten in verrauschte und nicht verrauschte Daten führen können.

die beteiligten Fakteneinträge als verrauscht ("noisy") verworfen (ignoriert) [6], d.h. die Daten werden einer Klassifikation "verrauscht- nicht verrauscht" mit Hilfe der induzierten Regeln (der "Theorie") unterzogen. Ist es nicht möglich, ein negatives Beispiele als verrauscht zu klassifizieren, weil es wiederholt aufgetreten ist, so werden die beteiligten Objekte als Sonderfälle der untersuchten Generalisierung betrachtet, d.h. die Stützmenge der Regel wird extensional um diese Objekte vermindert. Dieses Vorgehen findet seine Entsprechung z.B. in der Behandlung widerlegter "Theorien" von Hayes-Roth (83) mit der Anwendung der "monster-barring" Methode von Lakatos (79).

Erst wenn die Anzahl der negativen Beispiele den Schwellwert übersteigt, wird nach Gemeinsamkeiten der an den Fakten beteiligten Objekte gesucht und die Stützmenge entsprechend intensional eingeschränkt. Dieses Vorgehen des Systems führt einerseits zu einem konservativen Verhalten, das eine frühe "Handlungsfähigkeit" und die Ausarbeitung einer einfachen "Theorie" unterstützt, auf der anderen Seite birgt es die Gefahr in sich, daß das System in einer Sackgasse landet, aus der es sich nicht ohne Hilfe des Benutzers oder ohne spezielle Reasoning-Maintenance Verfahren befreien kann (s. Emde 83). Dies ergab sich aus einer Konfrontation von METAXA.3 mit der Repräsentation einer einfachen Welt mit schwimmenden und nicht schwimmenden Körpern. Nachdem das System aufgedeckt hatte, daß kleine Körper leicht sind, grosse Körper schwer etc., entdeckte es, daß kleine Körper schwimmen und grosse Körper untergehen. Ausnahmen von dieser Regel, die bei einer Nadel und einem Kabel auftauchten, wurden durch die Einschränkung dieser Regel auf kurze Körper beseitigt (vgl. Inhelder/Piaget 68).

4 Schlußbemerkung

Ein Ziel dieses Aufsatzes war es, die Methode der Durchsuchung des Regelraumes in METAXA in Beziehung zu anderen Arbeiten auf dem Gebiet des Maschinellen Lernens zu setzen. Ferner sollte die Arbeitsweise des Systems METAXA.3 skizziert werden, das mit einer ähnlichen Strategie, wie sie bei Menschen zu beobachten ist (vgl. Carey 78, Inhelder/Piaget 68), an die Strukturierung eines Wissensbereichs herangeht, ohne auf bestimmte Idealisierungen von Lernprozesses angewiesen zu sein. Die bisherigen Arbeiten an METAXA.3 sind als erster Schritt in die Richtung eines lernenden Programms zu sehen, das einem System helfen soll, in einem Weltausschnitt schnell handlungsfähig zu werden.

5 Literatur

Carey, S.: "The Child as Word Learner"; in: M. Halle, J. Bresnan, G. Miller (eds.): Linguistic Theory and Psychological Reality, Cambridge, Mass. 1978

Dietterich, T.G./ London, B./ Clarkson, K./ Dromey, G.: "Learning and Inductive Inference"; Kapitel XIV, 3.Band von Cohen/Feigenbaum (eds.): The Handbook of Artificial Intelligence, Kaufmann, Los Altos, 1982

Dietterich, T.G./ Michalski, R.S.: "Discovering Patterns in Sequences of Events", Artificial Intelligence 25, S.187-232, 1985

Emde, W.: "Kontrainduktives Lernen von Konzepten aus Fakten"; In: B.Neumann (ed.): GWAI-83, 7th German Workshop on Artificial Intelligence; Springer, Berlin, 1983

Emde, W.: "Inkrementelles Lernen mit heuristisch generierten Modellen"; KIT-Report 22, 1984

Emde, W./ Habel, Ch./ Rollinger, C.-R.: "The Discovery of the Equator (or Concept Driven Learning)"; In: Proc. IJCAI-83, Karlsruhe, 1983

Hayes-Roth, F.: "Using Proofs and Refutations to Learn from Experience"; In: Michalski/Carbonell/Mitchell (eds.): Machine Learning; Tioga Press, Palo Alto, 1983

Inhelder, B./ Piaget, J.: "The Law of Floating Bodies and the Elimination of Contradictions"; In: Inhelder/Piaget:The Growth of Logical Thinking; Routledge & Kegan Paul Ltd., London, 1968

Lakatos, I.: "Beweise und Widerlegungen"; Vieweg, 1979

Langley, P./Zytkow, J./Simon, H.A./Bradshaw, G.L.: "Mechanism for Qualitative and Quantitative Discovery"; In: Proc. International Maschine Learning Workshop, Monticello, Illinois, 1983

Mitchell, T.M.: "Generalisation as Search"; Artificial Intelligence 18, S. 203-226, 1982

Simon, H.A.: "Why should Machines learn?"; In: Michalski/Carbonell/Mitchell (eds.): Machine Learning; Tioga Press, Palo Alto, 1983

Knowledge Acquisition in the System VIE-LANG

Harald Trost, Ernst Buchberger
Dept. of Medical Cybernetics and Artificial Intelligence
University of Vienna, Austria

In this paper an automated knowledge acquisition system for
the Natural Language Dialogue System VIE-LANG is described.
Data-driven processing of natural language requires a large
and detailed body of knowledge. To build up a complete
knowledge base for any real world application by hand is a
very cumbersome task. In order to ease the acquisition of
new knowledge we have developed a system which is able to
extend an existing knowledge base in an automated way. The
user who inputs the data needs no specific knowledge of the
system or the way data are represented in it. The approach
is described in some detail and further explained by means
of an example.

1. Introduction

A number of NLU systems have been created in the paradigm of data
driven programming. One of those systems is VIE-LANG, a natural
language dialogue system interacting with its user in German
(Buchberger et al. 1982). A decisive disadvantage of systems in this
paradigm is that after an initial phase a lot of work goes into the
addition of new data to the existing knowledge base. Thus, the idea
to automate the acquisition of new knowledge comes quite naturally.
Although a system learning language from scratch would not be feasible
given the current state of the art in machine learning, a system that
incrementally augments its knowledge, based on a sound basic
repertoire, is realistic (Haas, Hendrix 1983). In the case of the
system VIE-LANG, the knowledge acquisition component can rely on
- a flexible parser able to produce partial results in case of missing
  lexical data,
- a semantic network SEMNET containing basic elements of world
  knowledge in which new elements can easily be incorporated (Trost
  1983),
- a morphological lexicon (ML) with a complete scheme for all possible
  endings in the German language (Trost, Dorffner 1985),
- a syntactico-semantic lexicon (SSL) containing a basic repertoire of

words (Steinacker, Buchberger 1983), and
- a generator useful for the production of examples to be verified by
  the user (Buchberger, Horacek 1984).

User friendliness is a chief desideratum of a knowledge acquisition
system. In order to achieve this goal, the following criteria have to
be met:

- Whenever it seems convinient, the dialogue between system and user
  shall take place in nearly unrestricted natural language (German).
  Therefore, the system has to be designed in such a way as to allow
  the user concise and brief interaction (e.g. competence for
  understanding ellipical utterances) and to refer to earlier
  discourse (anaphora).
- The user need not be concerned about the internal representation of
  knowledge; ideally he should not even get to know the different
  sources it is split into (ML, SSL, SEMNET). To achieve this goal,
  the system must decide on its own which data structure the knowledge
  to be acquisited pertains to and evoke the corresponding module.
- The system has to know about relations among its sources of
  knowledge to keep its knowledge base consistent.
- The system shall take the initiative in unclear cases.   This
  necessity stems from the fact that due to the informal way of
  interaction the user is not obliged to supply all necessary
  information at once.

While it seems impossible at the moment to implement a system which
can allow for all these demands they set the direction for any useful
acquisition system.

2. System Outline

The system is composed of a control structure and three modules for
each of the data structures of VIE-LANG. The control structure deals
with the decision which module to activate. Basically, the user can
enlarge the knowledge base in two ways:
- by entering a new word,
- by entering a new meaning for an existing word.
Both options lead to the construction of one or more new SSL-entries
and possibly to an augmentation of SEMNET. Additionally the first
option enlarges the morphological lexicon.

2.1 Acquisition of Conceptual Knowledge

World knowledge is stored in form of the KL-ONE-like (Brachman and
Schmolze 1984) semantic network SEMNET (Trost 1984).   Its main
features are:
- a restricted set of structural primitives
- a frame-like notation, using attributes to describe concepts.
  Attributes consist of a role and a value restriction, the value
  restriction specifying possible fillers and the role the filler
  plays in the concept.
- concepts form a sub/superconcept hierarchy in which the subconcepts
  inherit all attributes from their respective superconcepts unless
  otherwise noted.

For the acquisition of new conceptual knowledge the following cases
can be distinguished:
- adding a new attribute to an existing concept
- adding a new concept
  - as a generalization of already existing concepts
  - as a specialization of an already existing concept
  - as a combination of existing concepts
The acquisition system can only augment the knowledge base, change or
deletion of existing concepts or attributes are prohibited.

The strongly declarative form of representation as implied by the use
of SEMNET proves quite advantageous for automatic acquisition of
conceptual knowledge as the explicit form of representation allows to
keep side effects to a minimum compared to other forms of
representation.

An   importont tool for the integration of new concepts is a
classification algorithm similiar to the one described in (Schmolze
and Lipkis 83).   It automatically places a newly created concept in
the correct place in the hierarchy.   This prevents the net from
becoming inconsistent because of the incorporation of a new concept.

Specialization of existing concepts is a second-order process
performed automatically by the system itself.   Whenever the same
net-structure (a concept with a certain combination of attributes)
occurs in a number of SSL-entries, a new subconcept (resembling that
structure) is created. At the same time all occurrencies of that
structure in the SSL are replaced by that new concept.

Generalization may also be invoked by the SSL. Whenever a certain combination of concepts forms the semantic restriction for a number of SSL-entries this combination may be considered as a potential new (super)concept. When it is found possible to extract common attributes from the original concepts a new concept is created as a superconcept of them. The SSL is modified in a way analogous to specialization.

The creation of a new concept can be necessary because of a new entry to the SSL. In that case the user has to give a specification in terms of its attributes and superconcepts. At the moment this is done by means of a system-guided interaction, which continues until the user has provided all the information he wants. The system then tries to classify that concept. If one with the same definition already exists, the user is informed. He can then either cancel his request or provide more detailed information.

To ascertain the integrity of the knowledge base, with every augmentation the following aspects have to be taken into consideration:
- A syntactic consistency check in order to guarantee formal correctness of the net. This is ensured by the access routines of SEMNET.
- A semantic consistency check: new concepts must not be identical to existing ones; new attributes are checked whether they are not only modifications of inherited ones; for newly established superconcept-relations the roles of the involved concepts are checked for a potential semantic overlap. This is performed by the above mentioned classification algorithm.
- Any augmentation of SEMNET may influence the SSL. The system has to adapt the SSL to the actual state of the net. This task is the most complicated one and has been solved only partially up to now. Generalization and specialization are induced by checking the SSL, so the appropriate changes in the SSL are given automatically. If a new concept is added to take care of a new word meaning, usually the rest of the SSL is not affected. If the user starts by augmenting the semantic net, he is responsible himself for keeping the SSL (and the ML) consistent.

2.2 Acquisition of Syntactico-Semantic Knowledge

The syntactico-semantic lexicon (SSL) contains data about the mapping between German words and SEMNET and vice versa. It is used by the parser as well as by the generator of VIE-LANG (Steinacker, Buchberger 1983). The SSL is composed of entries for word meanings, that is, for ambiguous words it will contain more than one meaning. Each meaning entry consists of productions in the form left side (LS) --[3] right side (RS), where the LSs refer mostly to syntactic features, e.g. lexical categories, surface cases and selectional restrictions, and the RSs to structures of SEMNET that have to be created by the parser or interpreted by the generator. For verbs, the SSL entry reflects the case frame.

Necessary information for new SSL-entries are the elements of SEMNET onto which the word (or rather that specific meaning of the word) is to be mapped. The acquisition component has access to SEMNET as well as knowledge about its structures in order to find the corresponding elements. Furthermore, knowledge about the syntactic usage of the new word is needed. Part of this knowledge can be extracted from the user's input. The rest of the necessary data has to be solicited by the system.

One problem is, that the user cannot always be expected to correctly discriminate between different meanings of a word. Therefore the system has to decide whether to modify the SSL-entry currently worked at or to create a new one.

Another problem is, that the user might not be aware which semantic cases of a word in a certain sense are obligatory and which are optional. So there is always a chance of omitting one or adding too many.

While there is no way to prevent erroneous insertion, we are using a clarification dialogue as a sort of trial-and-error method to end up with reasonable results. The system makes use of its generator to provide example sentences which are verified or falsified by ther user. This is continued until the SSL-entry remains reasonable stable. Such a procedure is preferable to asking him directly for linguistic data which would be too difficult a task for the ordinary user.

An important feature is the check for existing meanings and whether they have to be modified in order to avoid inconsistencies. This is also realized by means of system initiative.

2.3 Acquisition of Morphological Knowledge

As German is a language rich in inflections, a morphological component forms an important part of every German language understanding system. The system VIE-LANG contains a morphological lexicon whose entries are the word stem together with inflectional and derivational data (Trost, Dorffner 1985). When acquiring a new word, the system uses information contained in the lexeme: Data on word category, gender and inflectional class often can be derived from the ending (e.g. -bar, -sam, -lich, -keit, etc.). Furthermore, the parser can often derive data on surface case, gender and number.

As a default, the system supposes that a new word will inflect regularly, a hypothesis based on the fact that regular words are by far more frequent than irregular ones and a major part of the irregular ones is already contained in the basic repertoire.

Data that cannot be derived by the means described above have to be supplied by the user. Two strategies are used:
- if the system can create a plausible hypothesis, it generates examples to be verified by the user;
- if such hypotheses are not possible, the user has to be asked explicitly. This is done by asking him to provide an already known word with a similiar morphology. The system checks if the resulting class is consistent with the word properties already known and, if this is the case, produces again examples.

This approach presupposes less linguistic knowledge than more conventional ones like filling a pattern provided by the system (Hellwig 1978) or answering a questionaire (Lehmann et al.1977).

3. A Detailed Example

The workings of the system shall be demonstrated in the following detailed example of user-system-interaction. We assume the user wants to enter the new verb 'einkaufen' (to shop for) into the knowledge base. The verbs 'erstehen' (to purchase) and 'kaufen' (to buy) are already known to the system.

The user starts the interaction by entering a sentence containing the new word:

(1) Ich kaufe im Supermarkt Brot ein.
    (I shop for bread in the supermarket.)

The system parses the sentence creating the following structure:

```
(NP (HEAD (LXM#737 (TYPE PERSPRON)
                   (ROOT ICH)
                   (PERSON 1)
                   (CASE-GENDER (M 1) (F 1))
     (PERSON 1)
     (CASE-GENDER (M 1) (F 1)))
(VFIN (LXM#358 (TYPE VERB)
               (ROOT KAUF)
               (TENSE PRESENT)
               (PERSON 1 3))
      (TENSE PRESENT)
      (PERSON 1 3))
(PP (HEAD (LXM#122 (TYPE NOUN)
                   (ROOT SUPERMARKT)
                   (PERSON 3)
                   (CASE-GENDER (M 1 3 4))
    (PREP (LXM#398 (TYPE PREP)
                   (ROOT IN)
                   (CASE-GENDER (M 3) (N 3)))
    (PERSON 3)
    (CASE-GENDER (M 3)))
(NP (HEAD (LXM#663 (TYPE NOUN))
          (ROOT BROT)
          (PERSON 3)
          (CASE-GENDER (N 1 3 4)))
    (PERSON 3)
```

```
      (CASE-GENDER (N 1 3 4)))
  (VKOMPLEX (LXM#197 (TYPE VERBADJ)
                     (ROOT EIN)))
```

Because of the syntactic structure of the sentence 'ein' is recognized as a verbadjunct. This way the ambiguity of 'ein' is solved (at a purely lexical level, determiner and numeral would be possible interpretations as well). 'Kaufen' is a known verb, and the system recognizes it as the stem of the new verb. Since composed verbs are morphologically alike to their root verbs, the morphology of the new verb 'einkaufen' can be deduced automatically.

This is of course a special case, usually the entry in the ML has to be built up interactively. But in any case the system provides the linguistic knowledge, while the user's task is restricted to providing and evaluating examples.

The next step is the creation of an SSL-entry. The system asks the user for a sentence with the same semantics as (1). The user inputs:

(2) Ich erstehe Brot im Supermarkt.
    (I purchase bread in the supermarket.)

The SSL-entry for 'erstehen' is the following:

```
(ERSTEHEN
 (1
  [(AND (CASE NOM) (RESTR PERSON ORGANISATION))
   →
   ((IND OBJTRANS)
    (VAL + RECIPIENT *) (VAL + GOAL OBJTRANS)
    (VAL OBJTRANS GOAL +) (VAL OBJTRANS SOURCE *))]
  [(AND (CASE ACC) (RESTR OWNABLE-OBJECT))
   →
   ((VAL + OBJECT *))]
  [(AND (PP UM FUER) (RESTR MONETARY-UNIT))
   →
   ((VAL + GOAL OBJTRANS) (VAL + OBJECT *))]
  [(OR (AND (PP VON) (RESTR PERSON ORGANISATION))
       (AND (PP IN) (RESTR ORGANISATION)))
   →
   ((VAL OBJTRANS SOURCE *) (VAL + RECIPIENT *))]))
```

The system matches the constituents of sentence (1) against those of (2). As a default, not only the semantical, but also the syntactical restrictions (case, preposition) are transferred to the new SSL-entry. Since the parser analyzes both syntactically and semantically, inconsistencies are detected and the findings of the parser will override the defaults.

After creating a provisional entry, an example sentence is given to the user for evaluation. This sentence is designed to capture exactly the syntactic and semantic restrictions of the SSL-entry:

(3) Der Mann kauft einen Tisch um 2000 Schilling fuer Maria ein.
    (The man shops for a table for 2000 shillings for Mary.)

The user confirms the sentence as correct and the SSL-entry is made permanent.

4. Conclusion

A system for automatic knowledge acquisition for a natural language understanding system has been presented. While we are still far away from fully automated knowledge acquisition, the system is one step in the process of shifting the burden from the human user to the computer

The system relies on features provided by the language uynderstanding system such as a flexible parser and a generator for creating example sentences. User friendliness is stressed in that the user need not have knowledge about internals of the language understanding system. An important aspect is the integral approach of augmenting different sources of knowledge in the same session.

5. References

Buchberger E., Steinacker I., Trappl R., Trost H., Leinfellner E.: VIE-LANG - A German Language Understanding System, in Trappl R.(ed.), Cybernetics and Systems Research, North-Holland, Amsterdam; 1982.
Buchberger E., Horacek H.: VIE-GEN - A Generator for German Texts, to appear in: Bolc, L.: Natural Language Generation Systems, Springer, Berlin; 1984.
Haas N., Hendrix G.G.: Learning by Being Told: Acquiring Knowledge for Information Management, in Michalski R.S., et al.(eds.), Machine Learning: An Artificial Intelligence Approach, Tioga, Palo Alto, Calif.; 1982.

Hellwig P.: PLAIN - Ein Programmsystem zur Sprachbeschreibung und
    maschinellen Sprachbearbeitung, Sprache und Datenverarbeitung
    1(2)78, pp16-30.
Lehmann H., Ott N., Zoeppritz N.: Language Facilities of USL German,
    IBM Heidelberg Scientific Center TN-77.04, Heidelberg 1977.
Schmolze J., Lipkis Th.: Classification in the KL-ONE Knowledge
    Representation System, in IJCAI-83, Karlsruhe 1983.
Steinacker I., Buchberger E.: Relating Syntax and Semantics: The
    Syntactico-Semantic Lexicon of the System VIE-LANG, in Proceedings
    of the First Conference of the European Chapter of the ACL, Pisa,
    Italy; 1983.
Trost H.: SEMNET - Ein semantisches Netz zur Darstellung von
    Umweltwissen in einem natuerlichsprachigen System, Dissertation,
    Technische Universitaet Wien; 1983.
Trost H., Dorffner G.: A System for Morphological Analysis and
    Synthesis of German Texts, in D.Hainline (ed.), Foreign Language
    Computer Aided Instruction, Croom-Helm Publ., London 1985.

TOWARDS PARALLEL MACHINES FOR

ARITFICIAL INTELLIGENCE:

REALIZATION OF THE ALICE ARCHITECTURE

BY THE L-COMPONENTS

K. Aspetsberger

Institut für Mathematik
Johannes Kepler Universität   and   Institut für Informatik
A-4040 Linz (Austria)   Technische Universität München
                                      D-8000 München 2 (FRG)

ABSTRACT

This paper gives an outline of a realization of the ALICE architecture using the modular components on which the L-machine project is based. The ALICE architecture promises to provide an efficient method of parallel evaluating applicative languages and is also suited for parallel programming in logic. Up to now no hardware realization of the ALICE architecture is implemented.

INTRODUCTION

The realization of a parallel machine for automated theorem proving, logic and functional programming and other central topics in artificial intelligence is a research topic that is currently pursued world-wide, see [Bibel, Aspetsberger 85].

The parallel evaluation of recursive function definitions, rewrite rules etc. was the starting point of the L-network project at the University of Linz as early as 1978, see [Buchberger 78]. The analysis of the parallelism inherent in recursive and rewrite evaluation processes lead to the design of the "L-module" that can be combined in networks of arbitrary size for parallel computations of various types. Improved and more flexible proposals based on the same approach are described in [Buchberger 83, 84]. Two hardware implementations of the L-module approach (an early one of 1978, and a recent one) are also described in these papers.

Recently, a scheme for the parallel evaluation of applicative languages has also been developed by John Darlington and Mike Reeve at the Imperial College of Science and Technology in London and several architectural implications have been explored (see [Darlington, Reeve 81]). The applicative languages are natural candidates for parallel evaluation since, by definition, they are free from side effects and thereby permit the independent evaluation of sub-expressions. The scheme, which is called ALICE (Applicative Language Idealized Computing Engine), promises to provide an efficient method of parallel evaluating applicative progams that may be implemented with a small number of types of VLSI components. However ALICE may also be employed for the parallel evaluation of logic programs. In [Darlington, Reeve 83] several schemes have been described by which logic programs can be evaluated in parallel on an extended graph reduction machine such as ALICE. On the other hand PARLOG, which is a relational language for parallel programming in logic and has been developed by Keith Clark and Steve Gregory at the Imperial College [Clark, Gregory 81], can be implemented on the ALICE architecture (see [Clark, Gregory 84a, 84b]). Thus, the ALICE architecture seems to be an important tool for logic and functional programming.

In this paper we investigate how the ALICE architecture could be realized by the modular components on which the L-machine project is based. This investigation seems to be particularly worthwhile since the ALICE architecture, so far, has not yet been implemented in hardware. Also, the components designed for the L-machine project easily lend themselves to LSI and VLSI realization. Hence, our investigations also contribute to possible VLSI implementations of the ALICE architecture or, at least, of some important parts of it. Some special features of the ALICE architecture (as, for example, the ring mechanism) in a realistic implementation, of course, should be realized by very special hardware. Thus, realization by the standardized components of the L-project is not meant as practical proposal. However, it shows the enormous flexibility of these components. Also, if L-components with different speed (achieved by different technological realizations in different price categories) are foreseen then, again, the proposal made in this paper very well has practical significance and, furthermore, it has the advantage of a very homogenous and modular structure.

THE ABSTRACT ARCHITECTURE OF ALICE

In this section we give a very brief presentation of the abstract architecture of ALICE in order to make the paper self-contained. This section is an epitome of [Darlington, Reeve 81]. For a detailed treatment we refer to the original work.

Model of computation

The intended application area of ALICE is the parallel evaluation of functional languages. Programs consist of sets of equations defining functions. Expressions which are constructed using these functions can be reduced according to the defining equations. It is possible to reduce more than one subexpresssion at the same time.

The graph of an expression is modeled by a collection of packets. Each node in the graph is represented by a packet. Each packet consists of an identifier, by which it can be referenced, and of two fields. The first field contains information about the node representation and the second field contains control information reqired by the evaluation mechanism. We transform one collection of packets to the next one by replacing the packets of reducible nodes by those representing the right hand sides of the appropriate rewrite rules.

Abstract architecture

At a very abstract level the ALICE machine can be described as a pool of packets and a collection of processing agents around it.

Roughly described, the agents execute the following sequence of activities (for more details see [Darlington, Reeve 81]).

Remove some processable packet form the packet pool.

Generate the packets representing the right hand sides of a suitable
    rewrite rule and deposit them to the packet pool.
    (Acquire an unused identifier: form the contents of the packet body:
    deposit the packets to the packet pool.)

Ignoring the operations concerning control activities there are at most two operations carried out by the processing agents concerning the packet pool:

    remove some packet from the packet pool,
    restore some packet to the packet pool.

Implementation considerations

[Darlington, Reeve 81] give also the following considerations for implementing the abstract architecture above.

We have to distinguish between two distinct types of access made to the packet pool. The first one is an access directed by a specific identifier and the other one is an access directed to an arbitrary member of a certain class of packets (e.g. to an arbitrary processable packet). Darlington and Reeve proposed to separate the mechanisms by which each of these types of access are implemented. In a physical realization of the abstract architecture a packet's identifier is equated to a global address in a random access store of packets.

There must be a mechanism that provides each agent with access to the set of processable packets and the set of unused packet identifiers. Darlington and Reeve suggested a realization by two constantly circulating slotted communications rings onto which each agent has a one slot window. In our implementation in the next section such rings are realized as lists, which were pushed through a queue of processors stepwise.

To avoid conflicts or a decrease of performance, when several processing agents intend to access the packet store at the same time, the packet store should be divided into a collection of small segments. Thus, a suited implementation should contain building blocks connected by an interconnection network. Each building block itself consists of a certain number of processing agents connected to a local memory via a shared bus. The local memory represents one segment of the packet store. The interconnection network has to fullfill the following tasks: first, to manage data transfers between the building blocks and, second, to share work (processable packets) and free storage (unused packet identifiers) amongst the building blocks.

Summary of important aspects that should be met by an implementation

The machine contains severval building blocks, each consisting of a certain number of processing agents that are connected to a memory segment via a shared bus. The building blocks are combined by an interconnection network.

The tasks of the interconnection network are to manage data transfer between the building blocks and to distribute work and free storage.

The operations of the processing agents are to remove a packet from the packet store, to reduce or to evaluate the packet and to restore some packets to the packet store.

THE CONCEPT OF THE L-MACHINE

The concept of the L-machine is a parallel machine concept consisting of universally programmable processors that can be interconnected flexible in order to form cellular tightly coupled homogeneous networks of arbitrary topology and size. The node processors cooperate asynchronously and all types of synchronization can be programmed flexibly. The concept has been introduced in [Buchberger 78] and has been modified to the now existing version in [Buchberger 83, 84]. At present, a prototype of the L-machine consisting of 8 processors is running at the University of Linz. For a short introduction see [Hintenaus, Buchberger 85].

In the descriptions of the programs we will use some abbreviations which by historical reasons differ from that used in [Hintenaus, Buchberger 85]. Please see [Hintenaus, Buchberger 85] for an explanation of expessions like sensor bit, processor path etc.

abbreviations	meaning	abbr. in [Hintenaus, Buchberger 85]
S_k := 1	set local sensor k	SMə{k} := true
T_1 := 0	reset non local sensor 1	SPə{1} := false
if S_k = 0 <u>wait</u>	α: load accu with local sensor k if accu zero <u>then goto</u> α	<u>while</u> not SMə{k} <u>do end</u>
$a^{(k)}$:= $b^{(1)}$	open 1: load accu with b: close 1: open k: store a: close k	aə{k} := bə{1}

     (i.e.: the value of variable b in the L-module connected by processor path 1
        is stored to variable a in the L-module connected by processor path k)

As has been pointed out in [Buchberger 83], we need only four different types of building elements for constructing L-modules:

A: a microprocessor + private memory + interface

B: "shared memory" + interface

C: bus switch with an open/close facility

D: bus switch with a "sensor bit"

The hardware components are connected by standardized buses. However, there is no reason to first combine the components to L-modules and then to L-networks. We can also use the components separately and build configurations of various types.

IMPLEMENTING ALICE USING THE COMPONENTS OF THE L-MACHINE

In this section we present an implementation of ALICE using the components of the L-machine, which were mentioned in the previous section. According to the specification of ALICE we connect the components A, B, C and D as shown in figure 1. A certain number of components A which are used as processing agents and one component B used as memory segment form a building block. The processing agents are connected via a combination of the components C and D and a shared bus to the memory B. For simplicity we only drew one component for the combination of C and D. S indicates the sensor bit. To control the access of several processing agents to the shared memory we add an arbiter, realized by a component A, to a building block. In figure 1 the first arbiter is responsible for the first building block, the second one for the second building block and so on. The arbiters have also a second task, namely to manage data transfers between different building blocks. So there is a need for the arbiters to have the possibility to access the memory segments of the other building blocks. This can be realized by connecting the arbiters via C/D combinations to the shared buses of the other building blocks. Furthermore, the arbiters are responsible for the constant circulation of the lists of addresses for free storage regions and processable packets.

Programs in the processing agents

In this section we only formulate the program parts that realize the identifier directed access of a processing agent to a packet in a pool of a certain memory segment and the access to the lists of identifiers for free storage regions and processable packets.

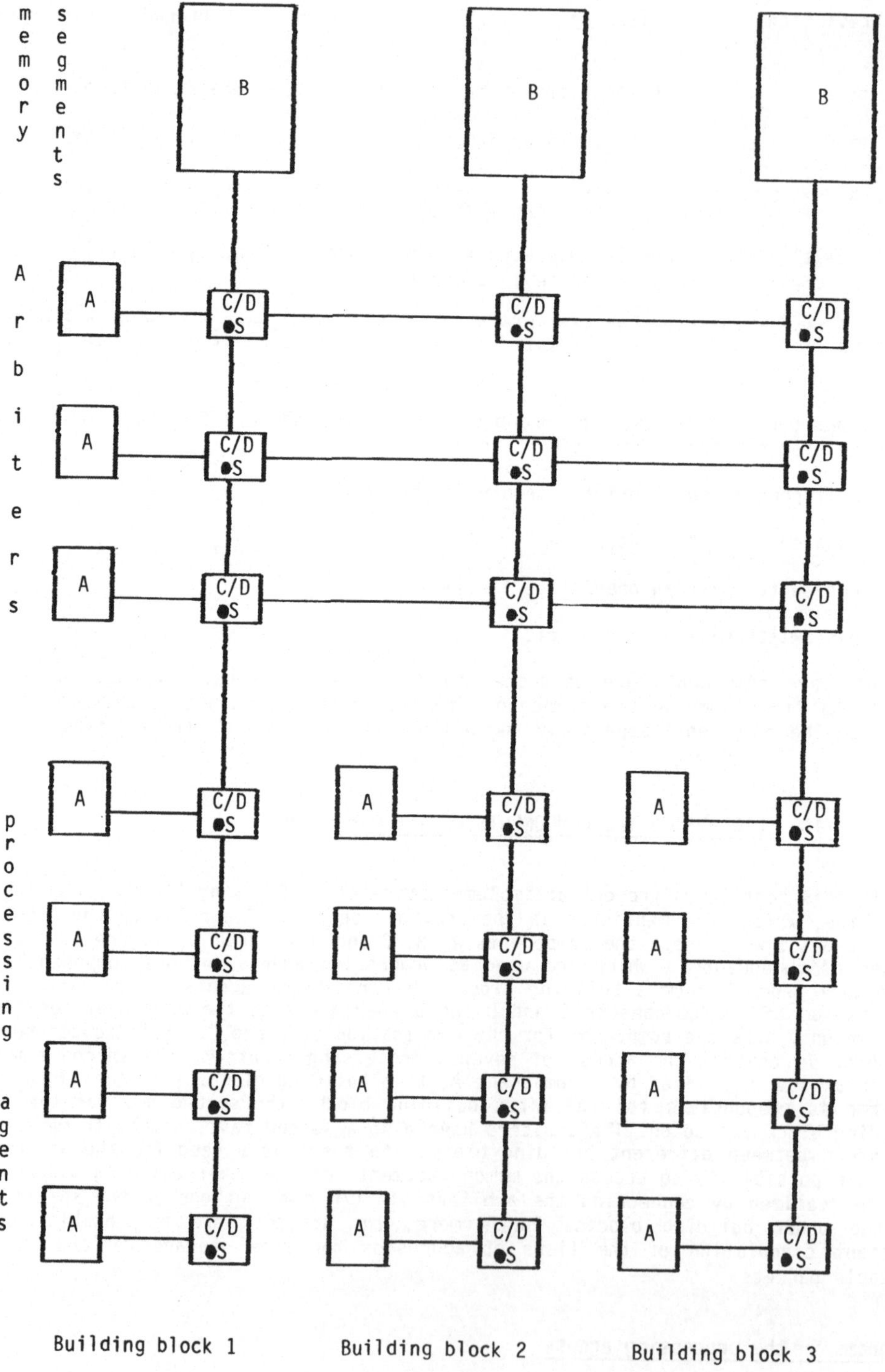

Fig. 1

Reception of a packet from a memory segment

In the following we give a rough description of a procedure handled by a processing agent A in a building block m that wants to receive a packet from a memory segment in a building block n. Since A is only connected with the memory segment in its own building block and m and n may be different, A has to communicate with the arbiter responsible for its own building block. This communication process consists of two phases. In the first one A informs the arbiter that it wants to receive a packet from the memory segment in building block n. While the arbiter reads the packet from the particular memory segment - it can access the memory segments of all the other building blocks - and loads it to a certain cell, called "packet", in the memory segment of the own building block the processing agent is waiting. In the second phase A receives the particular packet by reading the cell "packet" in the own memory segment. In the following program part handled by the processing agent A we use primed variables for indicating accesses to the memory segment B of the own building block.

```
T := 1 :  if T = 1 wait :

act' :=  (read, x, n) :

T := 1 :  if T = 1 wait :

p := packet'

T := 1 :  if T = 1 wait

        Fig. 2
```

In the first line of figure 2 the processing agent A signalizes to the arbiter of its own building block a request to one of the memory segments by setting the sensor bit T. Note that A is connected with only one C/D component over a shared bus to the memory component. So we have only one sensor bit and need no indices. Then A waits until it receives the permision from the arbiter for accessing the memory segment B. The processing agent informs the arbiter about the planned memory operation by writing the respective information into the cell "act". The first component of act indicates whether the processing agent wants to have a read or a write access to a packet or a read/write access to the lists containing the indentifiers for free storage space or processable packets. The second component contains the address of the packet and the third component informs the arbiter about the building block in whose memory segment the packet is located. By setting the sensor bit again A signalizes that it has finished the access to the cell "act". While A is waiting the arbiter stores the content of cell x of the memory segment in building block n to the cell "packet" of the own memory segment. Afterwards A reads the content of cell "packet" and stores it to cell p of the own private memory. Finally A signalizes by a sensor hand shake the end of the access to the shared memory B of the building block.

Restoring a packet to the pool in a memory segment

In nearly the same way as above we can also manage the operation of restoring a packet to the shared memories. Now the processing agent A wants to store a packet to the cell x of the memory segment B in the building block n.

```
T := 1 :  if T = 1 wait :

act' :=  (write, x, n) :

packet' := p :

T := 1 :  if T = 1 wait

        Fig. 3
```

Read/write access to the identifier cells

In each memory segment we have cells "free" or "procpack" containing identifiers for free storage regions or processable packets respectively. If a processing agent wants to store a new created packet into the pool of a memory segment, it makes a request to the cell "free" of its own memory segment B. In this cell it can find the address of a free storage region in a memory segment. If the content of free is (*,*), the process will be iterated until it succeeds.

```
free := (*,*) :

while free = (*,*) do

    T := 1 :  if T = 1 wait :

    free := free':

    free' := (*,*):

    act' := (access-id, ... , ... ):

    T := 1 :  if T = 1 wait
```

Fig. 4

Note that free is a pair. The first component contains the address of the storage region in a field pool and the second component denotes the memory segment.

If the processing agent wants to store some address to the list of free storage regions (maybe the cell x in memory segment n) it executes the following program part:

```
free := (0,0) :

while free ≠ (*,*) do

    T := 1 :  if T = 1 wait :

    free := free':

    act' := (access-id, ... , ... ) :

    if free = (*,*) then  free' := (x,n) :

    T := 1 :  if T = 1 wait
```

Fig. 5

Program handled by the arbiters

In the following we give a description of the program handled by the arbiter of a building block m. Since all processing agents of a building block are connected over a shared bus only to the memory segment of the own building block, the arbiters in the various building blocks have to fullfill the following aims:

1. Avoid memory access conflicts to the memory segment of the own building block. (All the processing agents of a respective building block are able to access the memory segment simultaneously. So the arbiter has to render possible a fair chance for a memory access to the different processing agents in a sequential way.)

2. Manage data transfer between different building blocks. (The processing agents have only access to the memory segment of the own building block. So, if a processing agent wants to have access to a memory segement in some other building block, it makes a request to its own arbiter. The arbiter itself contacts the arbiter of the other building block and transfers data to the memory segment of the other building block in place of the processing agent.

3. Distribute work (processable packets) and free space to the processing agents.

All these objectives are achieved by the following program (handled by an arbiter in building block m), which should repeatedly be executed until the process is stopped by a special halting mechanism:

$\underline{\text{for all}}$ $i \in$ Proc(m) $\cup$ Arb-$\{$m,left(m)$\}$ $\underline{\text{do}}$

    Transfer of the lists of free storage cells and processable packets :

    $\underline{\text{if}}$ $S_i = 1$ $\underline{\text{then}}$ $S_i := 0$: $\underline{\text{if}}\, S_i = 0$ $\underline{\text{wait}}$:

        act := act$^{(m)}$:

        Handle the request denoted by act of processor i

      Fig. 6

In the program above, Proc and Arb are sets containing the numbers of the processing agents of the building block m and the numbers of the arbiters of the building blocks, respectively. The arbiter m inspects all the sensor bits of the processing agents of its own building block and the sensor bits of the other arbiters except of that one which belongs to the left neighbour. In each step of the for-loop the arbiter pushes the lists of free storage cells or of processable packets one slot from left to right. This should simulate the "ring mechanism" of the ALICE architecture. Afterwards, in case the sensor bit of the particular processor is set, the arbiter handles the request denoted by the cell "act" (maybe a read or a write access to a cell in some memory segment). In the following we give more detailed descriptions of these program parts.

Transfer of the lists of free storage cells and processable packets

In this part of the program the elements of the list containing free storage regions and of the list containing the addresses of processable packets are subsequently pushed through the chain of arbiters. Each arbiter receives the new elements from its left neighbour and sends its own elements to its right neighbour. The number of the left (right) neighbour is the own number minus (plus) 1. For the first (last) arbiter the last (first) one is the left (right) neighbour.

$\underline{\text{if}}\, S_{\text{left}} = 0$ $\underline{\text{wait}}$: $S_{\text{left}} := 0$: $\underline{\text{if}}\, S_{\text{left}} = 0$ $\underline{\text{wait}}$:

act := act$^{(m)}$:

$\underline{\text{if}}\, \text{act}_1 =$ "transfer-id" $\underline{\text{then}}$ $S_{\text{left}} := 0$:

        $T_{\text{right}} := 1$: $\underline{\text{if}}\, T_{\text{right}} = 1$ $\underline{\text{wait}}$:

        Transfer the identifiers to your right neighbour:

        $T_{\text{right}} := 1$: $\underline{\text{if}}\, T_{\text{right}} = 1$ $\underline{\text{wait}}$

      $\underline{\text{else}}$ Handle the request denoted by act of processor i

    Fig. 7

First the arbiter waits until the left neighbour is ready to transfer the lists of free storage cells and processable packets. Then it gives the permission for the transfer and waits until the left neighbour has terminated.

In line 3 we have to look at cell "act" to receive information about the activity of the left neigbour. This is important, since the left neighbour could still have required an access to our memory segment from a cycle before. In this case (else-branch) we first manage the data-transfer and try to change the identifiers one cycle later.

In the other case (the left neighbour has transferred the identifiers for free space and processable packets) we acknowledge receipt of the data by resetting the sensor bit. Afterwards we signalize to our right neighbour that we are ready to send the identifiers and wait until the right neighbour permits the transfer. Finally by a hand shake we signalize to the right neighbour that we have terminated.

Note that the various arbiters logically form a ring. To avoid a dead lock, one of them (maybe the first one) has to execute a slightly different program. To shorten the paper we do not present a detailed description of this program.

Handle the request denoted by act of processor i

There are three types of a possible request of a processor: read/write access to the lists of identifiers for free space or processable packets, read a packet out of a cell in some memory segment, write a packet into a cell of a certain memory segment. From cell act the arbiter gets informations about the planned activity of the processor.

$\underline{\text{if}}$ act_1 = "access-id" $\underline{\text{then}}$ S_i := 0 :

$\underline{\text{if}}$ act_1 = "read" $\underline{\text{then}}$ Read the content of that cell which has the address out of act_2 in the packet pool of the memory segment denoted by act_3 and store the content to cell packet of the own memory segment :

                         S_i := 0 : $\underline{\text{if}}$ S_i = 0 $\underline{\text{wait}}$: S_i := 0 :

$\underline{\text{if}}$ act_1 = "write" $\underline{\text{then}}$ Store the content of cell packet of the own memory segment to that cell with address out of act_2 in the packet pool of the memory segment denoted by act_3 :

                         S_i := 0

Fig. 8

In the case of an access to the lists of identifiers the arbiter has only to acknowledge the request of the termination signal.

Read the content of a cell in a packet pool

By the information deposed in cell "act" we know about the intended activities of the processing agent (or arbiter) for which we should manage a data-transfer. In act_3 we find the number of the memory segment in whose packet pool the cell whose content we want to read has the particular address stored in act_2. So we first compare the content of act_3 with the number of the own building block. If the particular cell is in the own memory segment we can read the content immediately, otherwise we have to contact the arbiter of the designated building block. This can be realized by the following program that stores the content of the particular cell in cell "packet" of the own memory segment.

$\underline{if}$ $act_3 = m$

$\qquad$ $\underline{then}$ Store the content of the cell with address out of act_2 to cell packet of the own memory segment.

$\qquad$ $\underline{else}$ $T_{act_3} := 1$:

$\qquad\qquad$ $\underline{if}$ $T_{act_3} = 1$ $\underline{wait}$:
$\qquad\qquad$ $act^{(act_3)} := act$:

$\qquad\qquad$ $T_{act_3} := 1$: $\underline{if}$ $T_{act_3} = 1$ $\underline{wait}$:
$\qquad\qquad$ $packet^{(m)} := packet^{(act_3)}$:

$\qquad\qquad$ $T_{act_3} := 1$: $\underline{if}$ $T_{act_3} = 1$ $\underline{wait}$

$$\text{Fig. 9}$$

Under certain circumstances it is possible that one processing agent wants to access a packet in some pool which will be altered by another processing agent meanwhile. By the "ring mechanism" for free storage regions or processable packets we only exclude that two processing agents try the reduce the same packet or to use the same storage region for a new packet at the same time. But there is also the possibility for an identifier directed access to a packet of a pool (for instance to change some information in the control part of a packet). In the following description of the $\underline{then}$-branch we can overcome this problem by introducing a set "occupied" which contains all the addresses of cells in the packet pool that are occupied by some processing agent at the moment.

$\underline{if}$ $act_2 \in occupied^{(m)}$ $\underline{then}$ $packet^{(m)} := $ "not available"

$\qquad\qquad\qquad$ $\underline{else}$ Add act_2 to $occupied^{(m)}$:

$\qquad\qquad\qquad\qquad$ $packet^{(m)} := pool^{(m)}[act_2]$

$$\text{Fig. 10}$$

In the $\underline{else}$-branch of the program in figure 9 we make the same request to the arbiter of a different building block as a processing agent to the arbiter of the own building block. In certain cases it could happen that the arbiter of building block k wants to contact the arbiter of building block l (maybe for a data-transfer) and at the same time the arbiter of building block l wants to contact the arbiter of the building block k. So both arbiters would wait for an answer of the other arbiter and the system would be dead-locked. In this case we will first execute the request of the arbiter with the lower building block number and than continue tasks of the other arbiter. So we have to insert instead of line 2 of the $\underline{else}$-branch the following sequence:

$\underline{if}$ $act_3 < m$

$\qquad$ $\underline{then}$ $\underline{if}$ $T_{act_3} = 1$ $\underline{and}$ $S_{act_3} = 0$ $\underline{wait}$:

$\qquad\qquad$ $\underline{if}$ $S_{act_3} = 1$

$\qquad\qquad\qquad$ $\underline{then}$ $S_{act_3} := 0$: $\underline{if}$ $S_{act_3} = 0$ $\underline{wait}$:
$\qquad\qquad\qquad$ $\underline{if}$ $act^{(m)}_1 = $ "transfer-id"

$\qquad\qquad\qquad\qquad$ $\underline{then}$ $S_{left} := 0$:

$\qquad\qquad\qquad\qquad\qquad$ $T_{right} := 1$: $\underline{if}$ $T_{right} = 1$ $\underline{wait}$:

Transfer the identifiers to your right neighbour:

$$T_{right} := 1 : \underline{if}\ T_{right} = 1\ \underline{wait}$$

Handle the request denoted by $act^{(m)}$ of the processor act_3

$$\underline{else}\ \underline{if}\ T_{act_3} = 1\ \underline{wait}$$

Fig. 11

Store some data to a cell in a packet pool

In the same way as before we have to decide whether the particular cell is in the packet pool of the own memory segment or not. In the first case we can immediately store the content of cell "packet" to the appropriate cell. Otherwise we have to contact first the arbiter of the designated building block. Here again we have to check whether there is an old request of a previous cycle and to handle the request in case the contacted arbiter has a lower number than m.

$$\underline{if}\ \ act_3 = m$$

$\quad\underline{then}\quad$ Store the content of cell packet of the own memory segment to that cell of the own packet pool with address out of act_2

$\quad\underline{else}\quad T_{act_3} := 1 :$

$\qquad\underline{if}\ \ act_3 < m$

$\qquad\qquad\underline{then}\ \underline{if}\ T_{act_3} = 1\ \underline{and}\ S_{act_3} = 0\ \underline{wait} :$

$\qquad\qquad\qquad\underline{if}\ S_{act_3} = 1$

$\qquad\qquad\qquad\qquad\underline{then}\quad$ Handle request of arbiter denoted by act_3

$\quad act^{(act_3)} := act :$

$\quad packet^{(act_3)} := packet^{(m)} :$

$\quad T_{act_3} := 1 : \underline{if}\ T_{act_3} = 1\ \underline{wait}$

Fig. 12

In a more detailed description of the first $\underline{then}$-branch we obtain the following program part that takes care of packets already occupied:

$$Delete\ act_2\ of\ occupied^{(m)} :$$

$$pool^{(m)}[act_2] := packet^{(m)}$$

Fig. 13

<u>CONCLUSION</u>

In this paper we gave an outline of a realization of the ALICE architecture. After compiling the most important aspects that should be met by an hardware implementation of ALICE we gave a brief description of the L-components. Finally a suited hardware architecture based on the L-components has been pointed out and the program parts that are responsible for data transfer have been presented. In future research some improvements concerning the "ring mechanism" should be made. It is an advantage of the implementation in this paper that the mechanism for distributing free storage regions and work amongst the processing agents and building blocks is realized by software means. In contrast to a hardware realization of the ring mechanism here we have the possibility to build in an intelligent distribution mechanism reducing data transfers between different building blocks to a minimum.

ACKNOWLEDGEMENT

The work has been supported by the EEC and by Nixdorf Computer AG within the ESPRIT project 415, by a grant of SIEMENS and by the Austrian Research Fund, project nr. 3896.

REFERENCES

Bibel W., Aspetsberger K., 1985.
A Bibliography on Parallel Inference Machines. To appear in Journal of Symbolic Computation, Vol. 1, Academic Press, London.

Buchberger B., 1978.
Computer Trees and their Programming. 4th Coll. "Trees in algebra and programming", Univ. Lille, Feb. 16-18, p. 1-18.

Buchberger B., 1983.
Components for Restructurable Multi-Microprocessor Systems of Arbitrary Topology. MIMI 83, Lugano, Acta Press, Anaheim, p. 67-71.

Buchberger B., 1984.
The Present State of the L-Network Project. MIMI 84, Bari, Acta Press, Anaheim, p. 178-181.

Clark K.L., Gregory S., 1981.
A Relational Language for Parallel Programming. Proc. of the ACM/MIT Conference on Functional Programming Languages and Computer Architecture, Wentworth-by-the-Sea, Portsmouth, New Hampshire, Oct. 18-22, p. 171-178.

Clark K.L., Gregory S., 1984a.
PARLOG: Parallel Programming in Logic. Research Report DOC 84/4, Department of Computing, Imperial College, London, April 1984.

Clark K.L., Gregory S., 1984b.
Notes on the Implementation of PARLOG. Research Report DOC 84/16, Department of Computing, Imperial College, London, October 1984.

Darlington J., Reeve M., 1981.
ALICE: A Multi-Processor Reduction Machine for the Parallel Evaluation of Applicative Languages. Proc. of the ACM/MIT Conference on Functional Programming Languages and Computer Architecture, Wentworth-by-the-Sea, Portsmouth, New Hampshire, Oct. 18-22, p. 65-76.

Darlington J., Reeve M., 1983.
ALICE and the Parallel Evaluation of Logic Programs. The 10th Annual International Symposium on Computer Architecture, Stockholm.

Hintenaus P., Buchberger B., 1985.
The L-Language for the Parallel L-Machine (A Parallel Architecture for AI Applications). These proceedings.

The L-Language for the Parallel L-Machine
(A Parallel Architecture for AI Applications)

P. Hintenaus, B. Buchberger

Institut für Mathematik
Johannes-Kepler-Universität
A4040 Linz (Austria)

Abstract

The L-language, a language for programming parallel computer architectures especially suited for symbolic computation, is presented. The main goal of the language design is the explicit description of the interconnection structure of the system. Our aproach allows even recursive descriptions of the interconnection topology. The interconnection structures defined by L-programs can be realized on the parallel L-machine developed in the CAMP-LINZ working group.

Introduction

In recent years an increasing interest concentrates on possible parallel machine architectures for applications in artificial intelligence, in particular automated theorem proving, parallel evaluation of logic programs, symbolic computation and parallel organization of large knowledge bases. Parallel architectures for applications in these areas must meet objectives that are essentially different from the design objectives prevalent in numerical parallel computation. In /BiBu 84, Section 2/ a detailed analysis is given that derives the main design objectives for parallel architectures suitable for applications in artificial intelligence: It is argued that a suitable architecture should have a cellular homogeneous structure with asynchronous cooperation of many tightly coupled processor modules and a means for flexible interconnection topologies and synchronization strategies. The single modules and the parallel architecture as a whole should be universal machines.

The L-network project pursued at the working group CAMP of the University of Linz aims at the realization of a parallel architecture that meets the design objectives outlined above. The starting point of the project was the design and implementation of an "L-module", a flexible building block for the formation of parallel architectures ("L-networks") of arbitrary but fixed topology and arbitrary size (see /Bu 78/ and /Bu, Fe 78/). In the present state of the project a parallel architecture (the "L-machine") has been implemented that allows the creation of L-networks of arbitrary topology at compile time and even at execution time (see /Bu 83, 84/: see also /Bi, Bu 84/ and /As 85/ for two typical examples of applying the hardware components developed in the L-project for the realization of parallel inference machines and parallel functional evaluation.)

In this paper we give details of the syntactical realization and implementation of the L-language, a high level language that allows to program the L-machine in a natural and easy way and to fully exploit the features offered by the underlying parallel hardware. The essential two features of the L-language are:

- In addition to the constructs of ordinary high level languages it incorporates the special instructions available on the L-modules (namely the "sensor bit" instructions and the "open/close" instructions for opening and closing certain interconnection buses between L-modules).

- It also allows to define L-network structures i.e. the <u>topology of the intercon-</u><u>nection</u> between the L-modules. In particular, topologies with variable size para-meters can be defined in this language (by recursion and iteration over the size parameters!) The potential of recursive and iterative definition of parallel net-work structures with variable size parameters is a feature that has not yet been included in other languages and, hence, is the major original contribution of the L-language.

The L-language has been introduced in /Bu 84/. The present paper reports on an ongoing implementation of the L-language, which forms the core of a diploma thesis of the first author under the supervision of the second author. In order to make the paper as self-contained as possible we start with a short review of the basic con-cepts of the L-project.

<u>A Short Review of the L-Project</u>

An <u>L-Module</u> is a module of the following structure:

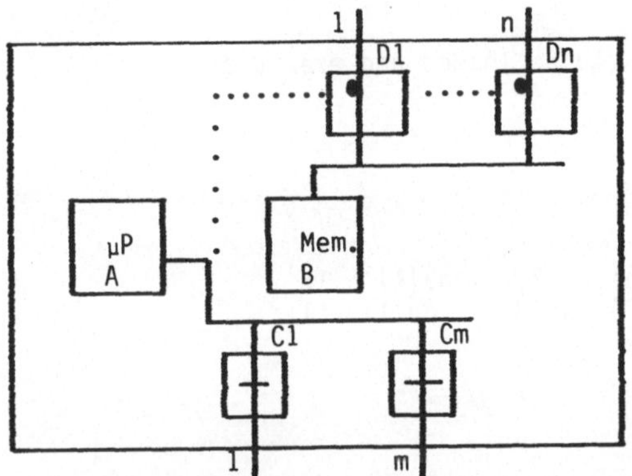

A: a microprocessor + private memory + some additional special circuitry.
B: a "shared" memory + some additional special circuitry.
C1,..,Cm: bus switches with an additional "open/close" facility. (The
          corresponding m bus branches are called "processor paths".)
D1,..,Dn: bus switches with a "sensor bit" ●. (The corresponding n bus branches
          are called "memory paths".)

In addition to the normal instruction set of a microprocessor, the component A can execute the following eight types of <u>special instructions</u>:

"open j", "close j" (for opening and closing switch Cj)
"set, (reset, load) local sensor j"
"set (reset, read) non-local sensor j".

The meaning of these instructions and the operation of the L-module are explained in detail in /Bu 83/. Arbitrarily many L-modules can be combined to form <u>"L-networks"</u> of arbitrary (but fixed) regular (or irregular) structure, by connecting a memory path of one module to a processor path of another.

As an example of a typical <u>computation in an L-network</u> we recall a solution of the tautology problem for boolean expressions on an L-network of binary tree topology (for details see /Bu, Fe 8/):

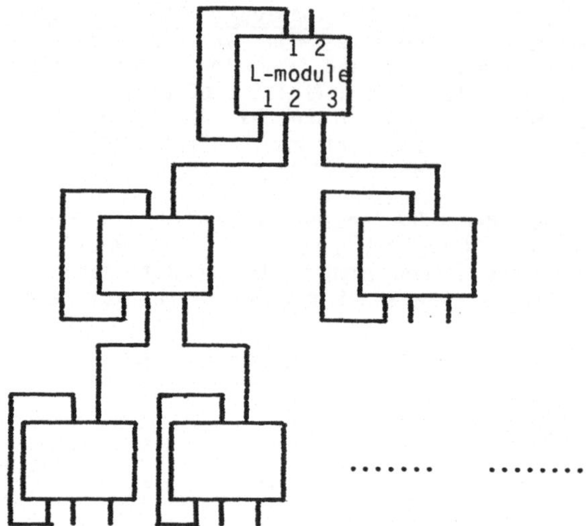

In each processor the following <u>L-program</u> has to be loaded and executed:

```
WHILE NOT SMə{2} DO END:
IF nə{1} = 0
THEN yə{1} := eval(tə{1})
ELSE
   tə{2} := subst(tə{1}, nə{1}, TRUE): nə{2} := nə{1} - 1:
   tə{3} := subst(tə{1}, nə{1}, FALSE): nə{3} := nə{1} - 1:
   SPə{2} := TRUE: SPə{3} := TRUE:
   WHILE SPə{2} OR SPə{3} DO END:
   yə{1} := yə{2} AND yə{3}
END
SMə{2} := FALSE
```

A reference to a variable followed by a ə and a number enclosed in braces means that this variable is located in a shared memory and is accessible via the processor path adressed by this number. SPə{i} and SMə{i} refer to the sensor bit that is located on the i'th processor path and i'th memory path respectively.

eval(t) is a procedure returning the truth value of the variable free boolean expression t. subst(t,n,b) returns the expression that results when the n'th variable of the expression t is replaced by the boolean value b.

n L-modules with n processor paths and n memory paths can be used to realize the "full graph" interconnection topology. In principle, this topology could be used to embed every other topology in a flexible and dynamical way. However, this arrangement would need n**2 switches of type C and D and n**2 connection buses between the switches. By a geometrical transformation that does not change the logical and physical properties of the device this arrangement can be replaced by the following cross-bar configuration that does not need any interconnection buses (the details of this transformation are explained in /Bu 83/). A prototype of this crossbar arrangement with n=8 is in operation since November 1984. Note that exactly the same components A, B, C, D can be used for realizing special L-networks and the crossbar arrangement.

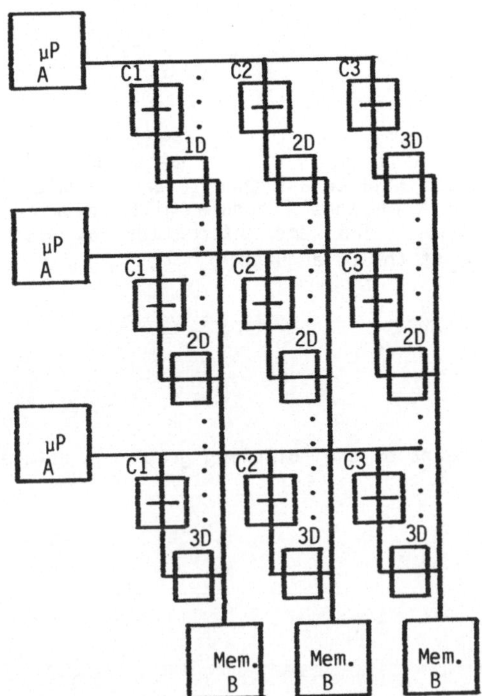

The dotted lines are the connections of the processors to the sensor bits in the components D, which the processors can access.

A Rough Sketch of the L-Language

An "L-program" written in the "L-language" /Bu 84/ consists of the description of the
programs residing in the L-modules of an L-network and the description of the topology of the L-network. Significant extensions to ordinary programming languages are
necessary in order to make such descriptions possible.

The nucleus of the implementation of the L-language described here is a small subset
of MODULA-2 /Wi 82/. Programs written in the nucleus language are meant to reside in
the private memory of a component A and are executed under the control of the processor in the component. In the following we call these programs PROCESSes.
Variables declared local to these PROCESSes are placed in the private memories.
PROCESSes can be combined to L-programs that describe the topology of an L-network
and the PROCESSes residing in the L-modules of the L-network.

In order to place a variable in all shared memories it has to be declared at the
outermost part of an L-program. A reference to a shared variable is made by giving
the name of the variable followed (in braces) by the names of all those paths that
should be used for this reference. The actual open and close instructions are
generated by the compiler. The sensor bits are referenced by using the identifiers SP
and SM for access via a processor path (called PPATH) or a memory path (called
MPATH). We start with an example of an elementary PROCESS.

PROCESS P1 (p1, p2: PPATH: m1, m2: MPATH):
VAR p, q:

```
BEGIN
   ....
   some program text using, for example,
   vla{p1} := vla{p2}              IF SMa{ml} THEN ....:
END:
```

This part of an L-program describes a PROCESS with two processor paths named p1 and p2 and two memory paths m1 and m2. This PROCESS will be assigned to an L-Module in a later part of the L-program. The component A of this L-module will contain the program VAR..BEGIN.....END in its private memory. The same information may also be expressed in the following <u>graphical notation</u> of the L-language:

It should then be immediately clear what is meant by the following graphical notation of an L-program NW:

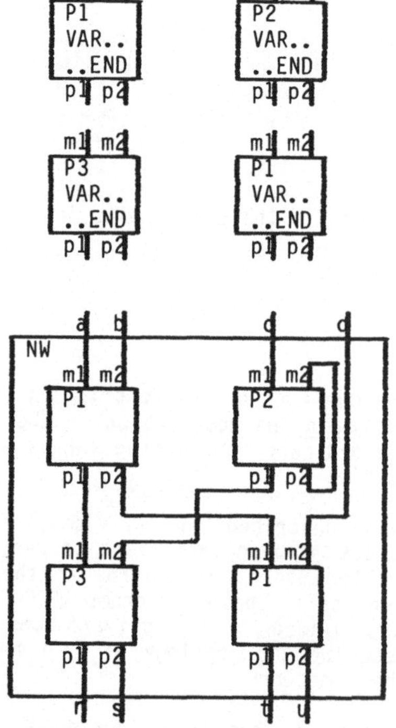

Here, four L-modules are combined in order to form a more complicated L-network having <u>three</u> programs P1, P2, P3 stored in the private memories of <u>four</u> L-modules and realizing a particular interconnection schema between the L-modules. Some of the paths provide interconnections to the "outside" of the L-network.

NW with processor paths r,s,t,u and memory paths a,b,c,d, again, can be used as a building block in hierarchically more complicated L-networks. The L-network NW in syntactically more conventional <u>"linear" notation</u> reads:

PROGRAM example:

```
        declaration of shared variables (see below)

PROCESS P1(p1,p2:PPATH; m1,m2:MPATH): ....
PROCESS P2(p1,p2:PPATH; m1,m2:MPATH): ....
PROCESS P3(p1,p2:PPATH; m1,m2:MPATH): ....

NETWORK

SUBNET NW(VAR a,b,c,d: MPATH; VAR r,s,t,u: PPATH):
VAR   p11,  p12,  p21,  p22:  PPATH;  m22,  m31,  m32,  m41:  MPATH;
BEGIN
    P1(p11,p12,a,b):  P2(p21,p22,c,m22):
    P3(r,s,m31,m32):  P1(t,u,m41,d):
    CONNECT p11 TO m31: CONNECT p12 TO m41:
    CONNECT p12 TO m32: CONNECT p22 TO m22
END:


BEGIN
    actual network invocation (see below).
END.
```

A PROCESS is assigned to an L-module by giving its name in the NETWORK part of an L-program (at invocation time according to the specification in the SUBNETs). The names in the parameter list following the name of the process are used for referencing the paths of the special PROCESS-processor pair. SUBNETs serve as a collection of L-modules which will be used as building blocks for more complicated L-networks. SUBNETs can be used recursively in order to create networks of a regular structure. For example, the tree of the previous example can be defined as follows (assume we have a PROCESS P(f:MPATH:1,r:PPATH):):

```
SUBNET Tree (VAR f: MPATH: n:INTEGER):
VAR r,1:PPATH: s1,s2:MPATH:
BEGIN
  IF n=1 THEN
      P(f,r,1)




  ELSE
      P(f,r,1):
      Tree(s1,n-1):
      Tree(s2,n-1):
      CONNECT r TO s1:
      CONNECT 1 TO s2:


  END
END:
```


Design Objectives, Restrictions and Design Decisions for a Concrete Implementation of the L-Language

The L-language is a very general language concept that provides the natural environment for describing parallel algorithms on arbitrary L-networks and it does not depend on a particular syntactical notation. Our goal when implementing one special version of the L-language is to create a simple tool for programming the pilot reali-

zation of the L-machine described in /Bu 83, 84/. Because of its nice syntactical
structure we chose MODULA-2 /Wi 82/ as the major guideline for the design of the
grammar for the nucleus language. To keep the compiler simple the grammar is LL-1. Of
corse we are interested in the possibility to use our compiler on prototypes with
different microprocessors. Thus, we decided to generate intermediate code which will
be interpreted on the actual machine. Since the present version of the compiler
should only serve as an experimental tool we only implement INTEGER, BOOLEAN and
ARRAYs of INTEGER and BOOLEAN as data types. However, for describing interconnection
environments between L-modules that are changing before and during computation, SETs
and ARRAYs of MPATHs and PPATHs are realized in addition. Our major emphasis lies on
the NETWORK part in order to be able to experiment with various arrangements of processors. This feature of the language is the one that goes far beyond the possibilities of ordinary programming languages.

Our prototype compiler is developed in MODULA-2 on a Vicki microcomuter operating
MSDOS V2,11. The intermediate code we generate is for a stack machine, augmented with
instructions for operating the sensorbits and the switches to the shared memories.
The adressing of the sensor bits and switches is done using translation tables similar to those the NS32000 architecture /NSC 83/ uses for reference to external
objects, i.e. the physical addresses are stored in an array whose indices are the
logical addresses.

The whole compiler operates on the host computer. The translation tables are
constructed in the last pass of the L-compiler, which executes the network invocation. The resulting images are downloaded onto the physical processors of the prototype machine where the processes described in the program are executed.

Syntax of the Concrete Realization of the L-Language

An L-program has the following structure:

    PROGRAM program name :

        CONST constant declarations
        SHARED VAR declaration of shared variables
        Process declarations

    NETWORK

        VAR declaration of variables used in the network invocation
        Subnet declarations

    BEGIN
        network invocation
    END.

A constant declaration has the following form:
        identifier = constant expression :
where constant expression is a well formed infix expression yielding a constant
value.

The declaration of the shared variables has the syntactical form of a variable
declaration (see below). However, only variables of the types INTEGER, BOOLEAN and
ARRAY OF INTEGER or BOOLEAN may occur.

The syntactical form of variable declarations is: Variables are declared by giving
their names followed by a colon and the type of the variables. Simple types are
INTEGER, BOOLEAN, MPATH, PPATH. The other possible types are ARRAYs of all simple
types and SETs OF PATHs. However the following restrictions must be respected:

```
    -- SETs  OF  PATHs  may  only  be  used  inside  processes.
    -- PATHs and ARRAYs of PATHs are allowed in the network part and in the
       parameter list of a PROCESS only.
```

<u>Process declarations</u> have the following form:

```
    PROCESS process name ( parameter list ) :

      CONST constant declarations
      VAR variable declarations
      procedure declarations

    BEGIN
      process body
    END;
```

The parameter list contains the variables that will assume a value in the NETWORK invocation of the L-program. Constants and variables declared inside a PROCESS are only known inside this PROCESS. These variables will reside in the private memory.

Procedure declarations are like in MODULA-2 with the exception that nested procedure declarations are prohibited. The following control structures are available:

```
    IF..THEN..ELSIF..THEN......ELSE..END
    WHILE..DO..END
    REPEAT..UNTIL..
    LOOP..END  (an infinite loop, which can be left by an EXIT statement).
```

Shared variables are acessed by giving their name followed by an ∂ character and a set expression giving all the paths that should be used for this reference. Set expressions are either some path names enclosed in set brackets or the name of a SET OF PPATH.

<u>Declaration of variables</u> used in the network invocation: Every type besides SET OF PATHs is allowed for these declarations. The syntactical form is the same as described above.

A <u>SUBNET is a collection of PROCESSes</u> with some internal connections and some PATHs to the outer world. They serve as a building block for more complicated structures. The structure of a subnet declaration is as follows:

```
    SUBNET subnet name ( parameter list ):

    CONST constant declarations
    VAR variable declarations

    BEGIN
      subnet body
    END;
```

The parameter list serves as a means to connect a subnet to the outer world. If the value of a parameter in a subnet is changed and this should effect the value of the actual parameter in the calling network invocation then the formal parameter must be preceeded by the keyword VAR.

The variable declaration inside a subnet follows the same rules as that for the network invocation. However these variables are only existing as long as the SUBNET is active. In case of recursive invocation of SUBNETs, for each invocation a new set of these variables is used.

The subnet body and the network invocation are constructed using

```
IF..THEN..ELSIF..THEN....ELSE..END
WHILE..DO..END
REPEAT..UNTIL..
LOOP..END
```

The crucial point in the construction of networks is the creation of PROCESS processor pairs. This is done by giving the process name followed by a parameterlist. These actual parameters serve as names for the paths of this particular PROCESS processor pair. Via the CONNECT statement a PPATH is connected TO an MPATH. This is done by modifying the code of the associated processes in such a way that the desired connection is established (see below.)

The network is built up starting at the first line of the network invocation. Subsequent statements of the network invocation (including subnet calls) are executed until the end is reached. The output of this procedure will be the loadable code for all the physical processors of the L-machine.

Programming Example

Programming examples from the AI and symbolic computation areas are given in the papers listed as references. In this paper we only want to clarify the essential features of the parallel L-language. Therefore we choose an example whose problem specification does not need any specific prerequisites and still shows the use of the language features that are characteristic for the L-language.

The problem:

Given an array bar[0:800] we want to calculate the mean value

$$bar[i] := (bar[i+1] + bar[i-1]) / 2 \quad (for\ i:= 1,\ldots,799).$$

This process will be iterated, say, hundred times. (As an interpretation, one could think about a bar of metal with some "temperature distribution" at the beginning whose temperature distribution is sought after a certain amount of time.)

A straightforward parallel algorithm for this problem:

We split the array into segments and use a processor for each such segment. Before a processor can start to compute all the mean values the first and the last value of the bar must be exchanged with those of the right and left neighbours in the following way:

i.e. the elements at the margins of contiguous segments must be stored twice.

(In the program below an auxiliary array h will be used in order to store the new array during each iteration. After execution of one iteration the content of h is stored into bar.)

The network structure:

A network of the following structure is set up in the L-machine:

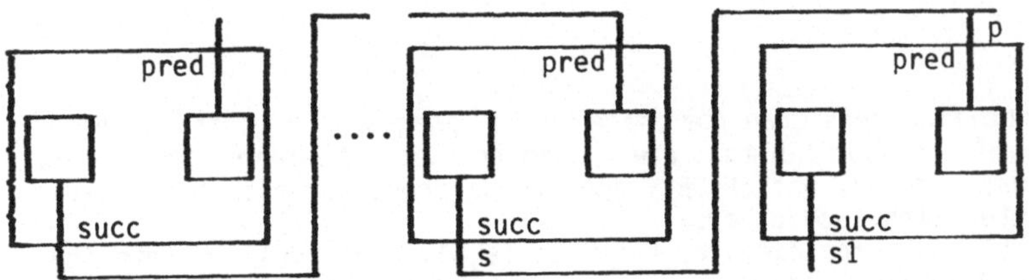

(The splitting of the array into segments, of course, could be done automatically in a preprocessor. For brevity, in the program below we do not show this preprocessing step and formulate the program for the case of a fixed number of 8 processors (segments)).

The L-program (description of the processes in the processors + description of the network structure):

```
PROGRAM Temperature:

SHARED VAR
  bar: ARRAY [0..100] OF INTEGER:

PROCESS PartOfBar(pred: MPATH: succ: PPATH: pos: INTEGER):
  (* pos specifies the number of a particular processor in the linear
  arrangement of processors.*)

VAR i, j: INTEGER:
  h: ARRAY[1..99] OF INTEGER:


BEGIN
  FOR j:=1 TO 100 DO  (* iterations *)
    IF pos>0 THEN SP a{pred}:=TRUE: WHILE SP a{pred} DO END END:
    IF pos < 7 THEN
      WHILE NOT SM a{succ} DO END:
      bar a{succ}[0] := bar a{MYSELF}[99];      (* exchange data *)
      bar a{MYSELF}[100] := bar a{succ}[1]:
      SM a{succ} := FALSE
    END:
    FOR i:= 1 TO 99 DO
      (* compute mean values *)
      h[i] := (bar a{MYSELF}[i-1] + bar a{MYSELF}[i+1]) DIV 2
    END:
    FOR i:=1 TO 99 DO bar a{MYSELF}[i] := h[i] END
  END
END:

NETWORK

VAR p: MPATH: s, s1: PPATH: i: INTEGER:

BEGIN
  (* create a linear arrangement of processors *)
  PartOfBar (p, s, 0):   (* create first processor *)
  FOR i := 1 TO 7 DO
    PartOfBar (p, s1, i):
    CONNECT s TO p:
    s := s1
```

```
        END
      END.
```

(Some language specifications can be made more precise in this example:
  + The names of sensor bits are handled as boolean variables.
  + Each L-module has a memory path MYSELF and also a processor path MYSELF that
    are interconnected with each other.
  + A subnet invocation as, for example, PartOfBar(s,n1,i) assigns concrete phy-
    sical paths to the path variables in the parameter list, for example to
    s,n1. Hence, PartOfBar(s,n1,i) overrides the assignment of s effected by
    PartOfBar(s,n,0) or the assignment of s effected by a previous
    PartOfBar(s,n1,i).)

Conclusions

The language implementation desribed in this paper is in progress. The first two phases (scanner and parser) of the compiler are completed, the code generation is near
to completion. The interpreter for the network invocations has been designed. The
implementation of the interpreter is in progress. The main purpose of having a
concrete realization of the L-language is to have a practical means for easy experimentation with various network topologies. The know-how obtained from these experiments will be crucial for the isolation of special classes of topologies that are
particularly suitable for certain classes of AI applications. The mathematical
design and analysis of parallel symbolic algorithms for L-networks and the com-
parative study of other parallel architectures is currently pursued in various ph. d.
and diploma theses in the frame of the L-project. References to the literature on
various other parallel architecture projects may be found in /Bi, Bu 84/.

Acknowledgement

This work was supported by SIEMENS AG.

References

As 85
Aspetsberger, K., 85: Towards Parallel Machines for Artificial Intelegence:
Realisation of the Alice Architecture by L-Components, this conference.

Bu 78
Buchberger, B., 78: Computer-Trees and Their Programming. Proc. 4th Coll. "Trees
in Algebra and Programming", Univ. Lille, Feb. 16-18, 1978, pp. 1-18.

Bu, Fe 78
Buchberger B., Fegerl J., 78: A Universal Module for the Hardware-Implementation
of Recursion. Univ. Linz, Inst. f. Mathematik, Report Nr. 106.

Bu 83
Buchberger, B., 83: Components for Restructurable Multi-Micro-Processor Systems
of Arbitrary Topology. Proc. of MIMI 83 (Lugano), Acta Press Anaheim, pp. 67-71.

Bu 84
Buchberger, B., 84: The Present State of the L-Networks Project.
Proc. of MIMI 84 (Bari), Acta Press Anaheim, pp. 178-181.

Bi, Bu 84
Bibel W., Buchberger B., 84: Towards a Connection Machine for Logical
Inference. (Invited talk, Int. Symp. on Fifth Generation and Super Computers,
Rotterdam, December 84)
To appear in: Future Generations Computer Systems, North Holland.

Wi, 82:
Wirth, N., 82: Programming in Modula-2. Springer-Verlag, Berlin Heidelberg New York.

NSC, 83:
National Semiconductor Corporation, 83: NS16000 Instruction Set Reference Manual.

VIE-KET : Frames + Prolog

Bernhard Pfahringer,
Christian Holzbaur

Austrian Research Institute
for Artificial Intelligence, Vienna.

1. Introduction

The Vienna Knowlegde Engineering Tool is a hybrid system exploiting
both the advantages of frame-based representation (inheritance!) and
rule-based systems. "Rules" means more than just pure "production
rules", in fact there is a full Prolog interpreter waiting backwards
for your commands.   It is completly up to the knowlegde engineer to
choose the right representation for his problem : either a pure frame
system or pure Prolog or any desired combination of those two is
possible within this tool. We currently implement this system in LISP
on a PC. Figure 1 depicts the overall architecture of VIE-KET.

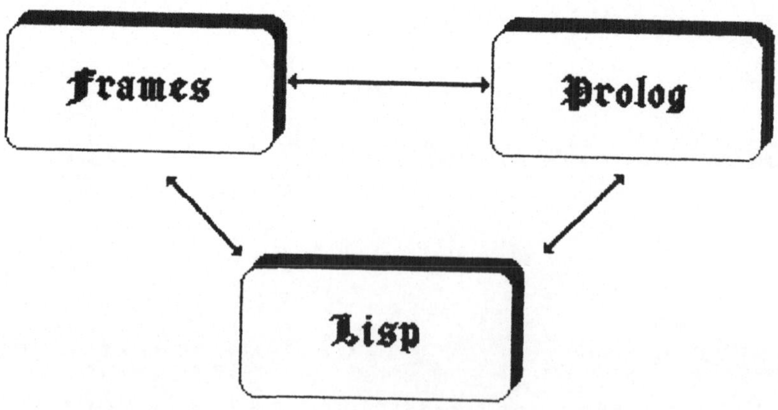

Figure 1 : System architecture

2. Frames

We started with a reimplementation of the good old FRL [7,8], but now
the language looks quite different. Every frame represents a concept,
that is described by slots. Every slot can have any of the following
facets :

<u>FACET</u>   <u>CONTENTS</u>

Value   : Here are the hard facts stored and also
                     indirection pointers and expressions to
                     be evaluated at access.

Require   : Conditions, that a value of this slot
                     should satisfy.

If-added   : A function triggering on putting a new
                     value into the Value facet of this slot.

If-removed   : A function triggering on removing a
                     value of the Value facet of this slot.

ForwardRules : Rules to be used for forward-chaining on
                     adding a new value.

HowToGet   : Defines the sequence of actions for
                     retrieving a value that's not actually
                     there; this could be inheritance, or a
                     default value,   a   method,   etc.
                     Notice: This facet enables you to
                     control access to a value locally in the
                     way, that fits this slot best.

Default   : Supplies a default value.

Askable   : A function to ask the user for the slot
                     value.

BackwardRules: Backward rules to determine the slot
                     value.

   Prolog   : General prolog procedures that could
              determine the value of this slot.

   Method   : Lisp functions that could determine the
              value of this slot.

The so-called FRED, a frame editor, is a fancy tool for creating, altering or just having a look at a frame base. Some graphics for inspecting the hierarchy of the frame base and for doing nice I/O is also provided.

3. Prolog

This Prolog in LISP is based on the PreFOOLOG interpreter from Uppsala [5], but has been tuned up quite a bit. The prolog database is organized as a hashtable with external collision chains, thus the database size is only limited by the host system and access performance depends on the mere size of the table.

Some of the primitives are : =, and, assert, call, consult, cut, fail, frameget, frameput, if_then_else, is, lisp, listing, not, novar, or, reconsult, repeat, retract, setof, true, var.

This part of the system is responsible for all the inferences. You can use Lisp in your Prolog clauses in two different ways, either by the predefined predicat LISP (e.g. (LISP (CDR '(PLAYER_A PLAYER_XY)) ?L)) or by simple s-expressions instead of Prolog forms. In the first case the first term will be evaluated and afterwards unified with the second one, whereas in the second case the result of evaluating the s-expression will be interpreted as follows : NIL means 'fail', nonNIL means 'success'.

Figure 2 gives an example for a Prolog procedure using both Lisp and Prolog. The procedure classifies a given player according to the company that produces this model. Here is a short description :

  (1) is the head of the procedure.

(2) binds the variable ?Possible-classes to a list of all the companies known to the frame base (= all INSTANCEs of the concept 'Companies'). Using (LISP (FGET 'Companies 'INSTANCE) ?Possible-classes) would yield the same result.

(3) binds ?Class to the first element of the list ?Possible-classes, then to the second and so on. One could call this a generator.

(4) is a Lisp function returning T if ?Player fulfils all the requirements of the class ?Class.

(5) Here we know, that ?Player is A Kind Of ?Class, so we put ?Class into the value facet of slot AKO of ?Player using the predefined predicat frameput (see next chapter).

(6) prevents further backtracking assuming that ?Player is produced by one and only one company.

```
((Classify ?Player)                                  (1)
   (IS ?Possible-classes (FGET 'Companies 'Instance)) (2)
   (MEMBER ?Class ?Possible-classes)                  (3)
   (Classifyable ?Player ?Class)                      (4)
   (FRAMEPUT ?Player AKO  ?Class)                     (5)
   (CUT))                                             (6)


classify( ?Player ) :-
    is( ?Possible-classes, (FGET 'Companies 'INSTANCE)),
    member( ?Class, ?Possible-classes),
    classifyable( ?Player, ?Class),
    frameput( ?Player, AKO, ?Class),
    cut.
```

Figure 2 : A Prolog procedure to classify a player
(first : Lisp notation, second : usual Prolog notation)

4. The interface : Frames -- Prolog

Prolog has access to the frame base via the predefined predicates 'frameget' and 'frameput'; for instance (frameget ?Frame ?Slot ?Value) will actually backtrack through all of your frame base retrieving any value stored there. As both predicates use the usual frame access functions (FPUT, FGET) all methods (If-added, If-removed, HowToGet, etc.) will be triggered. This way one can achieve a system behavior similar to forward and backward chaining.

Within a frame you can specify rules and Prolog procedures to be used via the facets Prolog, Backward and Forward (see chapter 2).

Figure 3 shows a simple example for combining frames and rules.

5. Message passing

A special slot 'Method' (not to be confused with the 'Method' facet) allows a frame to behave like a simple flavor [4,6,9,10] in some ways. Each method consists of an invocation pattern and an attached method. A pattern matcher invokes the right method providing bindings for parameters (See also figure 4).

6. Future Aspects

We think of developing a more generalized frame representation, eventually a self-contained one (as RLL [1,2,3] is, for instance); of introducing broadcasting and an ATN-grammar able to parse simple English forms to our message passing system thus providing a friendly user-interface (see figure 4):   an obvious and   straight-forward application would be decision support for the knowlegde engineer in choosing a good representational scheme. Nevertheless this ideas could prove to be too ambitious within the limits of today's PC's.

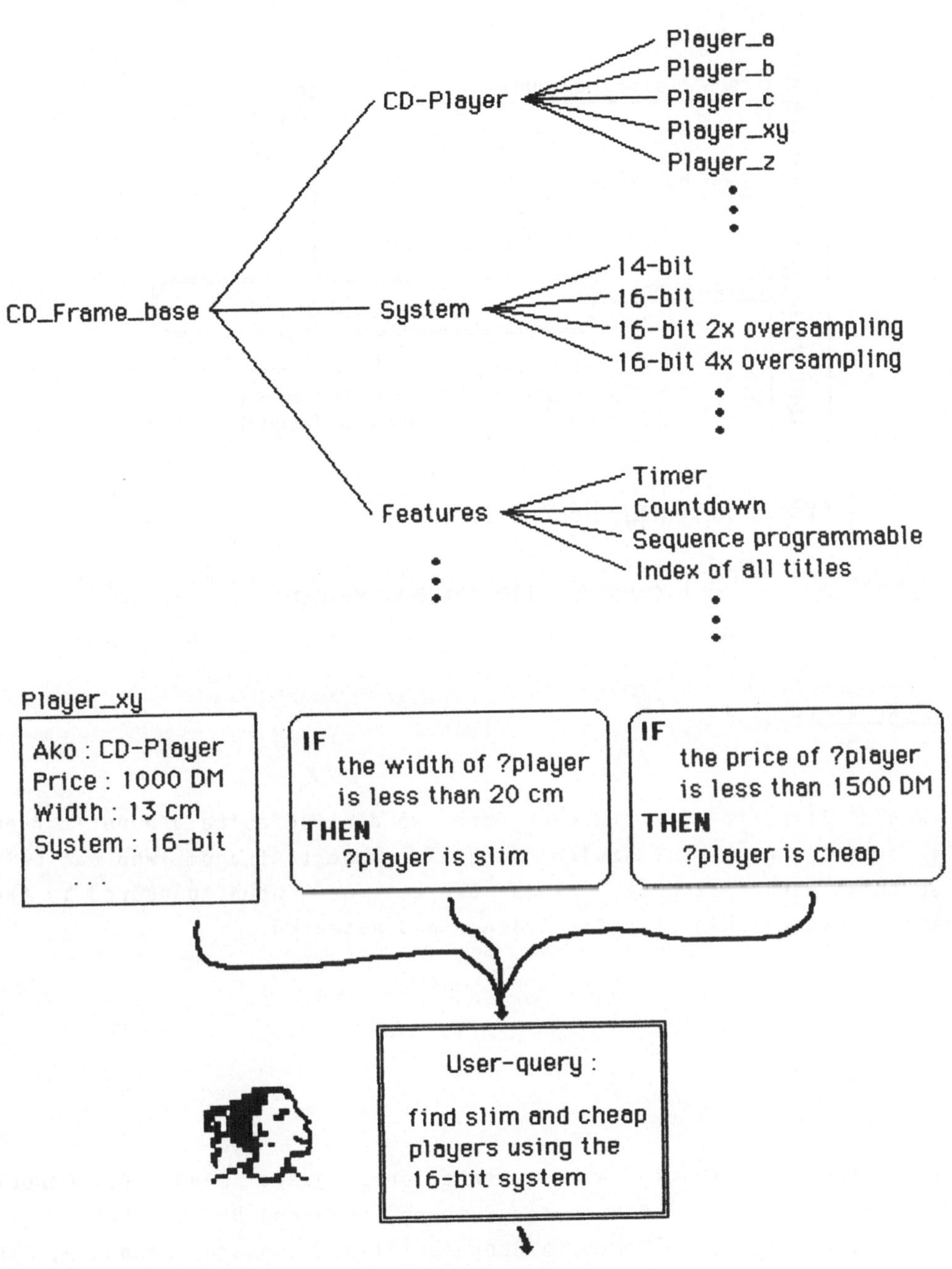

Figure 3 : a simple example for frames + rules
(from a consulting system for choosing an appropriate CD-Player)

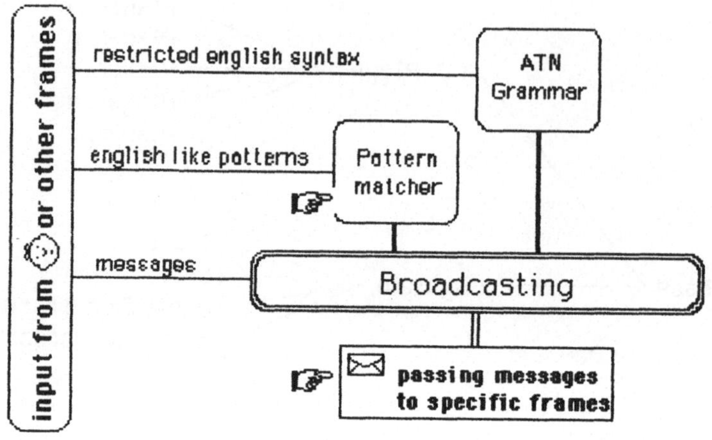

(☞ ... currently implemented)

Figure 4 : Message passing

7. Acknowlegdements

We would like to thank Werner Horn, we derived quite a benefit from his ideas and pieces of advice; and also Robert Trappl who at all made this work possible. This project has been sponsored by the Austrian Federal Ministry for Science and Research.

8. References

[1] Greiner R.: RLL-1: A Representation Language Language, Report HPP-80-9, Dept. of Computer Science, Stanford Univ., 1980.

[2] Greiner R., Lenat D.B.: A Representation Language Language, in Proceedings of the First Annual National Conference on Artificial Intelligence, AAAI, Stanford University, 1980.

[3] Greiner R., Lenat D.B.: RLL-1: A Representation Language Language, Supplement, Details of RLL-1, Report HPP-80-23, Dept.of

Computer Science, Stanford Univ., 1980.

[4] Laubsch J.:   OBJTALK - Eine   Lisp-Erweiterung   zum   Objekt-
    Orientierten Programmieren, Univ.Stuttgart, Inst.f.Informatik,
    Bericht IFI-15/82, 1982.

[5] Nilsson M.: FOOLOG - A Small and Effizient Prolog Interpreter,
    UPMAIL Techn.Report No.20, 1983.

[6] Rathke C.: OBJTALK - Primer, Univ.Stuttgart, Inst.f.Informatik,
    1982.

[7] Roberts R.B., Goldstein I.P.: The FRL Manual, AI Memo 409, MIT,
    Cambridge, Mass., 1977.

[8] Roberts R.B., Goldstein I.P.: The FRL Primer, AI Memo 408, MIT,
    Cambridge, Mass., 1977.

[9] Weinreb D., Moon D.:   Flavors: Message   Passing   in   the
    Lisp-Machine, MIT, 1980.

[10] Weinreb D., Moon D.: LISP Machine Manual, 4th Edition, Symbolics
    Inc., Cambridge, Mass., 1982.

REMEMBER - A CAPABILITY OF INTELLIGENT SOFTWARE TOOLS

Pfleger S.
University of
Newcastle upon Tyne
United Kingdom

Abstract

The remember capability of a software tool is investigated here as an "intelligence" attribute which permits an efficient man-computer communication, an automatic execution control and a substantial decrease in execution costs and time by supporting a re-use of results obtained in other executions.

The software tool STAR (Structure Analyzer), developed and in use [PFL 82] as a CAM (Computer Aided Manufacturing) tool for analyizing complex software systems, contains facilities for memorizing execution information/ results in relationship to state information and for remembering:
- already performed execution steps in relationship to state information and what is the last consistent state of a incomplete execution (short time remember capability),
- the steps to be executed in order to complete an execution which was earlier started but only partialy performed and
- results of of other executions that can be re-used in new executions (long time remember capability).

This remember capability permits an efficient user-computer interaction by supporting:
- automatic self-control during the execution,
- automatic restart of interrupted executions from the last consistent state of execution,
- automatic recognition of execution steps that do not need to be re-executed if results of an earlier execution are available,
- automatic decisions about the new work to be performed and
- automatic supervision of the execution progress.

The "short and long-time remember" capability permits a substantial reduction of execution time and costs with a visible improvement in the quality of the man-machine communication .

Keywords: artificial intelligence, man-machine communication, remember capability, automatic self-control, intelligent software tools.

1. INTRODUCTION

The capability of a program to control itself during execution is used
in several application areas (e.g. robotics, flight control, nuclear plant
control) under different names (self-control, automatic control, execution
supervisor, execution manager, etc).
The self-control capability of a program implies the existence of:
- centralized or distributed instances in the system which provide the
  execution control (e.g. local and global control manager),
- redundant state information as supplementary information about execution
  steps co-related with the obtained results,
- control information that is needed to recognise the successfully executed
  steps and to permit an automated decision about the next steps to follow
  during execution,
- restart information that is needed to continue a interrupted execution from
  the last consistent state of execution,
- decision information in order to commit an execution step, to start the
  execution of the following steps, to restart the execution after an interruption or to terminate a faulty execution.

The self-control capability is orthogonal to several other capabilities:
- memorizing capability (or logging: each undoable action must not only do the
             action, but must also leave behind enough information in a string
             /undo record which allows the operation to be undone [GRAY 81] ,
             and to re-use the intermediate results later on [PFL 84],
- remember capability (remember performed steps/jobs, recognise the re-useble
             results, remember the last consistent state in order to continue
             or restart an execution),
- fault tolerance capability (the capability to continue the execution even
             with a specified number of faulty components or in a faulty exe-
             cution environment),
- reorganisation capabilty (reorganisation by reconfiguration, by load re-
             distribution, reorganisation of temporary files, etc),
- decision capability (using pattern recognition, decision tables, etc).

The remember capability of a software tool is investigated here from the
viewpoint of the user involved in a dialogue or batch execution (the execution
may be in a normal or abnormal operational state), as a general attribute of
"intelligence" in the man- computer interaction and as a crucial factor in the
decrease of execution time and costs.

2. REMEMBER CAPABILITY

The "remember capability" of the human brain is based on complex cognitive
processes of iterative store-search-associate steps. Several brain models are
suggested in the literature, specially from the brain physiology viewpoint.
Some assumptions and hypotheses about data processing and representation are
available in the psychology area but these have a speculative touch rather
than a scientific character, specially:
- processing models, mental models [NOR 82], [PFL 85],
- mental load, activity coordination problems [BAN 83],
- nature of the human intelligence,
- selection strategies by memorizing/ remembering data,
- search criteria and
- association methods in the memorizing/remembering process.
The term "short time remember" is used in this paper to define the capability
of a software tool to remember during execution time:

- the order of execution steps for performing a specified function,
- successfully completed execution steps and the next steps to follow,
- intermediate results during an execution step and
- results of executed steps related to state information.

This capability provides the information needed by a self-control instance for performing an automatic continuation of execution in normal and abnormal operational states.

The term **"long time remember"** is used to define the capability of a tool to remember, even after interrupted or successfully completed executions:
- the state of the last performed job (interrupted, incomplete, complete),
- jobs succesfuly performed and the obtained results,

in order to provide enough information for an automatic restart of the interrupted or incomplete executions and an automatic re-use of the results of earlier executions even long time after an execution was started/accomplished. The remember capability of a program is based on its memorizing capability, since only already memorized and classified (e.g as temporary or permanent) events can be later on recalled and associated with new events.

The activation of a remember process implies the existence of a centralised or distributed "archive manager" instance which searches and associates the memorized informations about the past events in order to decide if the required information is available.

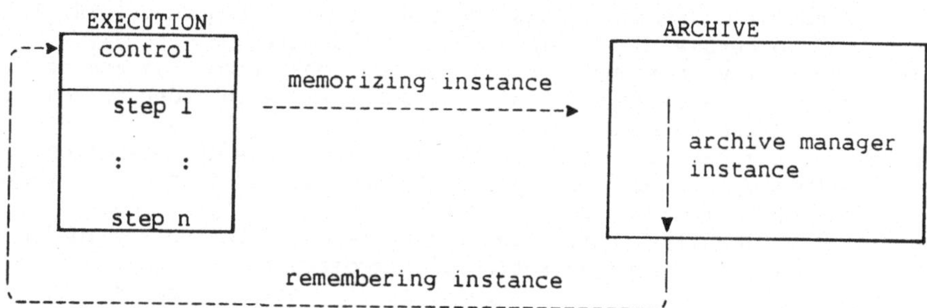

Fig.1 Remembering instance

The **memorizing** capability implies the existence of:
- selected information about the execution,
- a "memorizing" instance which activates a memorizing process and
- a Data Archive (centralised or distributed) where the selected information
  is stored by using a Data File System (data files or libraries) or a Data
  Base System.

The selection of the execution information that needs to be memorized is a difficult task since there is a trade-off betweeen the execution's performance and the overhead of the stored information.

The memorizing instance stores the selected execution information in the Data Archive using a specified up-date mechanism. The Data Archive organisation is dependent on the application for which it is used and on expected access time to retrieve the stored information. The long-term information which is stored in the "long time archive" needs to be reorganized in order to reduce the search-time and the size of the archive.

The memorizing concept presented here is very simple since the level of abstraction used is very high. A refinement of this concept shows the compexity of the memorizing task and its interference with other functional capabilities (e.g interference with fault tolerance capability [PFL 84]).

3. TOOL IMPLEMENTATION

Highly evolved software systems which contain hunderds of thousends of LOCs
(lines of code)imply the existence of CAM (Computer Aided Manufacturing) support for obtaining and updatating the informations about the system changes
related to the released version.
The efficiency of a software tool used in the man-machine communication and
its capability to re-use results performed in other executions plays an important role in the decrease of the execution time and costs.

The software tool STAR (Structure Analyzer) was developed in order to automate the process of structure analysis by using a stepwise and sequential
search for structure information in the source code statements.
The tool STAR has the cabability to remember:
- the requested services, even after execution interruption,
- the completed execution steps and the intermediate results,
- the last consistent state in an incomplete or interrupted execution,
- the results obtained in other executions and
- the problems occured during each execution.
It also contains facilities for providing an automatic self-control during
execution, an automatic restart of a interrupted execution, and an automatic
proof of execution completeness.

Constructive aspects

STAR contains several subsystems:
- a centralized controller which decides if an execution can be started
  (dependent on the STAR-Archive and other STAR internal data being consistent, the existence of correct user input), performs a automated control
  during execution, restarts an interrupted execution, decides what execution
  steps have to be performed or repeated in order to complete a faulty run,
  and recognises results of other executions that can be re-used,
- a user-interface subsystem, which checks the user's commands and consistency
  consistency of the input (e.g. it checks whether the source code is written
  in one of the languages known to STAR, and the programming standards),
- a syntax analyzer, which performs the search for structure information in
  each input statement,
- a merge subsystem which constructs a structure tree and stores the structure
  information in the archive.
- an archive subsystem which contains a "short time" and a "long time" archive
  storing the information about the actual execution (execution steps, state
  information and intermediate results) and about already completed executions
  (performed work and results). A centralized archive manager supports the
  access (read, write) to the archive and the re-organisation of the archive,
- a print module which prepares the listing format (for data to be printed),
- a graphics system which prepares the graphics (flow charts, diagramms, etc.)
  as an alternative layout to the listings,
- an output module for the printing the listings or graphics and
- diagnosis modules which register the problems that occur in the execution.
The controller, the archive and archive manager are involved in the memorizing
and remembering process.

Memorizing
The controller register the start of each execution in the "actual run file"
(e.g. START execution 1 in Fig.2). As soon as the first execution step is
started, a next registration is made (e.g. START step 1) followed by the registration of its successful execution (e.g. END step 1), etc.
The intermediate results are stored in the "short time archive".
After each successful execution the results are stored in the "long time" ar-

chive and an overview of the performed works is stored in the "permanent run
file" (the performed works are identified by name and version number).
The library system FMS (File Management System) is used by the "Archive Manager" in order to compress and organise the results in the archive. Several
other facilities are available to the archive manager in order to investigate
the execution results. These includes statistical programs (e.g. for counting
the lines of code analysed), execution cost/time evaluation programs and proof
programs for the declared interfaces between subsystems (e.g. proofs of the
interface standards)

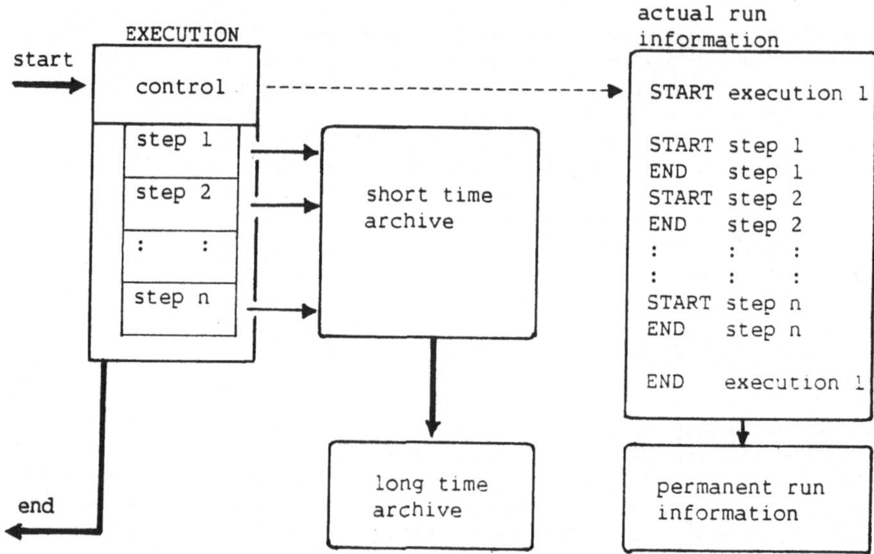

Fig. 2 Memorizing process

Short term remember

The logging of the execution steps during execution and the storage of the
intermediate results in connection with state information permits the controller to remember the last consistent state of an interrupted execution.

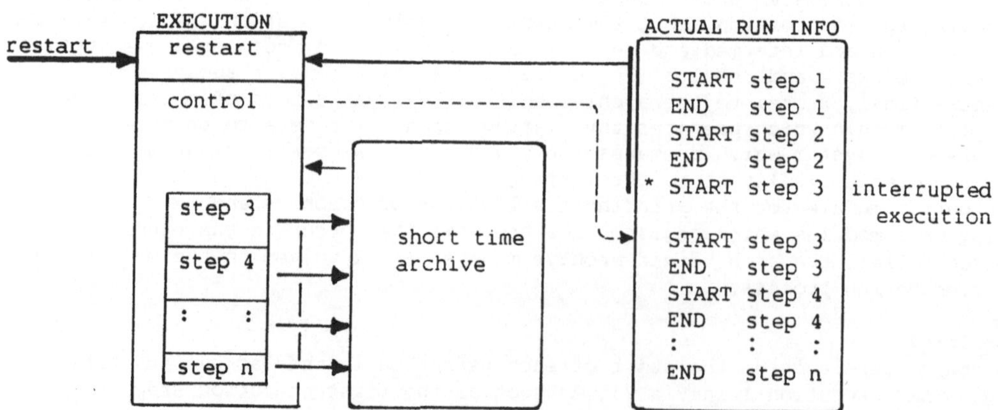

Fig. 3 Restart of a interrupted execution

<u>Long time remember</u>

The logging of the performed executions in the "permanent run file" permits
the controller to recognise work already performed and permits the re-use of
results obtained in other executions. The controller starts each execution
with a search process in order to recognise already known input, and to re-use
the existing results.

4. CONCLUSIONS

We investigated here, as an "intelligence" attribute of a software tool, its
short and long term capability to remember already performed execution steps
in relationship to state information and the performed results. Such a capability permits an efficient man-machine communication, an automatic control of
execution and a substantial decrease of the execution costs and time by supporting a re-use of results obtained during other executions.
The software tool STAR, developed and in use by Siemens provides a short/long
term remember capability which permits an intelligent communication between
software-developer and computer with a visible reduction of execution time and
cost in the software development environment.

REFERENCES

[BAN 83] Bannon L. et all, "Evaluation and analysis of user's activity
         organisation", Proc. of CHI 1983 Conference on Human Factors in
         Computer Systems, Buston, Dec. 1983.
[NOR 82] Norman D.A. "Five papers on Human-Machine Interaction", Tech. Rep.
         ONR-8205, University of California, San Diego, May 1982.
[PFL 82] Pfleger S. "STAR User Manual", U91004JZ191, Siemens AG, 1982.
[PFL 84] Pfleger S. "Mental model support by computer", Proc. of Cognitive
         Aspects in the Communication with Computer", University of Munich,
         13.-14. April 1984.
[PFL 85] Pfleger S. "Visualisation - an approach for supporting requirements
         validation", SRM/379, University of Newcastle upon Tyne, Feb. 1985.

Artificial Intelligence
Entwicklungsumgebungen

Johannes Retti
Siemens AG Österreich
A - 1030 Wien

Kurzfassung

Die Softwareentwicklung gewinnt neben der theoretischen Forschung in der Artificial Intelligence immer mehr Bedeutung. Ausgehend von Personal Computern, traditionellen Mehrbenutzersystemen, Workstations und AI-Maschinen, werden deren spezifische Kennzeichen erläutert, wobei die Zunahme der Leistungsfähigkeit die Richtung bestimmt. Den Abschluß bildet ein Ausblick auf neue Techologien.

1. Einleitung

Einen Überblick über AI Tools gibt A.Bundy in /1/. Im folgenden liegt der Schwerpunkt auf den Entwicklungsumgebungen, die für die Softwareerstellung von AI-Programmen zur Verfügung stehen. Der Zusammenhang zwischen AI und Software zeigte sich deutlich in der Zielsetzung der ersten LISP-Maschine als "Personal Computer", der die Entwicklung großer und komplexer Programme unterstützt, am MIT 1974 deutlich /2/.

Die anschließend dargestellte Hardware ist nach Leistungsbereichen gegliedert, die auch in den Kosten ihren Niederschlag finden. Während ein Personal Computer etwa um .15 MS (Megaschilling) inclusive Software zur Verfügung steht, kann ein AI-System im obersten Leistungsbereich zu etwa 2 MS um 1.5 MS Software ausgerüstet werden. Im mittleren Leistungsbereich stehen traditionellen Mehrbenutzersystemen mit den Workstations vernetzte "Personal Computer" gegenüber.

Der klassische Software-Lebenszyklus (klare Abfolge von Festlegung der Anforderungen, Systemdesign, Codierung, Integration, Test, Installation, Wartung) kann auf AI-Systeme nicht angewandt werden /3/. Vielmehr findet eine methodische Bereicherung der Softwareentwicklung durch die AI statt, siehe auch /4,5/. K.A.Frenkel bietet eine aktuelle Zusammenstellung von Software Tools /5/. Im folgenden werden jeweils Beispiele für verfügbare Tools angegeben.

2. Personal Computer (PC)

Eine typische PC-Konfiguration besteht aus
- o 16-Bit Mikroprozessor
  (Der Codekern einer Implementierung einer Untermenge von Common-Lisp benötigt bereits mehr als von einem 8-bit Prozessor üblicher-weise adressierbare 64KByte)
- o minimal 256 KByte, besser mehr als 512 KByte Arbeitsspeicher
- o 10-15 MByte Festplatte, Diskette als externer Datenträger
- o Schirm mit meist geringauflösender Grafik (640x350 Punkte), eventuell Maus zur Eingabeunterstützung
- o single-user single-tasking Betriebssystem

Seine Anwendung findet der PC bei
- Ausbildung, Kennenlernen von AI-Methoden
- Demonstration kleiner AI-Systeme
- Trägersystem von auf anderen Rechnern entwickelter AI-Software ("Delivery Vehicle")

Der PC bietet einen preisgünstigen Einstieg zum Kennenlernen von AI-Methoden. Ein sich aus der breiten installierten Basis ca. 700000 IBM-PCs) ergebender Vorteil liegt im zunehmenden Softwareangebot für AI-Einsteiger, das Lisp-Varianten, einige Prologs sowie Expertensystemshells umfaßt. GCLISP - eine Commonlisp-Untermenge, eigener Editor, online Help, Tutorial, 400 Primitive - wrde nach Firmenangaben bereits 3000fach installiert. IQLISP - 208 Primitive, kompakter und daher mehr Benutzerspeicher, kein Standard - verfügt über 2500 Installationen. An Expertensystemshells wären M1, OPS5+, ViePCX, Exsys, Expert-Ease zu nennen, wobei beachtet werden muß, daß einige der Produkte nicht auf einer AI-Sprache aufbauten, sondern in C codiert sind und damit nicht im AI-Sinne methodisch erweitert werden können.

Bei beinahe allen LISP-Anbietern für PCs ist kein Compiler enthalten - oft angekündigt - und damit ist die Leistungsfähigkeit eingescänkt. Die Compilierung komprimiert den Codebedarf eines Programmes um den Faktor 4 und beschleunigt den Programmablauf etwa um das 10-fache /6/.

Mit der Verfügbarkeit gleichmächtiger Sprachen mit jeweils effizienten Compilern - siehe Bild 1 - wird die Verwendung des PC als AI-Softwareträger und damit ein breiter Einsatz von AI-Methodik (z.B. medizinische Diagnoseunterstützung) möglich. Als weitere Einsatzbereiche gilt Consulting, Büroautomation und die Steuerung von Produktionsanlagen mit Hilfe von Expertensystemen /7/.

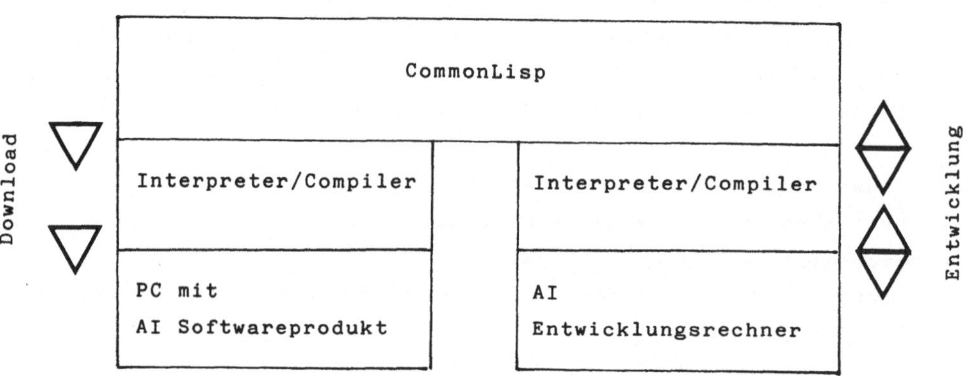

Bild 1: Entwicklung für einen PC als AI-Softwareträger

3. Traditionelle Mehrbenutzersysteme

Mehrbenutzersysteme sind von ihrem Konzept her für die Entwicklung rechenintensiver und speicheraufwendiger Programme nur bedingt geeignet. So verliert man beispielsweise bei Suchprozessen in großen Datenbereichen die Wirksamkeit der Speicherhierarchie Cache → Arbeitsspeicher → Plattenspeicher.

Aufgrund der allgemeinen Verfügbarkeit dieser Rechner finden sich vielfältige AI→Entwicklungen und Anwendungen. In Zukunft dürfte mit der Verbreitung AI spezifischer Rechner der Bereich dieser Gruppe auf überschneidende Anwendungen zurückgehen. Ein Beispiel wäre das ACE→ System. Hier sammelt der Rechner tagsüber Zustandsinformationen um anschließend → jetzt nicht mehr als Mehrplatzsystem ausgenutzt → die Auswertung der Wartungsdaten durchzuführen /8/.

Lisp sowie Prolog stehen, um nur einige zu nennen, für IBM/370, Siemens7000, Nixdorf sowie Digital Equipment zur Verfügung. Letztgenannte Firma setzt selbst AI→Produkte zur Rechnerkonfiguration (XCON) und Verkaufsunterstützung (XSEL) ein und war neben Bell, Xerox, HP, Stanford, Symbolics, LMI, sowie MIT, Stanford, Yale, Berkley und CMU an der Standardisierung von CommonLisp beteiligt.

4. Workstations

Workstations unterscheiden sich von Personal Computern durch
- o 32 bit→Prozessor (z.B. Motorola 68010 und 68020)
- o 2→4 MByte Arbeitsspeicher, ab 70 MByte Festplatte
- o großflächiges bit→mapped Display mit Fenstertechnik
- o neben der Tastatur weitere Kommunikationsmöglichkeiten
     (z.B. Maus)
- o multi→user multi→tasking Betriebssystem (UNIX 4.2, System 5)
- o vernetzte Architektur (via Token Ring, Ethernet) mit
     Fileserver und der Anschlußmöglichkeit massenspeicherloser
     Arbeitsstationen.

80% des Weltmarktes dominieren zwei Hersteller, Apollo Computer Inc. und Sun Microsystems Inc.. Der Anwendungsbereich der Rechner von Apollo liegt bei CAD, während Sun eher bei Softwareentwicklung und Grafik eingesetzt wird. Apollo bietet Portable Standard Lisp, Sun wird Portable Common Lisp anbieten. Weitere auf diesen oder C basierende AI-Produkte sind verfügbar.

Der Vorteil liegt vor allem in der Benutzeroberfläche, der höheren Leistungsfähigkeit und der schnellen Verbindung der Systeme untereinander. Die Fenstertechnik erlabt durch das multi-tasking die gleichzeitige Durchführung und Darstellung verschiedener Aufgaben und schafft damit eine Voraussetzung für die Anwendung des Rapid Prototyping.

Apollo hat ca. 8000, Sun 5000 Workstations ausgeliefert /9/. Der AI-Anteil konnte von den Firmen nicht bestimmt werden. In diesem Zusammenhang ist interessant, daß im Alvey Projekt (Großbritannien) aus Kostengründen ein Entscheidung zugunsten Workstations gegen "echte" AI-Maschinen fiel /10/. Typische Kosten einer Workstation liegen zwischen .5 MS und 1.5 MS.

Auf dem Workstation-Markt wird sich durch neue "alte" Anbieter das Preis/Leistungsverhältnis verbessern. IBM, DEC (Vaxstation), HP (Bobcat), um nur einige zu nennen, drängen in diesen Bereich.

Eine Zwischenstellung zwischen Workstations und AI-Maschinen nimmt das auf gängiger Technologie aufbauende System 4404 von Tektronix ein. Es implementiert die objektorientierte Sprache Smalltalk-80; als sehr gute Einführung in die Problematik der Realisierung empfiehlt sich /11/. Zusätzlich wird Franzlisp, Prolog und als Editor Emacs angeboten. Alle Systeme setzen auf einem UNIX-ähnlichen Betriebssystem auf.

5. Artificial Intelligence Maschinen

AI-Maschinen stellen die leistungsfähigsten gegenwärtigen Software-
entwicklungswerkzeuge dar. Das wird auch durch einen Benchmark
zwischen VAX, Apollo, Xerox und Symbolics deutlich, der Symbolics das
beste Preis/Leistungsverhältnis bescheinigt /12/. Neben Xerox und
Symbolics bieten LISP Machine Inc. und Texas Instruments AI-Maschinen
an. Der grundlegende Unterschied zu Workstations liegt in der
Dediziertheit für AI-Anwendungen und Architekturbesonderheiten:

o dedicated mikroprogrammierter Prozessor

o Tagged Architektur, die eine Verwendung generischer Operatoren
  erlaubt und eine Überprüfung der Typverträglichkeit zur Laufzeit eines Programms unterstützt;

o Front-end Prozessoren für I/O, UNIX

o Massenspeicher über 150 MByte

o Ethernet Schnittstelle

o Speicheroptimierende LISP-Datenverwaltung (CDR-Coding);

o Spezielle Verfahren zur Minimierung und Optimierung der
  Garbage Collection (z.B. Ephemeral-Object Garbage Collection);

o die Lispebene stellt auch das Betriebssystem dar, alle Programme
  sind daher in einer einheitlichen Sprache;

Die Entwicklungsumgebung bietet kontextsensitive Editoren, Tools für
die Manipulation von Datenstrukturen, inkrementelle Entwicklung von
Programmen und vor allem integriertes interaktives Debugging und
ermöglicht damit den für Rapid Prototyping notwendigen schnellen
Entwicklungszyklus. CommonLisp und Prolog stellen neben einer Vielzahl
von Expertensystemshells (z.B. KEE, OPS5, DUCK, MRS, ART) die Basis
für vielfältige Anwendungen nicht nur im AI-, sondern auch im
Softwareentwicklungsbereich.

Angaben über die installierte Basis konnten von den einzelnen
Anbietern außer Symbolics (ca. 1000 Installationen) nicht erhoben
werden. In Österreich sind zum Zeitpunkt dieses Artikels Xerox 1108
und Symbolics eingesetzt.

6. Ausblick

Für den PC wird das AI-Softwareangebot sprunghaft ansteigen und mit der Verfügbarkeit von LISP-Compilern werden Anwendungen, die bisher an höhere Rechnerleistung gebunden waren, auf PC's angeboten werden. Die AI-Anwendungen traditioneller Computer werden auf deren Bereiche zurückgehen. Auch die Anwendung der Workstations hängt wie jene der Personal Computer primär von der verfügbaren Software ab. Werden allerdings AI-Maschinen im Preisbereich der Workstations angeboten, so stellt sich für die Workstationhersteller die Frage, wieweit preiswerte AI-Maschinen Workstation Anwendungen (CAD, CAM, CIM, Electronic Publishing) übernehmen. Die Positione der AI-Maschinen ist ungefährdet.

ALLE Produkte sind aus den USA und AI-Mschinen basieren generell auf Lisp. Eine fortgeschrittene AI-Maschine wird im MAIA-Projekt bei GCE in Frankreich entwickelt /13/. Prolog-Maschinen sind im Rahmen des 5.Generationenprojektes und in Belgien in Entwicklung. Weitere Innovationen sind aus Richtung fehlertoleranter Multiprozessorsysteme zu erwarten. Allerdings sind weder Lisp noch Prolog ohne Erweiterungen für Parallelverarbeitung geeignet.

Der Einsatz üblicher Mikroprozessoren könnte durch einen speziellen Lisp-Chip abgelöst werden. Texas Instruments schloß mit dem DOD im Oktober 1984 einen 27-Monate Vertrag zur Entwicklung eines NuBus basierten und damit zur AI-Maschine von Texas Instruments kompatiblen Lisp-Chips ab.

Eine andere Entwicklungsrichtung zielt darauf ab, getestete Programm-module nicht nur zu compilieren, sondern in der Hardware als Chip zu realisieren. Zu den Funktionen interpretieren und compilieren kommt realisiere-als-Chip hinzu.

Literatur

/1/ A.Bur.dy(ed.): Catalogue of Artificial Intelligence Tools,
    Springer, New York, 1985.
/2/ Symbolics Inc.: Symbolics 3600 Technical Summary, Seite 4, 1983.
/3/ J.Morris: Software Engineering and AI, SIGART, No. 92,
    Seite 2, April 1985.
/4/ K.A.Frenkel: Toward Automating the Software Development Cycle,
    CACM, Vol. 28, No. 6, Seite 578 - 589, 1985.
/5/ R.Budde, K.Kuhlenkamp, L.Mathiassen, H.Züllighoven (eds.):
    Approaches to Prototyping, Springer, Berlin, 1984.
/6/ S.Curtis: Personal Computers as LISP Development Systems,
    The AI Report, Vol. 1, No. 3, Seite 7-9, 1984.
/7/ G.Barber: The PC as Delivery Vehicle, Tagung "Expertensysteme
    und Knowledge Engineering", Duttweiler Institute, April 1985.
    Proceedings will be published by North-Holland.
/8/ Vesoder G.T., Stolfo S.J., Zielinski J.E., Miller F.D.,
    Copp D.H.: ACE: An Expert System for Telephone Cable Maintenance,
    Proceedings of the 8th International Joint Conference on AI,
    Karlsruhe, 1983.
/9/ P.Nulty: Computerdom's Heavenly Brawl, Fortun, Seite 93-99,
    Februar 1985.
/10/ A.G.Brooking: AI in Europe, Tagung "Expertensysteme
    und Knowledge Engineering", Duttweiler Institute, April 1985.
    Proceedings will be published by North-Holland.
/11/ G.Krasner (ed): Smalltalk-80, Bits of History, Words of Advice,
    Addison-Wesley Publishing, Reading, MA,1983.
/12/ S.Garren: Stanford University Benchmark Results, personal
    communication, 1985.
/13/ J.-P.Laurent: AI Research in France, AI-Magazine, Vol. 6, No. 1,
    Seite 22 - 30, 1985.

EINE METHODE ZUR AUTOMATISCHEN PROBLEMREDUKTION

M.Baaz

A.Leitsch

Institut für Algebra und
Diskrete Mathematik
Technische Universität Wien

Institut für Statistik
Wirtschaftsuniversität Wien

1.EINLEITUNG

Bereits in frühen Beiträgen zum Automatischen Beweisen (ATP) wurde
die Bedeutung der Problemreduktion erkannt; so spielt diese z.B. im
Geometrieprogramm von Gelernter [Gel 59] eine wichtige Rolle.
Während das vorher genannte Programm ein spezieller Beweiser ist,
gibt es auch entsprechende Beiträge zur Problemreduktion für
ATP-Programme, die auf der Prädikatenlogik 1.Stufe basieren. In
einer Arbeit von Bledsoe [Bl 71] sind einige wichtige
Reduktionsmethoden für das ATP aufgelistet, in [Bl,Br 74] wird auf
die Bedeutung der Problemreduktion im interaktiven Beweisen
hingewiesen, G.W.Ernst [E 76] befaßte sich mit Problemreduktion im
Fall von Systemen mit zahlreichen Axiomen. In allen genannten
Arbeiten spielt die Reduktion eine Rolle des Preprocessing; ist
dieses durchgeführt, können die üblichen Deduktionsmethoden (z.B.
Resolution über Clausenmengen) angewandt werden. Indessen ist die
Reduktion auf Unterprobleme nicht nur für das ATP, sondern auch für
die Automatische Programmsynthese von Bedeutung (Procedure DEPEND in
Bibel [Bi 78]).

Die in [Bl 71] angegebenen Regeln sind alle äquivalenzerhaltend und
korrekt, erweisen sich aber häufig als zu schwach. In der
vorliegenden Arbeit werden Beispiele diskutiert, die einen komplexen
Formelaufbau aufweisen und mit äquivalenzerhaltenden Regeln nicht
geeignet reduziert werden können. Es geht deswegen hier darum, das
Problem $\vdash B$ auf $\vdash B_1$ und $\vdash B_2$ zu reduzieren, wobei zwar
$B_1\,B_2 \vdash B$ nicht aber $B \vdash B_1\,B_2$ gefordert wird. (Die B_i werden i.A.
auch nicht Teilformeln von B sein.) Das hierbei auftretende Problem

ist allerdings, daß die Spaltung in B_1, B_2 zur Folge haben kann, daß $\nvdash B_1$ bzw. $\nvdash B_2$ gilt. Trotzdem kann sich eine Spaltung als notwendig erweisen, wenn das ursprüngliche Problem auf Grund zu großen Zeitaufwandes praktisch unlösbar ist. Nach einer Fallstudie, die die Notwendigkeit einer starken Spaltungsmethode demonstriert, werden die Regeln allgemein formuliert und eine Präferenzstrategie für diese angegeben.

2. EINE FALLSTUDIE

Wir gehen vom Satz "Es gibt unendlich viele Primzahlen" aus, wobei wir eine Konstruktion untersuchen, die auf den Euklidischen Beweis führt. D.h. definiert man $x_0 = 2$, $x_1 = 3$ und $x_{n+1} = x_1 \ldots x_n + 1$, so besitzt jedes $x_n (n \geq 1)$ einen Primteiler, der die x_i mit $i < n$ nicht teilt. Hat man die zuletzt genannte Eigenschaft bewiesen, so ist es leicht zu zeigen, daß $(\forall m)(\exists p)(\mathrm{Prim}(p) \wedge p > m)$ gilt. Der Hauptteil des Beweises liegt demgemäß im Nachweis von
$F \equiv (\forall n)(\exists p)(T(p, x_n) \wedge \mathrm{Prim}(p) \wedge (\forall k < n) \neg T(p, x_k))$. Hierbei bedeutet $T(n,m)$: n teilt m. Dieser Nachweis stützt sich natürlich auf eine Axiomenmenge die u.a. Definitionen von $\mathrm{Prim}, T, +, \cdot$ sowie der x_i enthalten muß. Sind also $Ax_1, \ldots, Ax_n$ die verwendeten Axiome, so ist der eigentlich zu zeigende Satz $Ax_1 \wedge \ldots \wedge Ax_n \rightarrow F$. Im folgenden befassen wir uns ausschließlich mit der Strukturanalyse der Succedensformel F. Mit $A = Ax_1 \wedge \ldots \wedge Ax_n$ setzen wir statt $Ax_1 \wedge \ldots \wedge Ax_n \rightarrow F$, $\vdash_A F$.
Wir schreiten erst zu einer sprachlichen Normierung von F und konstruieren dann F_1, F_2 mit $\vdash_A F_1$, $\vdash_A F_2$ und $F_1, F_2 \vdash_A F$. Wir wählen hierbei eine funktionssymbolfreie Repräsentation und definieren die Folge x_n über das Prädikat P:

$$P(0,2) \wedge P(1,3) \wedge (\forall n)[n > 2 \rightarrow (\forall w)(P(n,w) \longleftrightarrow (\exists x)(P(n-1,x) \wedge w = x \cdot (x-1) + 1))].$$

Es ist leicht zu realisieren, daß $x_n = w \longleftrightarrow P(n,w)$ gilt. Die Definitionsformel für P soll natürlich eines der Axiome von A sein. Die neue Darstellung von F ist somit
$$F \equiv (\forall n)(\exists p)(\exists w)(\underbrace{P(n,w)} \wedge \underbrace{T(p,w)} \wedge \underbrace{\mathrm{Prim}(p)} \wedge \underbrace{(\forall k,x)(k < n \wedge P(k,x) \rightarrow \neg T(p,x))})$$

$$\qquad F_1 \qquad F_2 \qquad F_3 \qquad\qquad F_4$$

Die einzig möglichen Äquivalenzumformungen sind Kommutierung der $\wedge$, der nebeneinander stehenden Quantoren gleichen Typs, sowie die Anwendung von Verschiebungsregeln für Quantoren.

Keine dieser Regeln führt jedoch zu einer Sprengung der Formel F.
Man beachte hier aber, daß F_4 logische Konsequenz von F_1,F_2,F_3 ist,
d.h. es gilt $\vdash_A F_1{\wedge}F_2{\wedge}F_3{\rightarrow}F_4$ (wenn A "reich" genug ist) ja sogar
$\vdash_A F_1{\wedge}F_2{\rightarrow}F_4$. Es ist in diesem Zusammenhang nicht wichtig, ob man
$F_1{\wedge}F_2{\wedge}F_3{\rightarrow}F_4$ nur vermutet oder sicher weiß, daß es gilt.

Wir spalten nun F in:
$G \equiv (\forall n)(\exists p)(\exists w)(P(n,w){\wedge}T(p,w){\wedge}Prim(p))$ und
$H \equiv P(n,w){\wedge}T(p,w){\wedge}Prim(p){\rightarrow}(\forall k,x)(k{<}n{\wedge}P(k,x){\rightarrow}\neg T(p,x))$.

H ist eine reine $\forall$-Form (die Quantoren $(\forall k),(\forall x)$ können nach vorne
geschoben werden und sind dann redundant).
Der Versuch anderer Spaltungen mit $\rightarrow$ führt zu leicht falsifizier-
baren Formeln wie z.B. $F_1{\wedge}F_4{\rightarrow}F_2{\wedge}F_3$ oder $F_1{\wedge}F_2{\rightarrow}F_3{\wedge}F_4$. (Man beachte,
daß für $P(4,w)$ w nicht prim ist und $T(w,w)$ gilt; somit ist $F_1{\wedge}F_2{\rightarrow}F_3$
falsch.)

Allerdings gilt stets $F \vdash G$ und somit $A \vdash G$. $\vdash_A H$ ist nicht
unmittelbar einsichtig. Klar ist dagegen, daß $G,H \vdash F$ (elementare
prädikatenlogische Ableitung, die von A unabhängig ist).
Wir haben somit eine Reduktion auf die Probleme $\vdash_A G$ und $\vdash_A H$
erhalten.

Im folgenden wenden wir uns einer weiteren Vereinfachung von G zu,
die durch Aufspaltung des $(\exists w)$-Bereiches erreicht wird. Zuerst
minimieren wir den Bereich des Quantors $\exists p)$ und erhalten
$G' \equiv (\forall n)(\exists w)(P(n,w){\wedge}(\exists p)(T(p,w){\wedge}Prim(p)))$.
Weitere Quantorverschiebungen zu Verkleinerung des Bindungsbereiches
sind nun unmöglich.
Spaltung von $(\exists w)$ in einen $\forall$- und einen $\exists$-Teil:
$G'' \equiv (\forall n)((\exists w)P(n,w){\wedge}(\forall w)(\exists p)(T(p,w){\wedge}Prim(p)))$
Minimisierung des Bindungsbereiches von $(\forall n)$ liefert nun

$$G''' \equiv \underbrace{(\forall n)(\exists w)P(n,w)}_{M} \wedge \underbrace{(\forall w)(\exists p)(T(p,w){\wedge}Prim(p))}_{N}$$

Somit ist also $\vdash_A G$ auf $\vdash_A M$ und $\vdash_A N$ reduziert, wobei sicher
$M,N \vdash G$ gilt (und natürlich $G \vdash M$).

Die Spaltungen von F in G,H, sowie von G in M,N stellen
gewissermaßen eine Lemmatisierung des Problems F dar. So ist z.B. N
ein wichtiger Hilfssatz, der auch für andere Sätze als $A{\rightarrow}F$ von
Bedeutung sein kann. Stellen wir die gesamte Reduktion in einem

$\wedge,\vee$-Baum dar [Ni 71] (der nur $\wedge$-Knoten hat), so ergibt sich (ohne unäre Reduktionen)

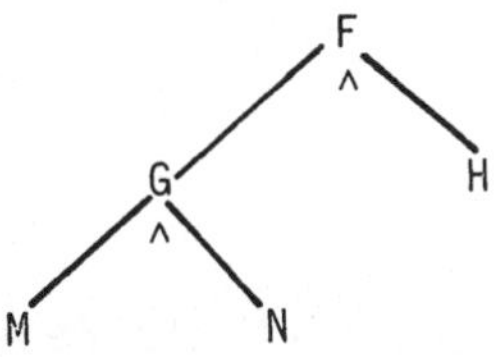

Beim vorigen Beispiel ist das Auffinden der richtigen Operanden für die $\rightarrow$-Spaltung und die $\forall$-Spaltung relativ leicht. Hierbei ist es allerdings wichtig, daß nicht nur die Verifikation, sondern auch die Falsifikation der Spaltungsformen versucht wird. Obwohl das Entscheidungsproblem für die Tautologieeigenschaft natürlich algorithmisch unlösbar ist, so ist für viele praktisch wichtige Fälle eine solche Entscheidung erreichbar (siehe z.B. $F_1 \wedge F_2 \rightarrow F_3 \wedge F_4$ im vorigen Beispiel, wo schon n= 4 eine Widerlegungsinstanz liefert).

Die vorher gezeigten Spaltungen können sowohl automatisch als auch interaktiv erfolgen. Existiert bereits ein Beweis der zu spaltenden Formel, so können die Spaltungspunkte u.u. im Beweis gefunden werden; in diesem Falle würde der Beweis lemmatisiert werden und ein neuer übersichtlicherer Beweis würde resultieren.

Beispiel:

Sei ein Resolutionsbeweis von $(\forall x)(\exists y)(P(x,y) \wedge Q(x,y))$, P,Q atomar, aus den Axiomklausen $C_1,\ldots,C_n$ gegeben, d.h.

$$C_1,\ldots,C_n, \ \{\neg P(c,y),\neg Q(c,y)\}$$

(1) $\square$

Hierbei ist eine Ableitung mit linearer Deduktion möglich. Gibt es auch einen Resolutionsbeweis von $(\forall x)(\forall y)P(x,y)$ aus $C_1,\ldots,C_n$, d.h.

$$C_1,\ldots,C_n, \ \{\neg P(c,d)\}$$

(2) $\square$

so läßt sich der Beweis (1) in folgenden Resolutionsbeweis umwandeln:

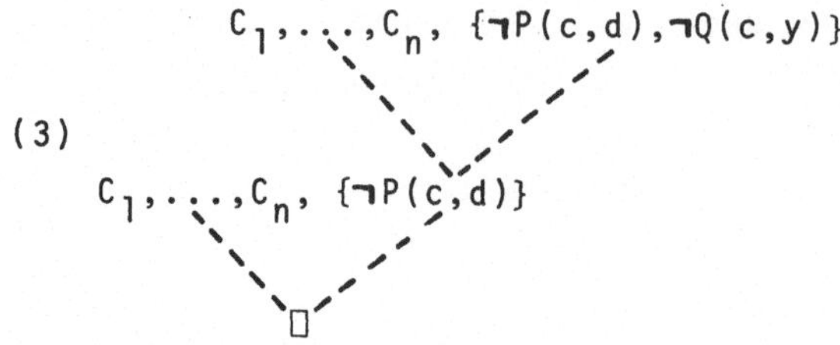

$$C_1,\dots,C_n, \{\neg P(c,d),\neg Q(c,y)\}$$

(3)

$$C_1,\dots,C_n, \{\neg P(c,d)\}$$

d.h. der untere Teil von (3) fungiert als Beweis von $(\forall x)(\forall y)P(x,y)$, die Clause $\{\neg P(c,d),\neg Q(c,y)\}$ entspricht der Formel $(\forall x) [(\forall y)P(x,y) \land (\exists y)Q(x,y)]$.

Dieses Beispiel läßt sich natürlich auf beliebige P,Q verallgemeinern. Umgekehrt kann man daraus eine naheliegende (allerdings unvollständige) Resolutionsstraegie ablesen: die Staffelung in Resolutionsbeweisen durch Einführung von Konstanten.

Hat man relativ große Axiomensysteme, die stark durch Lemmata angereichert sind, so ist auch denkbar, daß (nach der $\forall$-Spaltung in der Fallstudie) $N \equiv (\forall w)(\exists p)(T(p,w)\land Prim(p))$ bereits ein Axiom ist und der Beweisaufwand für G sich auf den für $M \equiv (\forall n)(\exists w)P(n,w)$ reduziert.

Die Teilprobleme H,M,N auf die F reduziert wurde sind auch nach objektiven Kriterien einfacher als F. So ist F eine $\Pi_{(3)}$-Form aber M,N sind nur $\Pi_{(2)}$-Formen und H nur eine $\Pi_{(1)}$-Form [Ro 67]. Hat man Beweise für H,M,N gefunden, so ist deren Verbindung zu einem Beweis von F mit elementaren prädikatenlogischen Mitteln möglich.

3. EINE ALLGEMEINE REDUKTIONSSTRATEGIE

Vorerst geben wir eine Übersicht über die zu verwendenden Regeln. hierbei übernehmen wir einige Regeln von Bledsoe für die erste Gruppe der äquivalenzerhaltenden Regeln [Bl 71] . Wir führen diese unter A) an:

A) 1) $\vdash A \leftrightarrow B$ zu $\vdash (A \to B) \land (B \to A)$
    2) $\vdash A \land B$ zu $\vdash A, \vdash B$
    3) $\vdash P \to (Q \to R)$ zu $\vdash P \land Q \to R$
    4) $\vdash A \to B \land C$ zu $\vdash (A \to B) \land (A \to C)$

5) $\vdash(Qx)A$ zu $\vdash A$, wenn Q ein Quantor ist und x nicht in
   A vorkommt

6) $\vdash(\forall x)(A(x)\wedge B(x))$ zu $\vdash(\forall x)A(x) \wedge (\forall x)B(x)$

7) $\vdash(\exists x)(A(x)\vee B(x))$ zu $\vdash(\exists x)A(x) \vee (\exists x)B(x)$

Selbstverständlich sind diese Regeln in einer bestimmten Reihenfolge
zu gebrauchen. So wird man z.B. nach Regel 6 die Regel 2 anwenden.
Wir wollen die obige Regelgruppe als Rl bezeichnen.

B)   Quantorenverschiebung zur Minimierung der Bindungsbereiche
     (Bezeichnung Q_{min}). Q_{min} soll nicht deterministisch sein. Aus
     der Formel $(\exists x)(\exists y)(P(x)\wedge Q(x,y)\wedge R(y))$ soll man sowohl $(\exists x)(P(x)\wedge$
     $(\exists y)(Q(x,y) \wedge R(y)))$ als auch $(\exists y) ((\exists x)(P(x) \wedge Q(x,y)) \wedge R(y))$
     erhalten können.

C)   Sprengung der Formel durch Einführung einer Implikation: $R_{\rightarrow}$. Sei
     $A \equiv B \wedge C$ und $F \equiv (Qx_1)...(Qx_n)A$, $(Q=\forall$ oder $\exists$), so wird $\vdash F$
     zerlegt in $\vdash F_1$ und $\vdash F_2$, für $F_1 \equiv (Qx_1)...(Qx_n)B$, (bzw. $F_1 \equiv$
     $(Qx_1)...(Qx_n)C)$ und $F_2 \equiv B \rightarrow C$, (bzw. $F_2 \equiv C \rightarrow B$).

Diese Regel ist in zweifachem Sinne nicht deterministisch. Zum
ersten läßt sich A oft auf verschiedene Art in Konjunktionen
zerlegen, weiters sind die Rollen von C und D vertauschbar.
$R_{\rightarrow}$ ist nicht Tautologie-erhaltend. Bei ungünstiger Anwendung kann
sich $\nvdash F2$ ergeben, während natürlch stets $\vdash F_1$ wenn $\vdash F$ gilt. Von F_2
ist somit gegebenenfalls die Richtigkeit zu überprüfen (man kann
aber auch unter der Hypothese der Richtigkeit von F_2
weiterarbeiten).

In der Fallstudie war $B \equiv P(n,w) \wedge T(p,w) \wedge Prim(p)$ und
$C \equiv (\forall k,x)(k < n \wedge P(k,x) \rightarrow T(p,x)$ und daher $F_1 \equiv (\forall n)(\exists p)(\exists w)B$ und
$F_2 \equiv B \rightarrow C$.

Für $R_{\rightarrow}$ gilt jedoch stets $F_1,F_2 \vdash F$.

D) die Regel $R_\vee$:

Sei $F \equiv (Qx_1)(Qx_n)(\exists y)[B \wedge C]$ (n kann auch 0 sein) so ergibt die
Anwendung von $R_\vee$ entweder

$F' \equiv (Qx_1)...(Qx_n)((\exists y)B \wedge (\forall y)C)$ oder
$F' \equiv (Qx_1)...(Qx_n)((\forall y)B \wedge (\exists y)C)$. ($R_\vee$ ist auch nicht deterministisch).

Offensichtlich gilt $F' \to F$ und damit $F' \vdash F$.

Sind die (Qx_i) nur Allquantoren so führt die Regel R1-6 (bei wiederholter Anwendung) zur gänzlichen Spaltung der Formel und es ergibt sich

$$(\forall x_1)\ldots(\forall x_n)(\exists y)B \wedge (\forall x_1)\ldots(\forall x_n)(\forall y)C \quad \text{(erste Variante)}$$

In der Fallstudie war $B \equiv P(n,w), C \equiv (\exists p)(T(p,w) \wedge \text{Prim}(p))$ und $F \equiv (\forall n)(\exists w)(B \wedge C)$. Durch $R_\vee$ ergibt sich $F' \equiv (\forall n)[(\exists w)B \wedge (\forall w)C]$. R1-6 und R1-2 liefern dann $F_1 \equiv (\forall n)(\exists w)B$, $F_2 \equiv (\forall n)(\forall w)C$. Hierbei gilt natürlich sowohl $F' \vdash F$ als auch $F \vdash (\forall n)(\exists w)B$.

Die 2.Spaltungsmöglichkeit mittels $R_\vee$ führt nicht zum Erfolg; hier wäre $F_1 \equiv (\forall n)(\forall w)B$ und $F_2 \equiv (\forall n)(\exists w)C$. Nun gilt natürlich $\vdash (\forall n)(\exists w)C$ (falls $\vdash F$) aber nicht $\vdash F_1$, denn $F_1 \equiv (\forall n)(\forall w)P(n,w)$. F_1 wird jedoch bereits von der ersten Instanz $n=0$, $w=0$ falsifiziert.

Es wäre nun möglich eine Regel $R_\exists$ anzugeben, die analog zu $R_\vee$ die Formel $F \equiv (\exists x)(\forall y)(F_1 \vee F_2)$ spaltet. Hierbei ergibt sich $(\exists x)(\exists y)F_1$ und $(\exists x)(\forall y)F_2$. Hierbei gilt aber $(\exists x)(\forall y)(F_1 \vee F_2) \to (\exists x)(\exists y)F_1 \vee (\exists x)(\forall y)F_2$. Die durch die $\vee$-Spaltung entstandenen Probleme $(\exists x)(\exists y)F_1$, $(\exists x)(\forall y)F_2$ sind aber spezieller als F und stellen daher keine Lemmatisierung von F dar.

Eine allgemeine Strategie kann man durch eine Prioritätensetzung in den angegebenen Regeln erreichen. Hierbei ist wohl die folgende Reihenfolge zu empfehlen.

$$R: \quad R_1 \longrightarrow R_\to, \quad R_\vee \to Q_{min} \longrightarrow R_\to, \quad R_\vee$$

Wir geben nicht an wann $R_\to$ der Regel $R_\vee$ vorgezogen werden soll oder umgekehrt. Dies müßte - ebenso wie das Auffinden der richtigen Spaltungspunkte - durch eine Heuristik erfolgen. Die Priorierung innerhalb der R_1- Regeln ist offensichtlich. Im Falle von Formeln $F \equiv (\forall x)(\exists y)(F_1 \wedge F_2)$ kann $R_\to$ richtige Reduktionen erzeugen, während $R_\vee$ versagen kann:
Denn $R_\to$ liefert z.B $(\forall x)(\exists y)F_1$, $(\forall x)(\forall y)(F_1 \to F_2)$, während $R_\vee$ erst $(\forall x)((\exists y)F_1 \wedge (\forall y)F_2)$ und mit R_1-6 dann $(\forall x)(\exists y)F_1$, $(\forall x)(\forall y)F_2$ liefert. Spaltet umgekehrt $R_\vee$ die Formel $F \equiv (\forall x)(\exists y)(F_1 \wedge F_2)$ richtig, so gibt es auch eine richtige $R_\to$ Spaltung.

Abschließend wollen wir noch zeigen, wie das Beispiel der Fallstudie im Kapitel 2 mit den Regeln R reduziert wird. Hierbei geben wir keine toten Suchzweige an (die auf falsche Spaltungen führen).

$$F \equiv (\forall n)(\exists p)(\exists w)(P(n,w) \wedge T(p,w) \wedge Prim(p) \wedge (\forall k,x)(k < n \wedge P(k,x) \to \neg T(p,x)))$$

$$\downarrow R_\to \quad (R_1 \text{ versagt})$$

$$F_1 \equiv (\forall n)(\exists p)(\exists w)(P(n,w) \wedge T(p,w) \wedge Prim(p))$$
$$F_2 \equiv P(n,w) \wedge T(p,w) \wedge Prim(p) \to (\forall k,x)(k < n \wedge P(k,x) \to T(p,x))$$

Auf F_2 läßt sich nur noch Q_{min} (bezüglich $(\forall k)$) anwenden. Wir wenden uns daher im folgenden der weiteren Reduktion von F_1 zu:

$$F_1 \equiv (\forall n)(\exists p)(\exists w)(P(n,w) \wedge T(p,w) \wedge Prim(p))$$

$$\downarrow Q_{min}$$

$$F_1' \equiv (\forall n)(\exists w)[P(w,n) \wedge (\exists p)(T(p,w) \wedge Prim(p))$$

$$\downarrow R_\vee$$

$$F_1'' \equiv (\forall n)[\ (\exists w)P(w,n) \wedge (\forall w)(\exists p)(T(p,w) \wedge Prim(p))$$

$$\downarrow R1\text{-}6$$

$$F_1^{(3)} \equiv (\forall n)(\exists w)P(w,n) \wedge (\forall n)(\forall w)(\exists p)(T(p,w) \wedge Prim(p))$$

$$\downarrow R1\text{-}2$$

$$F_{1,1}^{(3)} \equiv (\forall n)(\exists w)P(w,n), \quad F_{1,2}^{(3)} \equiv (\forall n)(\forall w)(\exists p)(T(p,w) \wedge Prim(p))$$

$$R1\text{-}5 \downarrow$$

$$F_{1,2}^{(4)} \equiv (\forall w)(\exists p)(T(p,w) \wedge Prim(p))$$

Hat man somit Beweise für F_2, $F_{1,1}^{(3)}$, $F_{1,2}^{(4)}$ gefunden, so lassen sich diese (durch Rückverfolgung der Regelanwendungen) zu einem Beweis von F zusammensetzen. Die Syntaktische Struktur der Spaltungsformen ist hierbei deutlich einfacher als die von F.

4. WEITERE ANWENDUNGEN:

In Kapitel 2 wurde demonstriert, wie man die Spaltungsmethode auf
die Lemmatisierung von Sätzen anwenden kann. Die Bedeutung für das
Automatische Beweisen besteht hierbei in der Reduktion des
Suchaufwandes. Indessen kann die Verwendung der Spaltung auch zu
verbesserten Algorithmen für ein Problem führen, wie das folgende
Beispiel zeigt:

Wir gehen vom Kruskal-Algorithmus (KA) zur Bestimmung eines
minimalen spannenden Baumes $T(G)$ in einem Graphen G aus [AHU.75]. KA
ordnet zuerst die Kanten von G nach ihrer Bewertung; die Auswahl der
Kanten für $T(G)$ mittels KA richtet sich dann nach der Ordnung. Für
gewisse Graphentypen ist es nun möglich, KA auf Teilgraphen G_1, G_2
anzuwenden und aus $T(G_1)$, $T(G_2)$ dann $T(G)$ zu konstruieren. Siehe
etwa folgende Graphen:

G:
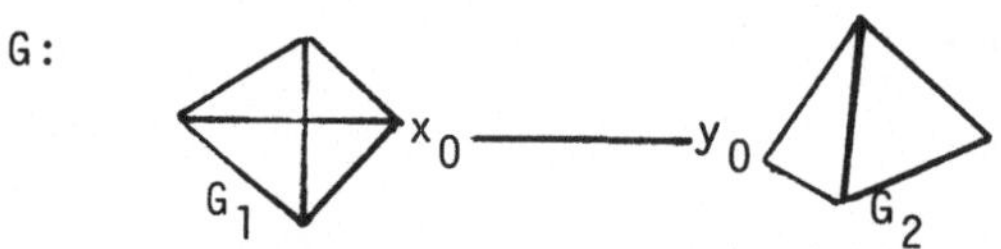

Wir definieren $P(x,y,w) \longleftrightarrow x,y$ liegen auf dem Weg w; $G_1(x)$: x ist
Knoten in G_1, analog $G_2(x)$. Offensichtlich gilt
$(\forall x,y)[G_1(x) \wedge G_2(y) \rightarrow (\exists w)(P(x,y,w) \wedge P(x_0,y_0,w))$. Hierbei liefert $R_\rightarrow$

$(\forall x,y)[G_1(x) \wedge G_2(y) \rightarrow (\exists w)P(x,y,w) \wedge (\forall w)(P(x,y,w) \rightarrow P(x_0,y_0,w))$

Das bedeutet aus der Aussage - zwischen x und y gibt es eine
Verbindung auf der auch x_0,y_0 liegen - wird: x,y besitzen eine
Verbindung und jede Verbindung zwischen x und y ist auch eine von x_0
und y_0. Diese Information ist es gerade, die zur Teilung in G_1, G_2,
der Bestimmung von $T(G_1)$, $T(G_2)$ und der Verbindung von $T(G_1)$, $T(G_2)$
durch (x_0,y_0) führen kann. Damit wird aber der Sortieraufwand von KA
reduziert. Diese Methode ist insbesondere dann wirksam wenn nicht
ein einzelner Graph, sondern eine Menge von Graphen mittels
prädikatenlogischen Formeln definiert werden. Die Erzeugung
stärkerer Aussagen mittels Spaltung kann somit zu einem
Informationsgewinn und zu verbesserten Algorithmen führen.

LITERATUR:

[AHU 75]   Aho A.V., Hopcroft J.E., Ullman J.D.: The Design and
            Analysis of Computer Algorithms; Addison Wesley, 1975.

[Bi 78]   Bibel W., Furbach W., Schreiber J.F.: Strategies for the
            Synthesis of Algorithms; Informatik Fachberichte 12,
            Springer Berlin-New York (1978), 97-109.

[Bl 71]   Bledsoe W.W.: Splitting and Reduction Heuristics in
            Automatic Theorem Proving; Artificial Intelligence 2
            (1971), 55-57.

[Bl,Br 74] Bledsoe W.W., Bruell P.: A Man-Machine Theorem-Proving
            System; Artificial Intelligence 5 (1974), 51-72.

[E 76]   Ernst G.W.: A Definition-Driven Theorem Prover; IEEE
            Transactions on Computers Vol.C-24 No.4 (1976), 317-322.

[Gel 59]   Gelernter H.: Realization of a geometry-theorem proving
            machine; Proc.Intern.Conf. on Information Processing
            (1959), 273-282.

[Ni 71]   Nilsson N.: Problem Solving Methods in Artifical
            Intelligence; Mc Graw Hill, 1971.

[Ro 67]   Rogers H.: Theory of Recursive Functions and Effective
            Computability; Mc Graw Hill, 1967.

THE LOPS-APPROACH: TOWARDS NEW SYNTHESES OF ALGORITHMS

Bertram Fronhöfer
Institut für Informatik, TU München
Arcisstr. 21, D-8000 München 2, Germany

ABSTRACT

In the past the LOPS-approach has been applied to synthesize algorithms for the computation of elements or subsets of a given set. This paper outlines how the basic ideas of LOPS can be used for the synthesis of algorithms for problems which are of a different nature.

INTRODUCTION

LOPS (= LOgical Program Synthesis) is the name of an approach in the field of automatic programming (see [BIB 80],[BIE 85]) which has been pursued at the TU Munich during the last years. (A description of a prototype implementation of this approach can be found in [BIB 84].)

A rough characterization is the following:
Starting from a problem specification given in predicate logic, a program is obtained by stepwise rewriting of this initial formula. In the course of these transformations the algorithmic content is gradually increased until finally a formula is obtained which can be transformed into a program in a last small step.
The synthesis process is strongly guided by strategies:
e.g. an output variable which is not functionally specified requires some kind of search; this idea found its realization through the strategy-pair GUESS-DOMAIN.
e.g. depending on a success or failure in guessing appropriate recursion is introduced by the strategy GET-REC.
In order to handle problems with more than one output variable strategies for problem reduction as e.g. GET-RNV or GET-SOC and strategies for subproblem generation as e.g. CHVAR or DEPEND are applied.

This work has been funded by the DFG and EC.

It has been pointed out in [GUI 80] that all problems, for which the
LOPS-syntheses have been published were of the following two kinds:
  (a) computation of particular elements of a given set
  (b) computation of particular subsets of a given set

In this paper we set out to overcome these restrictions. We present
derivations - based on the strategic ideas of LOPS - of algorithms
for the following problems which do not fit into the above patterns:
  (1) checking whether for two sets A and B the relation subset(A,B)
       holds. (In this case no real result is computed, but only the
       validity of a relationship is examined.)
  (2) computation of the quotient q and remainder r of two given
       numbers n and d, i.e. n=qd+r and r<d. (Here we have to com-
       pute elements which are determined by arithmetic relations.)
  (3) merging two ordered lists into their ordered union. (In this
       case a new object is constructed from several given ones.)

Furthermore, in this paper the attempt is made to bring LOPS syntactically closer to the work on program derivation going on within
the logic programming community (e.g. see [HOG 81]). In order to
illustrate the change the paper starts with the derivation of an
algorithm for a problem which has been treated previously in the
LOPS-literature, namely, the maximum problem which has been explained
in full detail in [BIB 80].

<u>MAXIMUM PROBLEM</u>

The specification we start from consists of the definition of a predicate (= an input-output relation) together with a mode (= indi-
cation which of the variables of the predicate are input variables
and which are output variables)
We will indicate the mode implicitly by a ";" , i.e, the variables
before ";" are input variables, the variables after ";" output variables.

$$max(S;m) <--> \quad m \text{ in } S \quad \& \quad S \leq m$$

Explanations:
(a) m in S means that m is an element of S
(b) S $\leq$ m is shorthand for ALL x (x in S --> x $\leq$ m)
(c) S is the input variable and m the output variable

The strategy-pair GUESS-DOMAIN introduces a guess variable g, together with the specification of a domain where the guess should be
carried out. In the case of our example the domain specification (DS)
is based on the subformula "m in S". We define:

$$DS(S,g) :\longleftrightarrow\ g\ in\ S$$

Since guessing can be right or wrong, these two possibilities are expressed by the disjunction "g=m or g$\neq$m" , which is added to the formula.

All this leads to the following transformation of the initial problem specification:

```
max(S,m) <-->    g in S &
           [ ( m in S  &  S ≤ m  &  g ≠ m )
             v ( m in S  &  S ≤ m  &  g = m )  ]
```

For the sake of correctness the additional disjunct
$$not(g\ in\ S)\ \&\ m\ in\ S\ \&\ S \le m$$
should be added to the right side, but since it gives no contribution to the algorithm due to control reasons, it has been dropped for the sake of simplicity.

Next, we interpret the failure case g $\neq$ m as meaning that one of the remaining output conditions - i.e. none of those used for the domain specification - is not fulfilled by g. In the example at hand the only remaining output condition is S $\le$ m.

```
max(S,m) <-->    g in S &
           [ ( m in S  &  S ≤ m  &  EXIST x (x in S & x > g ) )
             v ( m in S  &  S ≤ m  &  g = m )  ]
```

The strategy GET-REC now introduces recursion through substitution of S by S/g in the failure case.

```
max(S,m) <-->    g in S &
           [ ( m in S/g  &  S/g ≤ m  &  EXIST x (x in S & x > g ) )
             v ( m in S  &  S ≤ m  &  g = m )  ]
```

Next, we try to replace the existential condition by something evaluable.

In principle there are three possibilities to handle such an existential formula EXIST z (..z..):
  (a) prove that it is always true
        e.g. A & Exist z (..z..) and A --> Exist z (..z..)
  (b) we try to find a term which when substituted for z yields a formula which is equivalent in the given context.
  (c) we define a new predicate NP(..;z) :<--> (..z..)
        and synthesize an algorithm for it.
        (EXIST z NP(..;z) would be interpreted as a call of this algorithm.)

In the current example we can substitute x by m and after a simplification process we arrive at:

```
max(S,m) <-->     g in S  &
            [  ( m in S/g  &  S/g ≤ m  &  m > g )
               v ( m in S  &  S ≤ m  &  g = m )      ]
```

Finally, through application of folding with the initial specification we obtain:

```
max(S,m) <-->     g in S  &
            [  ( max(S/g,m)  &  m > g )
               v ( m in S  & S ≤ m  &  g = m )  ]
```

What remains to be done is the generation of control for the execution of this recursive program as well as further simplifications, which take into account the order of execution. This leads to:

```
max(S,m) <-->     g in S  &
            [  ( max(S/g,m)  &  m > g )
               v   g = m                    ]
```

which is already close to a PROLOG program.

<u>SUBSET</u>

If we take the problem specification from [HOG 81]
```
        subset(x,y) <-->   ALL u ( u in x --> u in y )
```
we are given a problem which has no output variable.

Although it is possible, in principle, to transform such a decision problem into the problem of computing a truth value, we have not followed this idea, because we don't see how the LOPS-strategies can be applied successfully.
Therefore we took to another possibility, namely to handling the universal statement by considering its negation. Thus we obtain:
```
        subset(x,y) <--> not EXIST u ( u in x  &  u not-in y )
```
which gives rise to the specification of the following related problem:
```
        subset'(x,y;u) :<--> u in x & u not-in y
```
and the original problem specification reduces to:
```
        subset(x,y) <--> not EXIST u subset'(x,y,u)
```


Now we proceed straightforwardly à la LOPS. We define as domain specification   DS(x,g) :<--> g in x
and use the negated output condition : "g in y" to interpret the failure case g≠u.

```
subset'(x,y,u) <-->
      g in x  &  [ (u in x & u not-in y &  g in y )
                   v (u in x & u not-in y &  g = u )  ]
```

The strategy GET-REC substitutes x --> x/g

```
subset'(x,y,u) <-->
      g in x  &  [ (u in x/g & u not-in y &  g in y )
                   v (u in x & u not-in y &  g = u )  ]
```

Folding yields

```
subset'(x,y,u) <-->
      g in x  &  [ subset'(x\g,y,u)  &  g in y )
                   v (u in x & u not-in y &  g = u )  ]
```

and after control generation and simplification with respect to the
order of execution, we obtain:

```
subset(x,y) <--> not EXIST u subset'(x,y,u)
subset'(x,y,u) <-->
      g in x  &  [ ( g = u  &  u not-in y )  v  subset'(x\g,y,u)  ]
```


<u>QUOTIENT REMAINDER</u>

Given the following problem specification:
$$QR(n,d;q,r) <---> \quad n = qd + r \ \& \ r < d$$

Application of a transformation which we used successfully elsewhere
[FCJ 84], namely rewriting of the functional notation into a purely
predicative one, yields the following problem specification:
$$QR'(n,d;q,r,m) :<--> plus(m,r,n) \ \& \ mult(q,d,m) \ \& \ r<d$$

Assume that the strategy CHVAR (see [BIB 78]) has determined the following order on the output variables: m,q,r
Due to the purely predicative formulation we are now able to select
the subformula mult(q,d,m) as domain specification for m. If we denote
the respective guess variables in this example by appending an as-
terisk to the variable name and, moreover, use the definition of
mult:

```
mult(a,b,c) <-->    (a=1 & b=c)
               or EXIST n,c' (a=n+1 & mult(n,b,c') & plus(c',b,c) )
```
the domain specification simplifies to m*=d, if we assume the

definition of mult to be interpreted in a PROLOG-like manner.
The strategy DEPEND (see [BIB 78]) determines the following subproblem, which computes r* and q dependent on m*.

QR''(n,d,m*;r*,q*) :<--> q*=1 & plus(m*,r*,n)

Since this is a Horn clause definition, no synthesis is required.
Now the whole problem transforms to

QR'(n,d;q,r,m) :<-->
  m*=d & QR''(n,d,m*;r*,q*) &
  [(plus(m,r,n) & mult(q,d,m) & r<d & r*≠r & m*≠m & q*≠q)
   or (plus(m,r,n) & mult(q,d,m) & r<d & r*=r & m*=m & q*=q)]

The only output condition not used for domain specification or the
subproblem is r<d. From this we derive r*≥d as the interpretation of
the failure case r ≠ r* & m*≠m & q*≠q .
The strategy GET-REC introduces recursion through a substitution of n
by n-d and of q by q-1 in the failure case. We think of obtaining
this substitution automatically from the recursive definition of
mult.

QR'(n,d;q,r,m) :<-->
  m*=d & QR''(n,d,m*;r*,q*) &
  [(plus(m,r,n-d) & mult(q-1,d,m) & r<d & r* ≥ d)
    or (plus(m,r,n) & mult(q,d,m) & r<d & r*=r & m*=m & q*=q)]

Folding in the failure case yields

QR'(n,d;q,r,m) :<-->
   m*=d & QR''(n,d,m*;r*,q*) &
   [(QR'(n-d,d;q-1,r,m) & r* ≥ d)
    or (plus(m,r,n) & mult(q,d,m) & r<d & r*=r & m*=m & q*=q)]

After control-generation we obtain eventually

QR'(n,d;q,r,m) :<-->
        m*=d & QR''(n,d,m*;r*,q*) &
            [(r* ≥ d & QR'(n-d,d;q',r,m) & plus(q',1,q))
              or (q=q* & r*=r & m*=m)]

<u>MERGE</u>

The task is to merge two ordered sets into their ordered union:

    merge(u,v;z) :<-->   subset(u,z) & subset(v,z) &
                          ALL x (x in z --> x in v or x in u)
                          & ord(u) & ord(v) & ord(z)

Being interested in the computation of z, we separate the correctness
check for the input from the real output conditions and obtain:

    merge(u,v;z)   <-->   ord(u) & ord(v) & merge-oc(u,v;z)
    merge-oc(u,v;z) :<-->   ord(z) & subset(u,z) & subset(v,z) &
                             ALL x (x in z --> x in v or x in u)

From ALL x (x in z --> x in v or x in u) we deduce
                g in v or g in u
as domain specification. Note that we have here a disjunctive
formula, while up to now only conjunctive domain specifications were
used in LOPS syntheses.
Since we are dealing with lists – which we attempt to construct
element by element – this condition can be specialized to
                g = first(v) or g = first(u).
If we combine the assumption that z will be constructed element by
element with the list decomposition z = cons(first(z),rest(z)) ,
the discrimination   g in z or g not-in z
(i.e. success and failure cases) can be specialized into
                g = first(z) or g ≠ first(z).
Thus we can transform the problem specification to:
        merge-oc(u,v;z) <-->
                (g = first(v) or g = first(u))
                & subset(u,z) & subset(v,z) & ord(z)
                ALL x (x in z --> x in v or x in u)
                & (g = first(z) or g ≠ first(z))

from which we obtain
    merge-oc(u,v;z) <-->
            [g = first(v)
                & subset(u,z) & subset(v,z) & ord(z)
                ALL x (x in z --> x in v or x in u)
                & (g = first(z) or g ≠ first(z))   ]
         or [g = first(u)
                & subset(u,z) & subset(v,z) & ord(z)
                ALL x (x in z --> x in v or x in u)
                & (g = first(z) or g ≠ first(z))   ]

Next, we try to replace the failure case formula g ≠ first(z) by something evaluable. As before we try to substitute it by a "negated output-condition" .

In the case g = first(v) of the domain specification g ≠ first(z) can be interpreted as: if g were first(z) this would result in not(ord(z))   i.e. EXIST x (x in z & x < g)

We get the same formula in the case of g = first(u).

Distributing into success and failure cases and replacing the failure formula by the above existential formula we obtain:

```
merge-oc(u,v;z) <-->
   [ g = first(v) &
     [ subset(u,z) & subset(v,z) & ord(z)
       ALL x ( x in z --> x in v or x in u )
       & EXIST x ( x in z  &   x < g )
      or
       subset(u,z) & subset(v,z) & ord(z)
       ALL x ( x in z --> x in v or x in u )
       & g = first(z)                              ]]
   or
   [ g = first(u) &
     [ subset(u,z) & subset(v,z) & ord(z)
       ALL x ( x in z --> x in v or x in u )
       & EXIST x ( x in z  &   x < g )
      or
       subset(u,z) & subset(v,z) & ord(z)
       ALL x ( x in z --> x in v or x in u )
       & g = first(z)                              ]]
```

Next, the strategy GET-REC introduces recursive calls in the failure cases by the substitutions

$$\{v/rest(v),z/rest(z)\} \text{ and } \{u/rest(u),z/rest(z)\}$$

respectively.

Furthermore we try to replace the existential statements in the failure cases by something more easily evaluable. This is achieved by the following reasoning.

In the case g = first(v) we derive first(u) < g,

and first(v) < g in the case g = first(v).

Folding with the original specification and generating control yields: (Note that we switched u and v in the merge-oc predicate in the failure case to branch alternatively into the different possibilities of the domain specification.)

```
   merge-oc(u,v;z) <-->
      [ g = first(v) &
          [   first(u)<g & merge-oc(v,u;z)
            or
```

```
                  merge-oc(u,rest(v),rest(z)) & z = cons(g,rest(z)) ]   ]
  or
[ g = first(u) &
      [     first(v)<g & merge-oc(v,u;z)
        or
          merge-oc(u,rest(v),rest(z)) & z = cons(g,rest(z)) ]   ]
```

CONCLUSION

We are aware that the derivations expounded in this paper are still a little bit too vague to be carried out by a automatic system. However, in our opinion, they produce abundant evidence that the rationale of LOPS will prove successful even beyond its traditional domain of application.

ACKNOWLEDGEMENTS

I owe thanks to W.Bibel and U.Furbach for fruitful discussions and to an anonymous referee for helpful comments.

REFERENCES

[BIB 78]   W.Bibel, U.Furbach, J.F.Schreiber: Strategies for the Synthesis of Algorithms, 5-te Fachtagung über Programmiersprachen der GI, March 1978.

[BIB 80]   W.Bibel: Syntax-directed, semantics-supported program synthesis, Artificial Intelligence 14 (1980).

[BIB 84]   W.Bibel, K.M.Hörnig: LOPS - a system based on a strategical approach to program synthesis, in: Automatic program construction techniques, (A.Biermann, G.Guiho, Y.Kodratoff, eds.), MacMillan, New York 1984.

[BIE 85]   A.W.Biermann: Automatic Programming: a tutorial on formal methodologies, (invited lecture), EUROCAL 85

[FRO 84]   B.Fronhöfer: Heuristics for recursion improvement, Proceedings of ECAI-84, (T.O'Shea, ed.), North-Holland, Amsterdam 1984.

[FCJ 84]   B.Fronhöfer, R.Caferra, P.Jacquet: Improvement of recursive programs from a logic programming point of view, GWAI-84, (J.Laubsch, ed.), Informatik-Fachberichte, Springer, Berlin 1984.

[GUI 80] G.Guiho, C.Gresse: Program Synthesis from Incomplete Specifications, 5th Conference on Automated Deduction, LesArcs, France, 1980, LNCS 87.

[HOG 81]   C.Hogger: Derivation of logic programs, JACM 28, 1981.

PROOF-PAD

AN INTERACTIVE PROOF GENERATING SYSTEM
USING NATURAL DEDUCTION

Thomas A. Henzinger
Hubert Hofbauer

Johannes Kepler Universität Linz
Ordinariat für Mathematik III
A-4040 LINZ, AUSTRIA

Abstract:

This paper describes the principal features of a man-machine theorem proving system using natural deduction which is designed and implemented at the University of Linz. Special emphasis is laid on the machine representation of proofs by AND/OR-trees and on their manipulation during the proof process. An example of a dialogue with the system shows the suitability of natural deduction for supporting practical mathematical reasoning.

I. INTRODUCTION

In automated theorem proving, there is some belief that it will take many years until machines alone can prove difficult mathematical theorems (/BLEDSOE 77/). Therefore in recent years some research is redirected to man-machine theorem proving and automatic theorem proof checking in order to develop machines which serve as practical assistants to mathematicians, engineers, and students.

At the Johannes Kepler University of Linz, there has been a long tradition in improving the training of students of mathematics and computer science in practical mathematical reasoning (/BUCHBERGER, LICHTENBERGER 81/). This paper is a progress report on the development of the interactive proof generating system PROOF-PAD, which is designed and implemented at the University of Linz by the working group CAMP in order to be used as a proof development tool for practical mathematical applications. Considering its two basic features, man-machine interaction and the use of natural deduction, PROOF-PAD is related to the systems introduced in /BLEDSOE, TYSON 75/ and /WEYRAUCH 80/.

In general, the problem of proving a sentence is to construct a stepwise connection between a set of sentences which are accepted without proof (axioms and supporting theorems needed in the proof) and the sentence which has to be shown (called goal) with each step being the application of a rule from a given set of inference rules. In contrast to the linear structure of the proof conception by Hilbert used in mathematical logic, the process of natural mathematical reasoning is extremely nonlinear in order to keep the proofs as simple as possible. This process alternates top-down and bottom-up proof steps to achieve a connection between the knowledge and the goal.

Top-down steps divide the problem of proving a goal into the easier problems of proving subgoals, they build up the proof starting from the goal. And bottom-up steps infer new knowledge from already known sentences, they build up the proof starting from the axioms and supporting theorems. As soon as all proof problems generated by top-down steps are solved by bottom-up steps, the initial goal is proved.

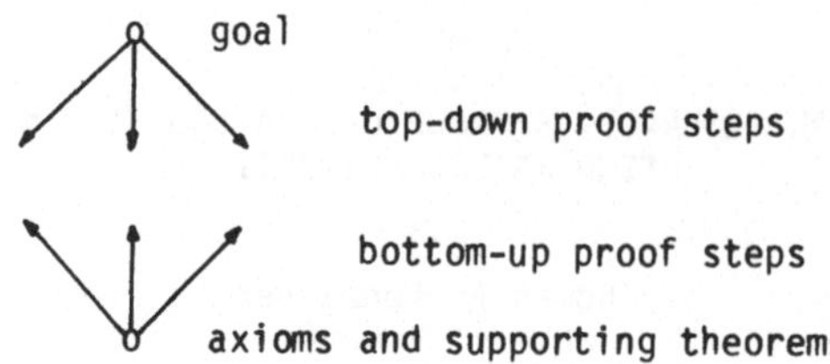

An analysis of practical mathematical reasoning and the existing logical systems shows that this nonlinear structure of proofs essentially corresponds to natural deduction (/BUCHBERGER, LICHTENBERGER 81/). Also, a complete Gentzen-type inference rule system for practical mathematical reasoning is introduced in this reference.

As PROOF-PAD is designed for supporting human reasoning, it uses the proof conception of Gentzen. But in order to make a comfortable inference rule system available, the minimal complete natural deduction rule system of /GENTZEN 35/ has been extended. First order predicate calculus is used as language, which in practice allows to express all mathematical sentences.

Thus the initial proof problem can be expressed in the following way:

    Given - the goal, a formula of first order predicate calculus, and
            - the knowledge, a set of formulas of first order predicate calculus,
    find   a proof of the goal relative to the knowledge by using a natural deduction inference rule system.

PROOF-PAD supports the solution of this problem regarding three aspects:

- The scratchpad aspect:

PROOF-PAD serves as an interactive proof development tool making a comfortable experimental frame for constructing proofs available. It allows the user to try several different paths in order to prove the goal, and extracts the successful path as soon as the proof is accomplished.

- The proof checking aspect:

PROOF-PAD executes the process of proof checking simultaneous to the process of proof generating. In fact, the user only controls the construction of a proof, whereas the various resulting new proof situations are generated by the system. This guarantees the correctness and completeness of the final proof. (/WEYHRAUCH 80/ calls this type of extended proof checking system 'proof constructor'.)

- The proof generating aspect:

PROOF-PAD automates the execution of all routine work of mathematical reasoning. As the whole proof process is directed by the outmost symbols of the formulas which have to be shown and the formulas which are already known in each of the various proof situations, about 90 percents of all proof steps building up the complete proof can be executed by the machine alone. In nearly all proof situations these outmost symbols determine the next proof step or at least extremely limit the possibilities. As partly analyzed in /BUCHBERGER, LICHTENBERGER 81/, there are only three exceptions:

+ First, if an existential formula has to be shown, the user must construct a term for which the system can try to prove the formula.
+ Secondly, the user has to supply the formulas which define the various cases in a proof by cases.
+ And thirdly, the user has to determine in which way atomic formulas have to be manipulated by applications of the equality rules.

Automated theorem provers using resolution solve these problems rather inefficiently by unification algorithms. And in mathematical reasoning these are exactly the only three crucial points, which require the important and creative mathematical ideas of a proof. The execution of all other proof steps is routine work and took off the user's shoulders by the system.

The development of PROOF-PAD at the University of Linz divides into three parts:

- So far, a rudimentary system covering the first two of the aspects described above has been implemented in Standard Lisp (/MARTI et.al. 78/) on IBM 4341 by the authors for the purposes of a graduate programming project.

  The dialogue between this already working system and the user can be outlined as follows:
  + The user specifies his proof problem by defining the goal and the knowledge.
  + Each of the proof steps consists of two actions: The user specifies an inference rule and the formulas to which he wants to apply this rule, and the system generates the resulting new proof situation.
  + As soon as the initial goal is proved, PROOF-PAD supplies a normalform of the complete proof without all unnecessarily executed proof steps.

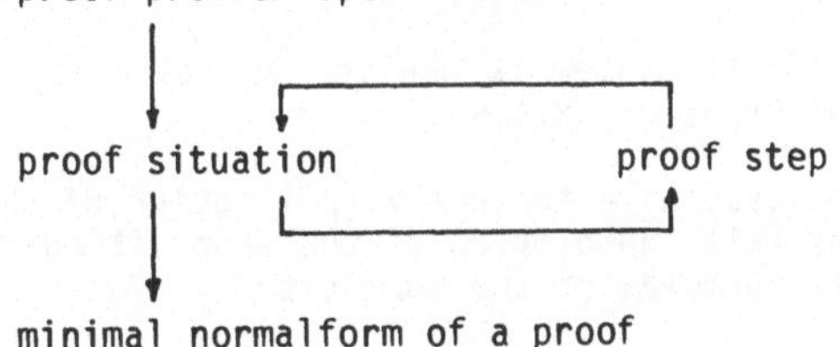

- Currently, the first author extends the existing system for the purposes of his diploma thesis. The final version will cover the proof generating aspect and automate great portions of the proof process.

- Simultaneously, the diploma thesis of the second author deals with the development of a computer-aided instruction system based on PROOF-PAD. This training system shall support undergraduate courses on proof techniques for students of mathematics and computer science.

This paper informally defines the central term 'proof' as it is used in PROOF-PAD, and describes the central data structure of the system, the representation of proofs by AND/OR-trees. Besides, a complete dialogue with the current version of PROOF-PAD carried on in order to prove a non-trivial theorem of analysis is presented as an example for the application of the system.

II. THE UNDERLYING FORMAL SYSTEM

The central conception of PROOF-PAD is the syntactical term 'proof'. In order to achieve an exact definition of this term as it is used in PROOF-PAD, the underlying formal system has to be specified first.

A formal system F consists of three parts:
- the language, i.e. the set of all sentences of F (called formulas),
- the axioms, i.e. the set of formulas of F that are accepted without proof, and
- the inference rules, i.e. the set of construction rules for the proofs of F.

The language:

PROOF-PAD uses first order predicate calculus as language, because in practice this suffices to enable the user to express all mathematical sentences. The symbols of the language are the following:
- individual variables,
- n-ary function symbols, $n \geqslant 0$ (0-ary function symbols are called constants),
- n-ary predicate symbols, $n \geqslant 0$ (always including the binary predicate symbol "=" denoting equality),
- the connectives "¬", "&", "v", "→", and "↔",
- the quantifiers "∀", "∃", and "ε" (Hilbert's ε-quantifier), and
- parentheses.

The construction of terms and well-formed formulas happens as usual. (Throughout the whole paper x is used as a metavariable for variables, t as a metavariable for terms, and A,B,C as meta-variables for formulas.)

Additionally, an implicit type concept is used in PROOF-PAD in order to shorten the formulas and proofs and to allow a comfortable application of the system. Therefore types are associated with all variables, function and predicate symbols, and the rules for constructing terms and well-formed formulas are restricted in the obvious way.

The axioms:

The second component of a formal system is the set of its axioms. The formal system underlying PROOF-PAD has two types of axioms:

- Implicit axioms, which are available for every application of the system:
  + the propositional axioms (all tautologies of the propositional calculus), and
  + the identity axioms (all formulas of the form t=t).

- Explicit axioms, which are specified by the user for a special application of the system (all the knowledge assumed in a particular proof):
  + any formulas of the formal system.

The inference rules:

The inference rule system used by PROOF-PAD is an adaption and extension of the natural deduction rule system introduced in /GENTZEN 35/. It is extended to enable comfortable practical mathematical reasoning in the way described in /BUCHBERGER, LICHTENBERGER 81/.

Each of the rules is of the following form ($n \geqslant 0$, $m \geqslant 0$):

$$
\begin{array}{c}
\Gamma, A_1 \vdash B_1 \\
\vdots \\
\Gamma, A_n \vdash B_n \\
\Gamma \vdash B_{n+1} \\
\vdots \\
\Gamma \vdash B_{n+m} \\
\hline
\Gamma \vdash C
\end{array}
$$

It can be read and applied in two different ways:

- If each B_i, $1 \leqslant i \leqslant n$, has already been inferred from A_i and the set formulas Γ, and each B_i, $n+1 \leqslant i \leqslant n+m$, has already been inferred from Γ, then C can be inferred from Γ. This application of the rule increases the knowledge, thus it is called a bottom-up proof step. Bottom-up proof steps executed by PROOF-PAD are restricted to the application of rules without additional premises $A_1,....A_n$, i.e. n=0. Roughly speaking, these proof steps can be described as steps in practical mathematical reasoning in the following way:

If we know the formulas $B_1,...B_m$,
then we know the formula C as well.

- In order to infer C from the set of formulas Γ, it suffices to infer each B_i, $1 \leq i \leq n$, from A_i and Γ, and each B_i, $n+1 \leq i \leq n+m$, from Γ. This application of the rule changes the set of formulas which have to be proved, thus it is called a top-down proof step. Roughly speaking, these proof steps can be described as steps in practical mathematical reasoning in the following way:

  In order to show the formula C,
  it suffices to show each of the formulas $B_1,...B_{n+m}$
  by using the corresponding formula A_i, $1 \leq i \leq n$, as an additional assumption.

As Γ represents the whole knowledge that is not directly needed in this particular proof step, further on in this paper it is omitted in the description of inference rules for purposes of a shorter notation.

A natural deduction system uses three different types of inference rules: rules for the connectives, rules for the quantifiers, and rules for the operators.

For each connective and quantifier, there is both a rule for its introduction and its elimination. The outmost symbol of a formula which has to be proved is eliminated by the application of the associated introduction rule, whereas the application of the appropriate elimination rule eliminates the outmost symbol of a formula which is considered to be known. Thus, the application of both types of inference rules simplifies the formulas building up the current proof situation.

As an example, we show the rules for the universal quantifier:

- $\forall$-introduction rule: $\dfrac{\vdash A_x[c]}{\vdash \forall x\ A}$ with c being a new constant.

  (The application of this rule in a top-down proof step corresponds to the following step in human reasoning: In order to show $\forall x\ A$, it suffices to consider an arbitrary but fixed c and to show $A_x[c]$.)

- $\forall$-elimination rule: $\dfrac{\vdash \forall x\ A}{\vdash A_x[t]}$

  (The application of this rule in a bottom-up proof step corresponds to the following step in human reasoning: If we know $\forall x\ A$, we know $A_x[t]$ for any term t as well.)

As the equality predicate is the only implicit operator used by PROOF-PAD, its rules for the operators are the usual rules for the equality predicate, essentially substitution rules.

Additional to this pure natural deduction inference rule system, PROOF-PAD offers two features allowing more 'natural' and comfortable applications of the system:

- The rules for the connectives are supplemented by inference rules summarizing some of the elementary rules and often used in practical mathematical reasoning. Furthermore, the user is offered the possibility to define inference rules of the propositional calculus by himself. Of course, the system is checking the correctness of these self-defined rules. This allows the addition of more comfortable and extensive inference rules, which enable the execution of typical sequences of rule applications in one proof step.

- Secondly, PROOF-PAD allows the explicit definition of new function and predicate symbols. Therefore there are additional inference rules for the introduction and elimination of thus defined function and predicate symbols in both formulas which have to be proved and formulas which are considered to be known. At this point, we want to remark that Hilbert's ε-quantifier offers a natural way of transforming implicit definitions of function symbols into explicit ones. Thus, the restriction to explicit definitions is no limitation to the introduction of new function and predicate symbols.

This completes the specification of the formal system used by PROOF-PAD. Before advancing to the proof concept based on this formal system, a summary of all components dependent from a special proof problem is given:
- types,
- variables and their types,
- function and predicate symbols not explicitly defined, their arity, argument and result types,
- explicit axioms,
- explicit definitions of function and predicate symbols, and
- self-defined inference rules for the connectives.

The proof concept:

A proof in this formal system is a finite sequence of proof situations, each of which can be completely characterized by a set of proof problem specifications. Each proof problem specification (S,K) consists of a set S of formulas which are required to be shown and a set K of formulas which are considered to be known. Therefore the corresponding proof problem is obviously solved iff $S \subseteq K$.

The proof starts from the proof situation whose only element is the initial proof problem specification consisting of the goal and the axioms. Each application of an inference rule changes the current proof situation in the following way: A bottom-up proof step increases the set K of some of the associated proof problem specifications, and a top-down proof step replaces an element of the set S of some of the associated proof problem specifications by adding new proof problem specifications. The problem of proving the goal is to construct a proof whose last proof situation contains only proof problem specifications corresponding to solved proof problems.

This conception of a proof can be visualized by a tree or 'semantic tableau', which is due originally to /BETH 62/. The nodes (S,K) of this tree represent proof problems and its edges represent the applications of inference rules. Starting from the root ({goal}, set of axioms), the tree is extended by each single proof step such that the current proof situation is represented by the leaves of the tree at any state of the proof process. As soon as all terminal nodes represent solved proof problems, a tree thus constructed corresponds to a complete proof of the goal relative to the set of axioms.

The central data structure of PROOF-PAD representing a proof is a modified version of such a Beth tree allowing the user to try different paths in order to proof the goal. This more flexible proof representation as an AND/OR-tree is introduced in the next section.

III. THE PROOF REPRESENTATION

The dialogue between PROOF-PAD and the user starts from a proof problem of the following form:

```
Given    - a formal system F of the type described in the last section and
         - the goal G, a formula of F,
find     a proof of G in F.
```

As discussed above, such a proof consists of singular proof steps with each proof

step being the application of an inference rule to a particular proof situation. In
order to achieve a uniform description of each of the proof steps building up a proof
and to be able to give a final summary of all the knowledge assumed in the proof,
each axiom A used in the proof has to be introduced by an own bottom-up proof step
being the application of the inference rule $\frac{}{\vdash A}$.

PROOF-PAD arranges all proof steps of a proof under construction in an AND/OR-tree of
the following form:

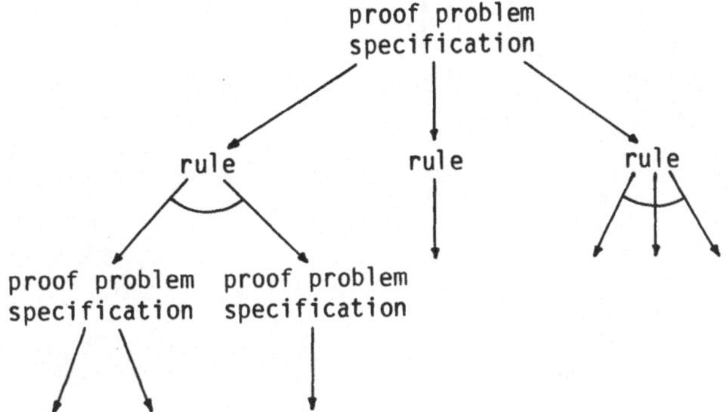

Each proof situation consists of a set of proof problems all of which have to be
solved in order to solve the whole proof situation. And the application of an
inference rule to a particular proof problem specification generates a set of new
proof problems all of which have to be solved in order to solve the original proof
problem. But PROOF-PAD also allows the application of different inference rules to
the same proof problem specification. This enables the user to experiment and try
different paths in order to solve a particular proof problem. This time one successful path suffices to solve the original proof problem.

Therefore the process of proving can be represented by the construction of an
AND/OR-tree whose OR-nodes correspond to proof problems and whose AND-nodes
correspond to the applications of inference rules. The construction of this tree
starts from the initial proof problem, which is solved as soon as a solution tree of
the AND/OR-tree under construction is found. Roughly speaking, a solution tree of an
AND/OR-tree is analogous to a path from the root to a terminal node in an ordinary
tree. Starting from the root of the AND/OR-tree it can be obtained by selecting one
outgoing edge of an OR-node and all outgoing edges of an AND-node. For each of the
successor nodes to which these selected edges are directed the selection process is
continued until all successors thus produced are terminal nodes, that is, they
correspond to 'empty' proof problems.

Each proof problem n is completely specified by two sets of formulas: the set $S(n)$ of
formulas which have to be shown and the set $K(n)$ of formulas which are known.
Therefore a proof problem n is 'empty' iff $S(n)$ is the empty set. PROOF-PAD marks the
root r of the AND/OR-tree for proving the goal G with $S(r)=\{G\}$ and $k(r)=NIL$. Each
node n of the other OR-nodes representing proof problems is marked with the
corresponding set $S(n)$ of subgoals and $k(n)$ which is either a formula or the empty
list NIL such that for the corresponding set $K(n)$ of already known formulas holds:

$$K(n) = \{k(i) \ / \ (i \text{ is an OR-node of the path from } r \text{ to } n) \ \& \ (k(i) \neq NIL)\}.$$

n is a terminal node iff n is an OR-node and $S(n)=\phi$. Thus each solution tree of this
AND/OR-tree corresponds to a complete proof of G.

In this example of an AND/OR-tree for proving G, each node n of the OR-nodes is labeled with $(k(n),S(n))$ and a solution tree is marked:

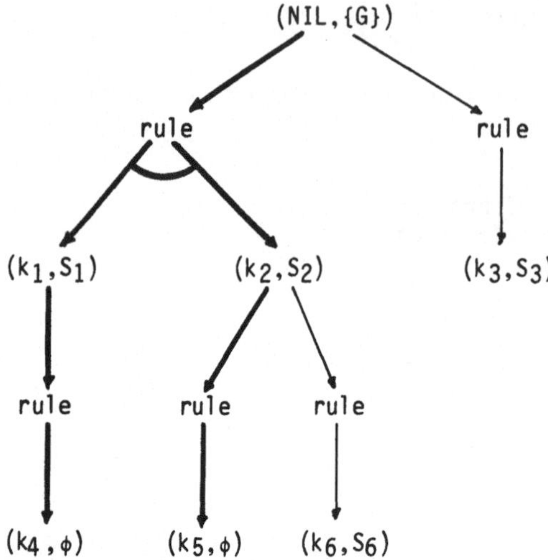

In the following, the growing and manipulation of the proof tree during the process of proving is described. As discussed above, there are two different types of proof steps that build up the AND/OR-tree: bottom-up and top-down proof steps.

Execution of a bottom-up proof step:

Each of the inference rules that can be applied in a bottom-up proof step is of the form

$$\frac{\vdash B_1 \\ \vdots \\ \vdash B_m}{\vdash C} \ , \ m \geqslant 0.$$

This rule R can be applied only to proof problem specifications (K,S) with $\{B_1,\ldots B_m\} \subseteq K$, and generates the new proof problems specified by $(K \cup \{C\},S-\{C\})$.

Due to the application of this rule, PROOF-PAD extends the proof tree in the following way: Each OR-node n marked with (k,S) that is the only OR-node of the path from the root r to n that corresponds to a proof problem specification (K,S) with $\{B_1,\ldots B_m\} \subseteq K$ is replaced by the graph

$$(k,S)$$
$$\downarrow$$
$$R$$
$$\downarrow$$
$$(C,S-\{C\})$$

such that the OR-node marked with (k,S) becomes the only successor node of the predecessor of n and all sucessors of n become successor nodes of the OR-node marked with $(C,S-\{C\})$. Each of the other OR-nodes marked with (k,S) that also corresponds to a proof problem specification (K,S) with $\{B_1,\ldots B_m\} \subseteq K$ is marked with $(k,S-\{C\})$. This extension of the AND/OR-tree, which inserts each bottom-up proof step as close to the root as possible, is necessary to make the new known formula C available to all proof problem specifications to which the rule R can be applied. As a consequence, each of the bottom-up steps is executed in the final proof 'as soon as possible'.

Execution of a top-down proof step:

On the other hand, each of the inference rules that can be applied in a top-down proof step is of the form

$$
\begin{array}{l}
A_1 \vdash B_1 \\
\quad \vdots \\
A_n \vdash B_n \\
\quad \vdash B_{n+1} \\
\quad \vdots \\
\quad \vdash B_{n+m} \\
\hline
\quad \vdash C \quad , \; n \geqslant 0, \; m \geqslant 0.
\end{array}
$$

This rule R can be applied only to proof problem specifications (K,S) with $C \in S$, and generates the new proof problems specified by $(K \cup \{A_1\}, (S-\{C\}) \cup (\{B_1\}-K))$, ... $(K, (S-\{C\}) \cup (\{B_{n+m}\}-K))$.

Due to the application of this rule, PROOF-PAD extends the proof tree in the following way: Each OR-node marked with (k,S) such that $C \in S$ and to which no bottom-up proof step has been applied so far gets the root of the AND/OR-tree

$$
(A_1,(S-\{C\}) \cup (\{B_1\}-K)) \quad \ldots \quad (NIL,(S-\{C\}) \cup (\{B_{n+m}\}-K))
$$

as a new successor node. This extension of the AND/OR-tree guarantees that all bottom-up proof steps remain as close to the root as possible.

Now a final informal definition of the term 'proof' as it is used by PROOF-PAD can be given. A proof of the goal G in the formal system F is a solution tree of an AND/OR-tree constructed as follows:
- Its root is an OR-node marked with (NIL,{G}).
- Each construction step results from the application of an inference rule of F, that is, the AND/OR-tree is extended in one of the two ways defined above.
- Its terminal nodes are OR-nodes iff marked with (k,ϕ).

In fact, there are additional manipulations of the AND/OR-tree simultaneous to the proof process in order to delete 'useless' proofsteps as soon as possible, that is, proof steps which are recognized to be unnecessarily executed in order to prove the goal. These manipulations do not change the basic structure of the proof tree but guarantee the final proof to be 'minimal' in a weak sense.

IV. EXAMPLE OF A DIALOGUE WITH THE SYSTEM

Suppose, we want to prove that the sum of two bounded real functions is bounded. In the following, the exact proof problem and a complete proof generated by using PROOF-PAD is listed.

Previously, the basic user commands occuring in the dialogue have to be explained:
- TYPES defines types and the types of variables.
- FUNCTIONS defines the arity, argument and result types of not explicitly defined function symbols.

- PREDICATES defines the arity and argument types of not explicitly defined predicate symbols.
- AXIOMS defines explicit axioms.
- DEFINITIONS defines explicit definitions of function and predicate symbols.
- GOAL defines the initial goal.
- FORMULAS defines any formulas.
- RULE causes the execution of a proof step. The arguments of this central command include an inference rule and the names of the formulas to which this rule has to be applied. Therefore each of the formulas occuring throughout the whole dialogue is named either by the user or by the system.

Resulting from the execution of a proof step, PROOF-PAD generates a new proof situation and informs the user by the following messages:
- THEOREM marks inferred knowledge.
- ASSUMPTION marks knowledge temporarily assumed during the proof process.
- SUBGOAL marks formulas that have to be shown in order to prove the initial goal.
- CONSTANTS defines the types of new constants generated by the system.
- QED indicates that a correct and complete proof of the initial goal relative to the defined axioms and definitions has been accomplished.

First we have to initialize the system by specifying our proof problem. (Throughout the whole dialogue, all user input lines start with the prompt symbol "?", whereas the output of PROOF-PAD is marked with "*".)

```
? TYPES: realfunction: xf,xg
         real: x,y,z,x1,x2,y1,y2

? FUNCTIONS: abs: real -> real
             +: real x real -> real
             ♦: realfunction x realfunction -> realfunction
             apply: realfunction x real -> real

? PREDICATES: ≤: real x real

? AXIOMS: apply(xf♦xg,x) = apply(xf,x) + apply(xg,x). (AX1)
          x≤y & y≤z -> x≤z. (AX2)
          x1≤y1 & x2≤y2 -> x1+x2 ≤ y1+y2. (AX3)
          abs(x+y) ≤ abs(x) + abs(y). (AX4)

? DEFINITIONS: bounded(xf) :<-> (Ex)(Ay)(abs(apply(xf,y)) ≤ x). (DEF1)

? GOAL: bounded(xf) & bounded(xg) -> bounded(xf♦xg).
```

This completes the specification of the proof problem. Now we can start the interactive generation of a proof.

```
? RULE: A-introduction (GOAL,(xf,xg))
* CONSTANTS: f,g: realfunction
* SUBGOAL: bounded(f) & bounded(g) -> bounded(f♦g). (G1)

? RULE: IF-introduction (G1)
* ASSUMPTION: bounded(f) & bounded(g). (A1)
* SUBGOAL: bounded(f♦g). (G2)

? RULE: definition (G2,DEF1)
* SUBGOAL: (Ex)(Ay)(abs(apply(f♦g,y)) ≤ x). (G3)

? RULE: AND-elimination (A1)
* ASSUMPTION: bounded(f). (A2)
* ASSUMPTION: bounded(g). (A3)

? RULE: definition (A2,DEF1)
* ASSUMPTION: (Ex)(Ay)(abs(apply(f,y) ≤ x). (A4)
```

```
? RULE: E-elimination (A4,(x))
* CONSTANTS: a: real
* ASSUMPTION: (Ay)(abs(apply(f,y) ≤ a). (A5)

? RULE: definition (A3,DEF1)
* ASSUMPTION: (Ex)(Ay)(abs(apply(g,y)) ≤ x). (A6)

? RULE: E-elimination (A6,(x))
* CONSTANTS: b: real
* ASSUMPTION: (Ay)(abs(apply(g,y)) ≤ b). (A7)

? RULE: E-introduction (G3,((x,a+b)))
* SUBGOAL: (Ay)(abs(apply(f⊕g,y)) ≤ a+b). (G4)
```

In fact, this is the only crucial point in the whole proof. The elimination of the
existential quantifier of the subgoal G3 requires the creative mathematical idea of
constructing the term a+b, which represents the basic idea behind the whole proof.
Therefore an efficient automatic theorem prover requires an intervention of the user
exactly at this point, but automates the execution of all other proof steps, which
are only burdensome routine work for the human mathematician. Thus the aim of the
development of future versions of PROOF-PAD is to achieve this degree of the automatization of practical mathematical reasoning.

In particular, the following completion of the proof is pure routine work:

```
? RULE: A-introduction (G4,(y))
* CONSTANTS: c: real
* SUBGOAL: abs(apply(f⊕g,c)) ≤ a+b. (G5)

? RULE: A-elimination (A5,((y,c)))
* ASSUMPTION: abs(apply(f,c)) ≤ a. (A8)

? RULE: A-elimination (A7,((y,c)))
* ASSUMPTION: abs(apply(g,c)) ≤ b. (A9)

? RULE: AND-introduction (A8,A9)
* ASSUMPTION: abs(apply(f,c)) ≤ a & abs(apply(g,c)) ≤ b. (A10)

? RULE: A-elimination (AX3,((x1,abs(apply(f,c))),(x2,abs(apply(g,c))),(y1,a),(y2,b)))
* THEOREM: abs(apply(f,c))≤a & abs(apply(g,c))≤b ->
           abs(apply(f,c))+abs(apply(g,c)) ≤ a+b. (T1)

? RULE: IF-elimination (A10,T1)
* ASSUMPTION: abs(apply(f,c)) + abs(apply(g,c)) ≤ a+b. (A11)

? RULE: A-elimination (AX1,((xf,f),(xg,g),(x,c)))
* THEOREM: apply(f⊕g,c) = apply(f,c) + apply(g,c). (T2)

? RULE: EQ-symmetry (T2)
* THEOREM: apply(f,c) + apply(g,c) = apply(f⊕g,c). (T3)

? FORMULAS: abs(x) ≤ a+b. (F1)
? RULE: substitution (T3,F1,x)
* SUBGOAL: abs(apply(f,c)+apply(g,c)) ≤ a+b. (G6)

? RULE: A-elimination (AX4,((x,apply(f,c)),(y,apply(g,c))))
* THEOREM: abs(apply(f,c)+apply(g,c)) ≤ abs(apply(f,c)) + abs(apply(g,c)). (T4)

? RULE: AND-introduction (T4,A11)
* ASSUMPTION: abs(apply(f,c)+apply(g,c)) ≤ abs(apply(f,c)) + abs(apply(g,c)) &
              abs(apply(f,c)) + abs(apply(g,c)) ≤ a+b. (A12)

? RULE: A-elimination (AX2,((x,abs(apply(f,c)+apply(g,c))),
                           (y,abs(apply(f,c))+abs(apply(g,c))),
                           (z,a+b)))
* THEOREM: abs(apply(f,c)+apply(g,c)) ≤ abs(apply(f,c)) + abs(apply(g,c)) &
           abs(apply(f,c)) + abs(apply(g,c)) ≤ a+b ->
           abs(apply(f,c)+apply(g,c)) ≤ a+b. (T5)
```

? RULE: IF-elimination (A12,T5)
* ASSUMPTION: abs(apply(f,c)+apply(g,c)) ≤ a+b. (G6)
* QED

V. CONCLUSION

The final example showed the suitability of natural deduction for supporting practical mathematical reasoning and for extracting the basic creative ideas out of
actual proofs. For one of the major advantages of natural deduction systems seems to
be the fact that formulas and proofs are represented in the same form and manipulated
in the same way as in mathematics. This enables the interaction with the user and a
final printing of the whole proof in a form which can be well understood.

That is why there is the hope that a more advanced version of PROOF-PAD will really
serve as practical assistant to mathematicians, engineers, and, in particular, students.

Acknowledgement

The authors want to thank Prof. Bruno Buchberger for directing their interests onto
the analyzation and automatization of actual proofs and for focusing their attention
on the crucial points of practical mathematical reasoning. The work has been supported
by a grant of SIEMENS AG.

References

BETH E.W. (1962): Formal Methods. Reidel, Dordrecht-Holland.
BLEDSOE W.W., TYSON M. (1975): The UT Interactive Theorem Prover. The University of
   Texas at Austin, Math. Dept. Memo ATP-17.
BLEDSOE W.W. (1977): Non-resolution Theorem Proving. In: Artificial Intelligence 9,
   1-35.
BUCHBERGER B., LICHTENBERGER F. (1981): Mathematik für Informatiker I, Die Methode
   der Mathematik. 2. Auflage, Springer-Verlag Berlin Heidelberg New York.
GENTZEN G. (1935): Untersuchungen über das logische Schließen I. In: Math.
   Zeitschrift 39, 176-210.
MARTI J.B., HEARN A.C., GRISS M.L., GRISS C. (1978): Standard Lisp Report. First
   revision, University of Utah UCP-60, Salt Lake City.
WEYRAUCH R.W. (1980): Prolegomena to a Theory of Mechanized Formal Reasoning. In:
   Artificial Intelligence 13, 133-170.

The Simplifier of the Program Verifier "Tatzelwurm"

Thomas Käufl

Institut für Informatik 1
Universität Karlsruhe
Kaiserstraße 12
7500 Karlsruhe 1

1. Introduction

"Tatzelwurm" is a program verifier working like the program verifier of King [KIN69] or
the verifier of Stanford [LUC]. It accepts an asserted Pascal program and generates a set
of theorems – verification conditions – which are sufficient for the (partial) correctness of the program. (The rules used for the generation of verification conditions may be
found in [KÄU]). The conditions obtained are submitted to the simplifier. For the
conditions not proved by the simplifier the automated theorem prover "Markgraf Carl"
[BLA] is used in order to check their validity.
Examples show that it is not convenient to use a general automated theorem prover for
the proof directly. One reason is the size of the verification conditions. We have treated
a theorem (not one of the biggest) containing 65 junctors and quantifiers and 52
propositions. After expansion to conjunctive normal form we counted 3776 literals. (The
truth-functional preprocessing R_0 (see 4.3.) eliminated 3590 of them.)

Frequently verification conditions are theorems for which decision procedures exist. It
is more convenient to use such a decision procedure than a general automated theorem
prover.
In the subsequent chapter we give a sketch of the design principles of the simplifier.
One goal was the use of reduction procedures in order to deduce general arithmetic
equations which allow to eliminate variables and quantifiers. Quantifications are
reduced as far as it is possible without use of full predicate logic. Because of the size
of verification conditions it is necessary to select and to apply reduction procedures by
a supervisor in order to avoid useless reductions. After that we present algorithms
whose implementation is intended.
A worked example and a list of desirable decision procedures not mentioned in the
previous chapters will conclude the paper.

2. Principles of Design

1. Treatment of theorems containing quantifications
Verification conditions frequently contain quantifications. Quantifications are used to
formulate properties of structured data types like arrays and to construct the pre-
condition of procedure calls (see for example [CO]).
If one did not allow quantifications one would have to transform the theorems into
prenex form. But then by using only truth-functional laws a reduction of
$(A \wedge \forall x\, P(x)) \to (B \wedge \forall x\, P(x))$ to $(A \wedge \forall x\; P(x)) \to B$ would be impossible. King [KIN69] and
Nelson-Oppen [NO] do not treat theorems containing quantifications as subformulae.

2. No treatment of full predicate logic

Full predicate logic requires skolemization and unification. If we dispense with full predicate logic the search space is reduced drastically. Almost all simplifiers do not treat predicate logic [KIN72, NO] or require the variables to be instantiated interactively. [ERN]

3. Weak antiprenexform

The weak antiprenexform is defined in chapter 5.5. The preprocessing treats quantifications occuring as subformulas as propositions. Then the simplifier reduces the matrices of the quantifications. In some cases this allows to drop the quantifier. If this is not possible the quantification is transformed into weak antiprenex form.

4. Use of algorithms deducing new equations

One reason for the necessity of such algorithms may be found in [NO]. Equations allow to eliminate variables which may reduce a theorem considerably and to eliminate quantifiers (see chapter 5.6.)

5. Controlled application of reduction and decision procedures

Even if fast algorithms are not as widely applicable as slow algorithms the fast ones should have priority over the slow ones. All procedures should first be applied to those parts of the theorem where the greatest effect can be expected. Every procedure should recommend other procedures suitable after its termination.

6. Sorted logic

Sorted logic is used by the theorem prover "Markgraf Carl" [BLA]. A sort is a subset of the universe. For example the integral and real numbers are sorts. Distinct relation symbols are used for relations for different sorts. "Less than" e. g. applied to the integers is denoted by a symbol different from the symbol denoting this relation for the real numbers.

7. Treatment of real (rational) numbers

Most simplifiers do not treat predicates over rational numbers. On the other hand the simplifier would be of limited utility if we forbade rational numbers.

<u>3. The Simplifier: A Sketch</u>

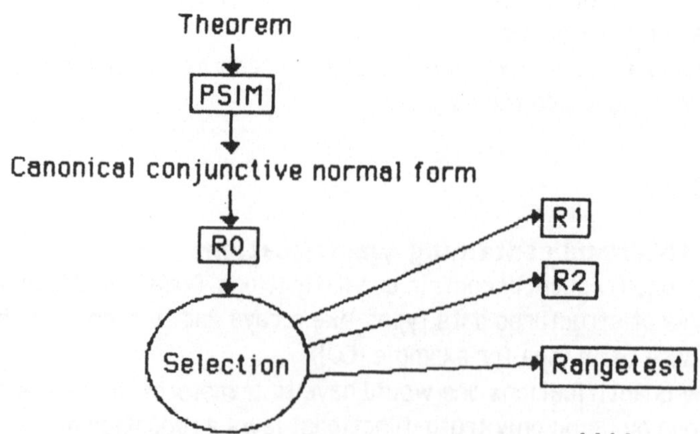

PSIM (see chapter 4), the expansion to conjunctive normal form and R_0 constitute the preprocessing of the theorem. If the theorem is not proved by the preprocessing it is submitted to the reduction procedures chosen by the selection. After termination of a procedure a new one is selected for application until the theorem is proved or no reduction is possible.

4. The Preprocessing

4.1 The Preprocessing PSIM

PSIM performs two tasks
a. Reduction of arithmetical terms to a normal form
Every arithmetical term is transformed into a sum of monomials of one or more variables. Terms whose outermost function symbol is uninterpreted are treated as variables. If in a fraction both arguments are numbers the result is computed and transformed into an integer if possible. If in a fraction one of the arguments is not a number then the fraction is treated as variable.
b. Reduction of arithmetical comparisons to canonical form
An arithmetical comparison like $t_1 < t_2$ or $t_1 = t_2$ (t_1, t_2 arbitrary arithmetical expressions) is transformed into $t_1 - t_2 < 0$ ($t_1 - t_2 = 0$ resp.) The comparison is termed canonical if $t_1 - t_2$ is in normal form as described in (a) and if the coefficient of the leading monomial is not negative.
The transformation to canonical form already permits to decide some comparisons and to reduce the theorem accordingly. There are cases in which this reduction proves the theorem.

4.2. Canonical Conjunctive Normal Form

In order to make possible further simplifications the theorem is negated and brought into conjunctive normal form. A normal form is termed <u>canonical</u> if it fulfills the following additional properties.
(i) No negation symbol precedes a comparison. ($^\neg t = 0$ e.g. is replaced by $t \neq 0$.)
(ii) If t is a term the result of which belongs to the sort integer, $t > 0$ ($t < 0$) is replaced by a canonical comparison equivalent to $t - 1 \geq 0$ ($t - 1 \leq 0$).
(iii) The matrices of quantifications occuring as literals are transformed into canonical conjunctive normal form.

4.3. The Truth-Functional Preprocessing R_0

The truth-functional preprocessing R_0 is applied to the theorem and to the matrices of each quantification contained. First all clauses in which a pair of complementary literals occurs are dropped. (If t is a term whose result is of sort integer then $t \leq 0$ and $t - 1 \geq 0$ are treated as complementary. This is also the case for $t \leq 0$ and $t > 0$ where the sort of the result is not integer and for quantifications like $\forall x\, A$ and $^\neg \forall y\, A$.)
In the next step R_0 is applied to the matrices of the quantifications occuring in the

theorem. If the bound variable does not occur in the reduced quantification the quantifier is dropped and if necessary the conjunctive normal form is restored.
The following steps simplify the theorem using the equivalences (A literal or clause, L literal, C, C_1, C_2 clauses)

$$A \wedge A = A$$
$$L \wedge (\neg L \vee C) = L \wedge C$$
$$(C_1 \wedge C_2 \wedge F) \wedge (C_1 \rightarrow C_2) = C_1 \wedge F$$

In the last equivalence $C_1 \rightarrow C_2$ means that C_2 is subsumed by C_1.

If a pair of complementary unit clauses is encountered R_0 is finished. If R_0 was applied to the theorem then it is proved.

5. The Reduction Procedures Controlled by the Selection

5.1. The Rangetest

The rangetest is an algorithm used by King ([KIN69], [KIN72]). King used it for the simplification of systems of equalities and inequalities over integers. In our implementation it is extended in order to reduce such systems over rational numbers too.

Examples

System	reduced
$5x^2 + 3xy \geq 0$ $5x^2 + 3xy \leq -1$	False
$3x + 2y \geq 0$ $3x + 2y \geq 1$	$3x + 2y \geq 1$
$i - n - 1 \leq 0$ $i - n \geq 0$ $i - n \neq 0$	$i - n - 1 = 0$

The rangetest simplifies systems (conjunctions) of comparisons in which the terms only differ in the constant.
After termination of the rangetest the following reductions should be performed:
Elimination of Variables (see 5.2.), truth-functional reduction R_1 or R_2 (see 5.3.) and the supinf-reduction (see 5.4).

5.2. Elimination of Variables

If an equation $x = t$ where x is not contained in t occurs in a unit then x can be replaced by t in the whole theorem. x is called (unit) eliminable. If a non-unit clause has an occurence of $x \neq t$ then x can be substituted by t in the non-unit. x is called <u>(non-unit) eliminable</u> in this case.

If the elimination of a variable changed the theorem the following reduction procedures should be applied to the theorem: Truth-functional reduction R_1 or R_2, elimination of variables and rangetest.

After the elimination of variables this reduction should be executed anew because it is possible that another variable has become eliminable. Also the rangetest may find new equalities or inequalities it may reduce successfully.

An elimination of a unit eliminable variable may change non-unit clauses. The reduction procedures mentioned above should be applied to these clauses, too.

5.3. The Reductions R_1 and R_2

The two algorithms are suitable adaptations of simplifications used by R_0 too. A non-unit changed by a previous reduction R_1 is executed. R_2 is executed after a simplification of the unit clauses.

5.4. The Supinf-Reduction

The supinf-method, which is part of the supinf-reduction, decides whether a system of linear equalities and inequalities over rational numbers is satisfiable. For systems of linear equalities and inequalities over integers the method is incomplete. It succeeds only for those unsatisfiable systems for which the notion of divisibility is not necessary. (For example $2x+2y \geq 1 \wedge 2x+2y \leq 1$ is not satisfiable for integers because 2 is not a divisor of 1. The supinf-method does not recognize the unsatisfiability of the system. For further details see [SHO77].)

The simplifier uses the supinf-method in order to determine whether a given system of linear inequalities is unsatisfiable. If such a system cannot be shown to be unsatisfiable the supinf-method is used to eliminate subsumed inequalities and to deduce all equalities which can be inferred from the inequalities by the transitivity of the order relations.

Examples:
In the system

  $x \leq y \wedge y \leq z \wedge x \leq z$

the order relation $x \leq z$ is subsumed by the other relations.
The system

  $y-g \leq 1 \wedge y \geq g \wedge x \leq g+1 \wedge x \geq g \wedge x-y+1 \leq 0$

implies the equations $x = g$ and $y = g+1$ which are deduced by the algorithm.

If new equations are obtained by the supinf-reduction then the elimination of variables should be applied to the theorem. If the supinf-reduction was applied to a system of inequalities occuring in a non-unit clause then the truthfunctional reduction R_1 should be applied to the theorem, too.

5.5. Weak Antiprenex Form

The implementation of an algorithm transforming a quantification into its weak antiprenex form is one of our next tasks.
In order to obtain the weak antiprenex form we use the equivalences

    (A1) $\exists x\,(A(x) \vee B) = \exists x\,A(x) \vee B$

    (A2) $\forall x\,(A(x) \vee B) = \forall x\,A(x) \vee B$ x not non-unit eliminable

    (A3) $\exists x\,(A(x) \wedge B) = \exists x\,A(x) \wedge B$ x not unit eliminable

    (A4) $\forall x\,(A(x) \wedge B) = \forall x\,A(x) \wedge B$

        where x does not occur in B.

If in (A2) and (A3) the proviso is not fulfilled the quantifier may be dropped. (See
chapter 5.6.)
Full antiprenexform is obtained by the use of additional equivalences like

    $\forall x\,(A(x) \wedge B(x)) = \forall x\,A(x) \wedge \forall x\,B(x).$

But full antiprenex form is not useful in the simplifier.
Example:
Whenever the equation a = b is deduced during the simplification of a theorem containing
$\forall x (x \leq a \wedge x \geq b \wedge Q)$ then it is possible to replace the quantification by $\forall x\,(x=a \wedge Q)$.
This is not possible when one has the full antiprenex form $\forall x\ x \leq a \wedge \forall x\ x \geq b \wedge \forall x\ Q$.

If a quantification is replaced by an equivalent formula in antiprenex form it is frequently necessary to restore the conjunctive normal form of the theorem. As a detailed
description of the suitable reductions would require too much space only the most
important are noted. If new units are obtained the truth-functional reduction R_2 should
be applied to the theorem. If new non-unit clauses occur in the theorem the procedures
rangetest and variable elimination should be applied to these clauses.

5.6. The Reductions Q1 and Q2

The implementation of these reductions is one of our next tasks. Q1 and Q2 allow to
eliminate quantifiers using the equivalences

    (Q1) $\forall x\,(x \neq t \vee C) = C$

    (Q2) $\exists x\,(x = t \wedge C) = C$

where in both cases x must not occur in C and t. A quantifier eliminated by Q1 or Q2 the
conjunctive normal form must be restored in general. This is the case if for example
$\neg \forall x(x \neq t \vee C)$ occurs as literal in a non-unit clause. Hence the subsequent reductions
substantially depend on the new clauses obtained after application of Q1 or Q2. In every
case R_1 or R_2 is applied and it is checked whether new variables are eliminable.

5.7. Expansion of Definitions

The algorithm replaces predicates defined by simpler predicates by its definitions and
restores the conjunctive normal form of the theorem. Then the reductions rangetest and
elimination of variables are applied to the new clauses. If quantifications are contained in the new clauses the simplifier is applied to their matrices, too.

5.8. How the Selection Works

An agenda containing the reductions together with their priority to be applied is added
to every non-unit clause and to the conjunction of unit clauses. The agenda is
instantiated with the reductions rangetest, elimination of variables and reduction of
quantifications. (The reduction of quantifications applies the simplifier to the matrices
of quantifications occuring as literals in the clauses.)
The priority a reduction procedure has depends on its complexity and on its effect upon
the theorem. Thus fast reductions like the rangetest or reductions having great effect
like elimination of variables have high priority. Complex or slow reductions like the
supinf-reduction or reductions which, applied too early, impede the simplification, for
example the expansion of definitions, have a low priority.
Priorities are changed dynamically. Assumed we are given a non unit clause with a
reduction waiting for execution in the agenda. If now the same reduction is to be entered
into the agenda only the priority is increased.

5.9. An Example

The verification condition given below comes from a program sorting an array.
Originally it contained 39 junctors and quantifiers and 31 propositions. After execution
of PSIM and the truth-functional preprocessing R_0, which eliminated 13 literals, the
formula consisted of the clauses:

1: $< x - y \geq 0 >$
2: $< x - y \geq -1 >$
3: $< \neg \forall v \ (\underline{v-y \leq -1 \lor v-y \geq 1} \lor a(v) \leq a(y)) >$
4: $< B >$
5: $< C >$

where B and C are two quantifications not necessary for the proof and hence not listed
explicitely. x, y and v are integer variables.
The rangetest eliminates the second clause. The underlined part of the third clause
transformed by de Morgan's law it is possible to deduce the inequality $v-y \neq 0$ by use of
the rangetest.
Thus v becomes eliminable and we obtain

$$v - y \neq 0 \lor a(y) \leq a(y)$$

as new matrix which proves the theorem.

5.10. Future Extensions

At present the simplifier applies only arithmetical or logical reduction procedures and
the procedures intended to be implemented are of the same kind. The reasons for this are
twofold. First these algorithms have a central role in almost every simplification and
second proofs not dealing with arithmetic are frequently executed more efficiently by
the "Markgraf Carl" theorem prover.
Nevertheless two reduction procedures are missing. In the present stage equations like
$f(x) = x$ where f is an uninterpreted function symbol cannot be used for simplification.

Though until now we have not found an example where the simplification necessarily depends on the use of an equation as mentioned above it is desirable to have the capability of using such equations for the reduction. It is well known that the theory of uninterpreted functions with equality is decidable. (See [ACK].) An implementation of this procedure would increase the performance of the simplifier.

Pascal provides the scalar or enumeration types as special data types. A suitable decision algorithm for systems of equalities and inequalities over those types will be necessary not later than when one intends to verify programs using scalar types to a great extent.

6. Conclusion

The program verifier is implemented in Interlisp running on a Siemens S7561 computer. The system comprises one million bytes of compiled code at present.

Using special techniques for storing, for example structure sharing and special data structures the simplifier works with high performance.

By use of the technique of data-driven programming it is possible to add further reduction procedures without the necessity of changing the system. Thus the behaviour of the extended simplifier can be tested without change of the system.

Acknowledgement: I am greatly indebted to Prof. B. Buchberger, Linz, who suggested to me to investigate and to implement the verifier of King.

References

[ACK] W. Ackermann: Solvable Cases of the Decision Problem
       Studies in Logic and the Foundations of Mathematics, Amsterdam: 1954
[BLA] K. Bläsius, e.a.: The Markgraf Karl Refutation Procedure
       Proceedings of the 7th International Joint Conference on Artificial Intelligence:
       1981
[CO]   R. Cartwright, D. Oppen: The Logic of Aliasing
       Acta Informatica 15, pp. 365 - 384: 1981
[ERN] G.W. Ernst, R.J. Hookway: Mechanical Theorem-Proving in the CASE Verifier
       Machine Intelligence 10: 1982
[KÄU] Th. Käufl: Automated Construction of Verification Conditions
       in Schriften zur Informatik und angewandten Informatik Nr. 87
       RWTH Aachen: 1983
[KIN69] J.C. King: A Program Verifier
         Ph.D. Thesis, Carnegie Mellon University, Pittsburgh: 1969
[KIN72] J.C. King, R.W. Floyd: An Interpretation-Oriented Theorem Prover over Integers
         Journal of Computer and System Sciences 6, pp. 305 - 323: 1972
[LUC] D.C. Luckham, e.a.: Stanford Verifier User Manual
       Report No. Stan-CS-79-731
       Computer Science Department, University of Stanford: 1979

[NO] C.G. Nelson, D.C. Oppen: Simplification by Cooperating Decision Procedures
      ACM TOPLAS 1, pp. 245 - 257: 1979
[SHO] R. Shostak: On the SUP-INF Method for Proving Presburger Formulas
      JACM 24/4, pp. 529 - 543: 1977

WHAT HAPPENED WITH AI'S DROSOPHILA?

Hermann Kaindl

Marxergasse 18/2/1
1030 Vienna, Austria

ABSTRACT

This paper analyses the relations of artificial intelligence and
computer chess (its former "drosophila"). First, it reviews the recent
history. Then some controversial issues are discussed (search paradigms, benefits of minimax lookahead and, if programs understand the
game of chess). Moreover, the experience with our own chess program
(MERLIN) is used to give some insight into the role of knowledge here,
classifiying it into "dynamic" and "static" knowledge.

0   INTRODUCTION

Even before the term "Artificial Intelligence" (AI) has been created,
the idea of chess playing machines has fascinated many people. Anyway,
most humans think that playing chess requires "intelligence".
Therefore, many of the early AI researchers began to think about
building such a machine, and computer chess became the "task par
excellance" for AI. Its role for AI research has often been compared to
that of the drosophila (fruit fly) in biology.

When AI research got more and more developed, many other tasks
requiring "intelligence" became of interest. Now, as AI has made the
step towards industrial application, computer chess is in part also
commercialized (many people have a chess machine at home now, in the
form of a microprocessor). However, as a research object it only plays
a minor role now, although the human World Champion plays much stronger
than the best machines, after all. The goal of this paper is to analyse
the relations of computer chess and AI in this context.

1   HISTORY

There are many papers giving an overview of the history of computer
chess (see e.g. [Berliner 1978]). Thus it is only necessary to point
out important things which happened in the meantime, and those which
are important for the understanding of today's situation.

The time beginning in 1975 was called "The Jet Age" by Berliner. This
shall reflect that simply by using faster hardware, programs based on

the controversial "brute-force" approach were going to play significantly stronger, and thus giving hard competition against human
tournament players. Since 1978 this trend was followed accordingly,
resulting in a machine named BELLE which received even the title of a
"master" (so this machine can be counted to the 10% of the best
tournament chess players in the world).

BELLE (see [Condon & Thompson 1982]) is essentially the same thing as
many other strong brute-force programs (like CHESS 4.5 [Slate & Atkin
1977]). However, it is significantly faster, as it is a hardware
realisation with strong emphasis on paralellism. So BELLE won the
World Computer Chess Championship in Linz (1980), whereas the one in
New York (1983) was won by CRAY BLITZ, running on the super-computer
CRAY XMP.

It seems to be a matter of taste, if one is tempted to say this is
also part of "The Jet Age", or if one wants to call this a new era
(possibly "The Rocket Age"). Essentially, the increase in strength
of the performance chess programs was due to even more speed.
Therefore, the underlying research progress here can be found much more
in disciplines like computer architecture than in AI. However, there
is something magical in this brute-force approach which should not
be ignored by AI: It is possible to produce intelligent behaviour
based on an absolutely different approach than by strong human players!

Although such programs are the most successful ones, this does not mean
that different approaches have not been tried. Especially, the earlier
programs performed a "selective" search, but also in a depth-first
fashion (see e.g. [Greenblatt et al 1968]). The reasons why this method
is less successful now, are analysed later here, but there are at least
two instances of experts in this field who have completely changed
their mind in this regard, due to their own experience:

- The authors of the famous program CHESS X.X changed the search
  strategy in 1973 (see [Slate & Atkin 1977]).

- [Berliner 1973] argumented very reasonably that primitive brute-force
  searching could not result in master strength. However, even very
  sophisticated methods (e.g. like the so-called causality facility)
  could not overcome the principal problems with selective depth-first
  search (see [Berliner 1974]). A good analysis of the benefits of
  full-width brute-force searching can be found in [Berliner 1981].

However, this does not mean that selective searching per se must be
bad (There is strong evidence that humans do not search all continuations.) Guiding the search in a best-first fashion gives it the
possibility to return to positions again, if an important move has been
omitted there up to now. The crucial point is here, that it is very
difficult to guide such a search. Up to now there exists no reasonable
program for the whole domain of chess playing which is based on this
approach, and it is not clear when there will be the first one giving a
serious challenge to the conventional ones in tournament play.

From the point of selective search there are two programs for the
domain of chess tactics of importance, both related somehow to the
best-first search algorithm B* by [Berliner 1979]. The first, PARADISE,
was written by [Wilkins 1980], and it actually makes use of chess
knowledge to guide a best-first search. Its abilities in finding forced
winning moves are rather developed, but it is definitely not clear
today, how to extend this approach to a strong tournament program. The
other work in this direction was by [Palay 1983] who refined B* by
evaluating with probability distributions rather than ranges. The

resulting abilities in finding forced winning moves are even comparable with that of the strongest conventional machines. However, it is important to note that there is nearly no chess knowledge involved here: The "static" evaluations used by the best-first search stem from shallow brute-force searches!

There are also different approaches to handle special endgames. The main pupose of such research is to learn how to introduce special purpose knowledge as useful as possible. Recent work in the domain of pawn endings has been e.g. by [Horacek 1983] and [Berliner & Campbell 1984].

There remains one essential incident of the computer chess history to be mentioned: the so-called Levy bet. In 1968 four AI-persons (namely Michie, McCarthy, Papert and Kozdrowicki) bet that a computer would be able to beat the International Master David Levy in a match within then years. It may be well known that Levy won it rather clearly despite the Jet Age coming up. However, he also won a match against CRAY BLITZ in 1984 with a score of 4:0 (see [Hyatt 1984] and [Levy 1984]).

The important lesson to learn from this is to realize the immanent difficulty of the task to write a chess program which can beat the human World Champion (who is even significantly stronger than Levy). Therefore it seems to me that computer chess remains an interesting domain although most humans can be beaten by a machine today, and although it is important to investigate other tasks (both to get insight and industrial applications).

2 SOME CONTROVERSIAL ISSUES

As one can see from the history, there is a strong trend of the performance programs towards speed, i.e. towards search instead of knowledge. And although this is supported by practical results, it is not accepted by many AI-people. Even the benefits of one of the basic principles of computer chess practice (the minimax propagation rule) is doubted by some of the AI theoreticians. The following explanations are an attempt to give some insight into these problems.

2.1 Which of the search paradigms is most promising?

As we have seen before, there have evolved essentially three different search paradigms here:

1) A full-width brute-force search to a certain depth (which of course is guided in a depth-first manner by use of backtracking);

2) a selective depth-first search;

3) a best-first search (which only gives sense when being very selective).

It is remarkable that these paradigms coincide rather strongly with the three different types of chess programs which have been proposed by [Shannon 1950].

The first of these paradigms is the most successful now, despite the enormous combinatorial explosion induced by an average number of 30-40 legal moves in a typical chess position. One important reason for the practicability of this approach is the existence of the alpha-beta algorithm (see e.g. [Knuth & Moore 1975]), another the development of several methods for utilizing its pruning power nearly optimally (see e.g. [Slate & Atkin 1977]). Moreover, the speed of hardware and the efficiency of programming techniques has been developed significantly. This way some automata can "see" everything within eight plies and more without actually searching all the moves (due to alpha-beta cutoffs). However, there remains the question why this is so useful. A selective search with the same speed could even go much deeper!?

Typically, selective methods need certain effort for deciding which continuations to look at and which to discard a priory. Therefore, they are usually not such fast. Even more important is the fact that they often "spoil the child with the bath" when discarding a move (which is often called "forward pruning"). When doing so in a depth-first search such an error cannot easily be recovered, either.

The reason why such forward pruning is so difficult and therefore inferior, is certainly related to the very "tactical" nature of chess. For playing it reasonably, it is necessary to be accurate at computing the forced variations and consequences of the different alternatives. And this is the main reason why the brute-force approach is so successful. Searching all the possibilities (except those which cannot effect the result) you cannot "overlook" anything (within your search horizon!). Tactical "motives" are simply discovered by trial and error instead of being recognized by complicated (and possibly incomplete) knowledge.

As a consequence one is tempted to consider the second paradigm (Shannon's type B) as a conceptual failure. However, the first one must also have its deficiences, considering the fact there exist human chess players who can beat the best machines rather clearly. For example, the static evaluation of positions at the end of the searched variations has to be very fast (and thus rather superficial) to allow for deep searches. Doing this evaluation in parallel (by special purpose hardware) may mitigate this somewhat, but cannot resolve it completely. Another deficiency is the inability to find very deep combinations as they are simply beyond the horizon. Strong human players are better off in this respect as they have no such artificial horizon. Therefore, what is it about attempting to simulate the method of strong humans by the third paradigm?

History has told us that special purpose programs for the domain of chess tactics can be successful in their domain, based on a best-first search. It is remarkable that their strengths and weaknesses are very similar to that of humans: they can solve deeper problems than the brute-force competitors, but also suffer sometimes from inaccuracies when given shallower problems. But why is it so difficult to extend this approach to a good competition program?

Well, first of all it has to be stated that their domain actually was a sub-domain of tactics, namely that of finding a forced winning move when there exists one. In part, this seems to make the task of controlling the search easier. (In the ordinary game situation there is no such possibility.) However, what seems to be much more critical is the fact, that tactics is only the necessary condition for playing reasonable chess. Additionally, there are many other aspects of importance, but at least some "positional" knowledge. Brute-force programs are using such rudimentary knowledge coded in their static evaluation functions, by doing some form of hill-climbing. So they do not have to know a priori which moves are useful in this respect, much to the contrary of best-first ones.

Thus a best-first searching program must have some goal-oriented mechanism to solve this issue, in order to avoid "explosions" of its search (a best-first search has serious storage requirements). Nevertheless, one definitely cannot rule this approach out today, only because it is more difficult to handle.

2.2   The Benefits of Minimax Search

Practically all of the better chess programs are somehow based on the minimax principle. This seems to be true for checkers and kalah programs, either. The experience with all these programs has shown that searching deeper using the minimax propagation rule usually improves the decisions significantly.

A lot of theoretical work has analysed this (e.g. [Beal 1982], [Nau 1982], [Pearl 1983]). However, no convincing evidence has been given for the practical observations. Much to the contrary, so-called pathological behaviour has been shown to exist, based on certain assumptions.

This seeming contradiction disappears when realizing that the theoretical models are based on unrealistic assumptions, thus analysing the behaviour on trees with properties which are different from those actually searched (at least for games like chess, checkers and kalah). However, it remains that the real effects of minimax search in practice are not completely understood by the theoreticians. On the other hand, it is true that taking the maximum (minimum) of estimated values (as if they were the real ones) is only a heuristic. Therefore, this method should not be so undisputed by the practitioners.

Obviously, the accuracy of the used estimates is usually sufficient to allow for this heuristic most of the time. Moreover, some properties of the actually searched trees also seem to support the usefulness of minimaxing (e.g. some sort of "clustering" of the values instead of an independent distribution). When considering the issue from a more semantic level, it looks rather plausible that searching deeper is so beneficial: The static evaluations used in practice usually incorporate only really static knowledge, whereas the dynamic aspects are evaluated conveniently by the (full-width) minimax search.

2.3   Do the programs understand the game of chess?

Many people believe that machines cannot think or understand at all. A continuation of this rather emotional discussion would be beyond the scope of this paper. So let us investigate this question by observing the performance in actual play: Do the machines' moves indicate "understanding" or "perception" of the game (at least when assuming they were made by humans) ?

Generally, one can say that the better programs play reasonable moves most of the time. As a matter of fact, humans with the same amount of chess knowledge definitely play worse. The search employed by the programs enable them to use simple pieces of knowledge in such a way, as if they would know (understand) more complex concepts. This is not only true for "tactics" (as indicated earlier), but also for "positional" play: For example one can observe programs playing knights away from the center, starting a sequence of moves on a "path" right towards the center (such moves are sometimes necessary when no direct approach is possible). These programs only know that the position near the center is usually good, and their search enables them to play as if they would understand "paths" to the center. Another fine example from a BELLE game was presented by [Berliner 1981]: This machine, having some crude heuristics regarding "mobility" and "space advantage" and not having explicit knowledge about "good versus bad bishops" played very well, as if it would understand this concept.

However, the "master" BELLE sometimes plays so unaware of the ultimate goals (to win, or at least, not to lose) that it managed e.g. to lose a more than clearly won position against NUCHESS (the successor of CHESS 4.X) at the ACM tournament in 1984: Being ahead by queen versus knight and bishop, it allowed for making a passed pawn, supported by a well posted knight; this configuration severely hindered its own progress, incidentally losing the game by a queening threat of this passed pawn. Due to the given (average) values of pieces, not knowing of the opponent's threats and unable to plan on a higher level, BELLE could not find the rather simple (to humans) solution: "sacrifice" some little material (giving a rook for knight or bishop and pawn), and proceed to win!

Thus one can conclude, that the programs do not understand the game of chess as a whole. However, this must not be true for all the times. It seems, that the most severe problems arise from lacks of specific knowledge and hierarchical planning. In the case of knowledge there is the same situation as in other areas of AI: how to represent it and how to gather it?! The ability of hierarchical planning might resolve the problems of specific situations, where some kind of meta-reasoning is necessary.

3 MERLIN

Discussing the relations of computer chess and AI, it seems convenient to tell something about the experience with our own chess program MERLIN, especially as it is one of the few examples today from the intersection of these fields. (MERLIN was written by Helmut Horacek, Marcus Wagner and myself.) As a matter of fact, there were only three papers presented at the IJCAI-83 regarding computer chess, and there was only one directly related to specific methods which were also used at the World Computer Chess Championship of the same year. (MERLIN tied for 10th there, out of 22 participants.)

3.1 Search versus Knowledge

Usually, the machines are playing better in tactical situations than in positional ones, at least when compared with humans (see also [Bratko &

Kopec 1981]). For example, [Berliner 1981] argued that BELLE's balance of search versus knowledge is too much in favour of search, resulting in extremely good tactical but sometimes rather weak positional play.

Thus, one of the primary goals of MERLIN's design was the attempt to use more knowledge of the domain in order to improve the positional play. Using more knowledge for static evaluation means using more time for most of the nodes, thus resulting in smaller search trees (giving the same amount of time). As explained earlier, only full-width searching is successful today in competition, but it is necessary to search large trees and therefore being fast to overcome the combinatorial explosion. Our attempt out of this dilemma was to refine the simple methods which tend to search every branch to the same depth in such a way, that more "interesting" branches should be investigated deeper than others, resulting in a more variable search depth (see [Kaindl 1982b, 1983]). Unfortunately, for discriminating more "interesting" branches, the use of even more knowledge was necessary.

The effects of these attempts are rather two-edged: For example, MERLIN was able to beat the special-purpose machine BEBE at the World Championship, which after this loss in the first round won the other four games and finally came in second. (BEBE is very fast and searched at least two plies deeper than MERLIN.) However, MERLIN blunders (more often than others) when an important tactical move is outside its (shallower) full horizon, but not in its (advanced) quiescence search. Another way of comparison is to look at the results on specific positions. On the test set proposed by [Kopec & Bratko 1982] MERLIN solved 20 out of 24 problems (12 oriented to tactics and 12 to "strategy") which is very good and even slightly better than BELLE's performance (it also compares well with that of human "masters"). Another widely used set of positions (oriented to tactics) is taken from the book by [Reinfeld 1945]. Here MERLIN selected the right move in 88% of the 300 positions, which is better than the result reported by [Palay 1983] with his best-first search (81%), and about the same as that of TECH3 by [Szabo 1984]. The comparison with the latter is interesting for the following reason: Running on nearly equally fast machines, MERLIN's full horizon was about 2 plies shallower (the number of nodes searched being about 1/30), due to the knowledge involved. However, BELLE's ratio of correctly selected moves was 94%.

From these results one can conclude that MERLIN's refinements to the usual methods have substituted (tactical) knowledge for search corresponding to nearly 2 plies, thus allowing to do more thorough positional evaluations. However, the overall gain is not so overwhelming, when considering that the difference between having no quiescence search at all and doing a simple capture quiescence search is said to be worth 4 plies. Consequently, a further shift in this direction will be at least very difficult.

Summarizing, it seems that MERLIN is rather on the other extreme of the spectrum (when considering conventional programs), and that "deep" full-width searching is necessary, anyway. However, future developments in hardware speed-up will be really beneficial then!

3.2 Knowledge Representation

Involving more knowledge poses the question about its representation. Well, due to the severe time constraints most of MERLIN's knowledge is

simply encoded in procedural form. Even the use of a high level
language (PASCAL) is a compromise here, as the existant compilers do
not provide for really efficient use of the real machines. The
"knowledge" itself is a collection of ad hoc heuristics which seem to
fit best to the descriptions in books or own experience of the
programmers. Unfortunately, the advice of chess "experts" is informal
and not operational (of course, this is not exceptional in AI).

However, there is an important point we have learned from our research:
the knowledge involved can be classified into two categories, namely
"dynamic" and "static" knowledge. "Dynamic" knowledge is rather easily
computable doing a search, and very difficult and complicated to
describe formally with sufficient accuracy. "Static" knowledge can
usually not be gained by a search (due to practical considerations),
but is somewhat easier to describe.

Tactical games like chess, checkers or kalah can be played by machines
rather well, based primarily on search, as there dynamic knowledge is
more important than static one. So the question arises if it is
necessary to try with all means to solve such problems without or with
much less emphasis on search. Most of the real life problems are
probably much more depending on static knowledge, and thus cannot be
solved by machines doing simply searches. However, it might be a useful
idea to identify partial problems depending on dynamic knowledge: the
machines will be able to solve them very efficiently and accurately
+hrough searches, even though humans have to rely on different methods
(restricted by their slow "hardware").

We have also tried to give a machine static knowledge about long-range
plans (see [Kaindl 1982a]). For fast use it was pre-compiled to a table
of "patterns" describing states of plan achievement. In principle, it
worked. However, for being really practicable, such an approach needs
an awful lot of such plan descriptions, resulting in the usual
man-machine communication bottleneck. Although a special descriptive
language (based on if-then rules) has been provided, it seems as if
much more tools are necessary for efficient transfer of such knowledge
(possibly based on special purpose terminals etc.).

3.3 Heuristics

"A 'heuristic program', to be considered successful, must work well on
a variety of problems, and may often be excused if it fails on some."
(see [Minsky 1963]). Well, heuristics may fail sometimes (by definition). However, what happens in such failure situations?

For example, MERLIN's quiescence search was extended (among others) to
account for "threats" to the side on move: e.g., if the opponent has a
promotable pawn, the situation is investigated further, trying a "null
move"; if the promotion actually threatens, the static value is refused
(because of its inaccuracy in such situations), and some defence moves
are tried. This heuristic should give better results than usual in at
least nine out of ten cases. However, practice has shown, that such a
heuristic can cause blunders when it fails (if the threat can be
answered by active play beyond the scope of the quiescence search).

Therefore, one must analyse the cases when a heuristic fails, and try
to prevent it from making things really bad in such situations.
Although this may be clear anyway, it is worth to note, that sometimes

extra effort is necessary for this.

4   CONCLUDING REMARKS

Summarizing, it seems as if many aspects of computer chess are not really understood by the AI community. On the other hand, most of the people involved in chess programming are not willing to try new methods. Instead they are re-inventing the wheel over and over again, and only try to make it faster.

However, the brute-force approach is much more successful now for tactical games, and its development (primarily using chess programs) has contributed much to the existing search theory. Therefore, "scientific" methods will have to prove that they can give better results than the simple approach.

Although it is clear today, that building a chess program is not the key to the understanding of all aspects of "intelligence", it remains a challenge to see, if and how a machine can be built which plays stronger than the strongest human.

REFERENCES

Beal, D.F. (1982) Benefits of minimax search, in: Advances in Computer Chess 3 (ed. M.R.B. Clarke), pp. 17-24. Pergamon Press, 1982.

Berliner, H.J. (1973) Some Necessary Conditions for a Master Chess Program, in Proc. IJCAI-73. Stanford, August 1973, 77-85.

Berliner, H.J. (1974) Chess as problem solving: The development of a tactics analyser. Ph.D.Dissertation. Computer Science Dep., Carnegie-Mellon University, Pittsburgh.

Berliner, H.J. (1978) A chronology of computer chess and its literature, in Artificial Intelligence 10, 201-214.

Berliner, H.J. (1979) The B* Tree Search Algorithm: A Best-First Proof Procedure, in Artificial Intelligence 12, 23-40.

Berliner, H.J. (1981) An Examination of Brute Force Intelligence, in Proc. IJCAI-81. Vancouver, August 1981, 581-587.

Berliner, H.J. & M.Campbell (1984) Using Chunking to Solve Chess Pawn Endgames, in Artificial Intelligence 23, 97-120.

Condon, J.H. & K.Thompson (1982) Belle Chess Hardware, in Advances in Computer Chess 3 (ed.M.R.B.Clarke). Pergamon Press Ltd. 45-54.

Greenblatt, R.D. & D.E.Eastlake & S.D.Crocker (1967) The Greenblatt Chess Program. FJCC, vol 31, pp. 801-810.

Horacek, H. (1983) Knowledge-based move selection and evaluation to guide the search in chess pawn endings, in ICCA Journal 6(3), August 1983, 20-37.

Hyatt, R.M. (1984) Cray Blitz versus David Levy, in ICCA Journal 7(2), June 1984, 102-105.

Kaindl, H. (1982a) Positional long-range planning in computer chess, in Advances in Computer Chess 3 (ed.M.R.B.Clarke). Pergamon Press Ltd. 145-167.

Kaindl, H. (1982b) Dynamic Control of the Quiescence Search in Computer

Chess, in Proc. EMCSR-82. Vienna, April 1982, 973-978.
Kaindl, H. (1983) Searching to Variable Depth in Computer Chess,
    in Proc. IJCAI-83. Karlsruhe, August 1983, 760-762.
Knuth, D.E. & R.W.Moore (1975) An Analysis of Alpha-Beta
    Pruning, in Artificial Intelligence 6, 293-326.
Kopec, D. & I.Bratko (1982) The Bratko-Kopec experiment: a test of
    some well-known hypothesis about computer chess, in Advances
    in Computer Chess 3 (ed.M.R.B.Clarke). Pergamon Press Ltd.
Levy, D.N.L. (1984) Chess Master versus Computer, in ICCA
    Journal 7(2), June 1984, 106-117.
Minsky, M. (1963) Steps Toward Artificial Intelligence, in
    Computers and Thought, (eds. Feigenbaum & Feldman),
    McGraw-Hill.
Nau, D.S. (1982) An investigation of the causes of pathology in
    games, Artificial Intelligence 19 (1982) 257-278.
Palay, A.J. (1983) Searching with Probabilities, Ph. D.
    Dissertation, Computer Science Department, Carnegie
    Mellon University, May 1983.
Pearl, J. (1983) On the nature of pathology in game searching,
    Artificial Intelligence 20 (1983) 427-453.
Reinfeld, F. (1945) Win at Chess, Dover Books, 1945.
Shannon, C.E. (1950) Programming a computer for playing chess.
    Phil.Mag.41, 256-275.
Slate, D.J. & L.R.Atkin (1977) CHESS 4.5 - The Northwestern
    University chess program, in Chess skill in man and
    machine (ed.P.W.Frey) Springer-Verlag, N.Y.
Szabo, A (1984) Computer Chess Tactics and Strategy, Master's
    Thesis, University of British Columbia, February 1984.
Wilkins, D. (1980) Using Patterns and Plans in Chess,
    in Artificial Intelligence 14, 165-203.

TA OF AI

R.Trappl

Austrian Research Institute
for Artificial Intelligence,
and University of Vienna, Austria

In 1985, according to a recent article in Business Week (Smith, 1985),
companies in the USA will spend an estimated $74 million, almost twice
the 1984 total, to develop expert systems and purchase software "tool
kits" that allow them to build. their own decision-making systems.
Sales of LISP-machines will "soar" (Business Week's wording) to $364
million in 1985, up 59% over last year.   Symbolics and LMI project
their   revenues will   grow 50% to 100% (our institute had   to
contribute). An estimated 150 companies will spend more than $1
billion this year to maintain in-house AI groups. Etc., etc.

Quite a reason for concern: For joy that "our" discipline is
flourishing - compared to the bottomed hard- and software industry -,
but also for considering the impacts of our activities. Time seems
ripe for a TA (Technology Assessment) of AI (...).   This term was
coined by the US congress in the early seventies and finally led to
the establishment of the Office of Technology Assessment (OTA).
According to Braun (1984), TA is "an attempt to discover all the
ramifications and effects which a technology is likely to have when it
is in full use on some future date.   The study must be
interdisciplinary in nature, requiring knowledge and insights from
engineering and both the natural and social sciences. Both beneficial
and harmful effects need to be described and alternative policies for
dealing with the introduction of this or rival technologies should be
elaborated. Groups likely to benefit or to be harmed should be
identified and the study must be carried out impartially, both with
respect to technologies and to social groups "

What are the steps recommended for undertaking a TA? Joseph Coates, a
former manager of the National Science Foundation Technology
Assessment Program, recommends the following (quoted in Armstrong and

Harman, 1980):

1. Examine problem statements
2. Specify system alternatives
3. Identify possible impacts
4. Evaluate impacts
5. Identify the decision apparatus
6. Identify action options for decision apparatus
7. Identify parties and interests
8. Identify macro system alternatives
   (other routes to goal)
9. Identify exogenous variables or events
   possibly having effect on 1 - 8
10. Conclusions (and recommendations)

It is interesting to note that, while there exist a lot of TAs of microelelectronics, e.g. Forester (1980), Friedrichs and Schaff (1982), none to my knowledge has yet been untertaken regarding AI, though AI has a higher priority in the ESPRIT project even than microelectronics. Considering the TA-steps listed above, the reason becomes quite clear.

There exist several books which treat consequences of AI either in a specific area, e.g. Feigenbaum and McCurdock (1983), Frude (1983), Hunt and Hunt (1983), or on a more general level, Yazdani and Narayanan (1984), Bernold and Albers (1985), or the very stimulating book by Michie and Johnston (1985). However, one attempt to define potential impact areas of AI was already undertaken. When Steinacker et al. (1983) prepared a bibliography on "Future, Impacts, and Future Impacts of AI", they adapted a framework developed by Sugiyama (1982) for technological innovation in computation, communication, and control to the following thesaurus of Potential Impact Areas:

Sciences
    Philosophy
    Psychology
    Linguistics
    Biology
    Medicine
    Law
Technology

    Man-machine interaction
    CAD/CAM
      VLSI-Design
    Automation
Military applications
Economics
    Employment and employment structure
    Management
    New industries
    Knowledge economics
    Fifth generation computer systems
Society
    Privacies
    Changes in social life
    Changes in working life
    Education
      ICAI
      Handicapped
    Crime
Culture
    Human self-understanding
    Changed view of labor
    Art
Politics
    Participatory democracy vs. computer-control
    North-south gap
    International competition/cooperation

The reader is invited to check this list. This structure formed the basis of a task force meeting, jointly organized by the Austrian Society for Cybernetic Studies, Vienna, and the International Institute for Applied Systems Analysis, Laxenburg, Austria. Leading AI researchers who had already expressed interest in the impacts of AI, were working in a range of different areas of AI, and came from countries with a variety of social economic systems, were invited to attend this meeting. The goal of this meeting was defined as follows:

"... to determine and assess impacts of AI in order to avoid potential damage and to encourage socially helpful and economically useful AI research and applications."

In order to discuss potential impacts, it was also necessary to discuss the likely future development of AI. Thus, some elements of a TA, namely the discovery of - not all, but - many ramifications and effects which AI is likely to have when it is in full use on some future date (see Braun, 1984), have already been treated.

Some of the preliminary results of this study:

1. The "computational paradigm" will not only influence psychology or linguistics but all sciences where information processing occurs. As an example from biology, the functional or developmental significance of a given metabolite may vary widely across species or even within an individual at different stages of the life-cycle. So the appropriate question will not be "what is the molecular biology of this substance" but rather "what computation is the substance performing for the organism. It was envisaged that AI might well become a type of metascience, like mathematics is now.

2. There will be less and different work through machine substitution for physical and mental labour. It is a widely agreed notion that computers and later also AI will create new jobs. However, it is more likely that many jobs will disappear through AI. If we look at a table of employment and employment growth in the USA (Rumberger and Levin, 1984), we can see that the highest increase in percentage is in the data processing area. If we compare it, however, with the overall number of people employed, this increase is just marginal. Through automation of mental labour many office jobs will soon be phased out. In the long run, we will have less work to do and, what is more, the work done will look different. Means for a different distribution of income (Nilsson, 1985), e.g. independent of work, and the ways to come from here to there, have to be developed.

3. Changing the north-south gap. What we do not know yet is, if this change will be for the better or for the worse. For example, if the development of labour costs for a US industrial worker is compared with the costs for a programmable industrial robot, the curves of these costs intersected at around 1976/77 (Pelton, 1982). And about that time robots were on a larger scale introduced in industrialized countries. Now, for developing countries this point of intersection will be in 1985/86 - that is, by that time even in those countries robots will be "cheaper" than man. At the moment many companies in

industrialized countries have their factories located in developing countries, then have their products sent home where the market is. As soon as robots will be cheaper than labour there, it is forseeable that these companies will locate their factories where they sell the product. This will make it much harder for people in developing countries to find a job, thus widen the north-south gap.

On the other hand, one can assume that help can be provided by AI for people in these countries. Knowledge, based in expert systems, executable on even portable microcomputers could be made available to help on severe problems, e.g. assist local health care workers.

4. Improved computer surveillance. The improvement of vision systems will enable to use all TV cameras now in use for traffic observation to find out who was accompanied by whom where at what time. Speech analysis will help automatically interprete phone calls. Relational data bases, assisted by expert systems, would be perfectly suited for tracing people's behaviour. AI may make the persons in power more powerful unless preventive measures are initiated - now.

5. Drastic change in human self-understanding. Intelligence is seen as one of the most significant aspects of human personality. Present AI aims at helping men, future AI definitely will help substituting her/him in many respects. What if the "intelligence" of computers reaches that of men? And, as Minsky already pointed out in 1966, it is unreasonable to think machines could become nearly as intelligent as we are and then stop. How will we behave vis-a-vis an intelligence which may be evaluated by us higher as our own? Will our esteem for intelligence be reduced and will our relation to our bodies, to our emotions, to our creativity be more intensified? Or will this only provoke hostile reactions against AI?

It is interesting to note that already now different cultures exhibit different reactions with respect to AI: While the European reaction is either cautious, considering to a large extent only negative social impacts, or anxious that - after Galilei and Darwin - men shall be finally dethroned by AI, the Japanese reaction is mainly enthusiastic. One reason may be that a central part of shintoism is reverence for objects, in which sentient beings are seen. Thus a "thinking machine" does pose no threat.

Thc full report of the meeting - overview, position papers, extended bibliography - is given in Trappl (1985a).

This study was not yet much interdisciplinary in nature - this seemed not advisable at an early stage. In the next stage, scientists from other disciplines, especially economists, sociologists, and political scientists have to be incorporated. Furthermore, alternative policies for dealing with the introduction of this technology in different socio-economic environments have to be discussed. This will be the aim of a special conference (and the preparatory work for it) on "Future and Impacts of Artificial Intelligence" which will take place in conjunction with the Eighth European Meeting on Cybernetics and Systems Research in April 1986 in Vienna.

At the beginning of this paper, the vast investments in AI were reported. How about military spending on AI research? The Strategic Computer Program of the US Defense Advanced Research Projects Agency (DARPA) which was recently approved will cost about $600 million. It aims to develop an autonomous land vehicle with advanced vision and expert systems capabilities, a pilot's associate system to help a fighter pilot manage his aircraft's flight and weapons systems under battle conditions, and a naval battle management system that would forecast likely events, suggest different courses of action, develop detailed action plans, resolve conflicts between competing goals, and react to changing battle developments (Schatz and Verity, 1984). Several other large projects are undertaken, and while, for obvious reasons, more is known about military research and development in NATO countries, there are good arguments to assume that the Warsaw pact countries are equally active. The impacts of those activities can be more disastrous than any other ones.

One possible response is that taken by the Computer Professionals For Social Responsibility. They warn - correctly! - to leave decisions about the use of nuclear weapons to computer programs. Another one is that by Meltzer (1984). He proposes to develop an analog to the Hippocratic oath which might read in its strongest form: "I declare that I shall not take part in the production, development, and use of nuclear, chemical and biological weapons."

These are important proposals, but one should go a step further: We, as AI researchers, are convinced that AI "works", at least in some limited domain. Thus, why leave AI to people who plan better warfare, and not make use of its potential for peacefare? Some first proposals have already been made (Trappl, 1985b, 1985c), more is to be done.

References:

Armstrong J.E., Harman W.W.: Strategies for Conducting Technology Assessments. Boulder, Westview Press, 1980.

Bernold T., Albers G.: Artificial Intelligence. Towards Practical Applications. North-Holland, Amsterdam, 1985.

Braun E.: Wayward Technology. Frances Pinter, London, 1984.

Feigenbaum E.A., McCorduck P.: The Fifth Generation. Artificial Intelligence and Japan's Computer Challenge to the World. Addison-Wesley, Reading, MA, 1983.

Friedrichs G., Schaff A.: Auf Gedeih und Verderb. Mikroelektronik und Gesellschaft. Europaverlag, Wien, 1982.

Forester T.(ed.): The Microelectronics Revolution. Blackwell, Oxford, 1980.

Hunt H.A., Hunt T.L.: Human Resource Implications of Robotics. Upjohn Institute for Employment Research, Kalamazoo, Michigan, 1983.

Frude N.: The Intimate Machine. Century Publishing, London, 1983.

Meltzer B.: AI and the Military. AISB Quarterly, 52, 24-26, 1984.

Michie D., Johnston R.: The Creative Computer. Penguin, Harmondsworth, Middlesex, UK, 1985.

Nilsson N.: Artificial Intelligence, Employment, and Income. In Trappl, 1985a.

Pelton J.N.: Global Talk and the World of Telecomputerenergetics, in Didsbury H.F. (ed.), Communications and the Future. World Future Society, Maryland, 1982.

Rumberger R.W., Levin H.M.: Forecasting the Impact of New
Technologies on the Future Job Market. Report 84-A4, Stanford
University, 1984.

Schatz W., Verity J.W.: DARPA's Big Push in AI.   Datamation,
pp.48-50, February, 1984.

Smith E.T.: A high-tech market that's not feeling the   pinch.
Business Week, July 1, p.58, 1985.

Steinacker I., Trappl R., Horn W.: Future, Impacts, and Future
Impacts of Artificial Intelligence: A Bibliography. Reports of
the Austrian Society for Cybernetic Studies, Vienna, 1983.

Sugiyama K.: Toward Developing a Framework for Information
Technology-Based Innovation: 3C Technological   Innovation.
International Institute for Applied Systems Analysis, Laxenburg,
WP-82-33, 1982.

Trappl R.(ed.): Impacts of Artificial Intelligence. Scientific,
Technological, Military, Economic, Societal, Cultural, and
Political. North-Holland, Amsterdam and New York, 1985.

Trappl R.: AI for Warfare! AI for Peacefare? ECCAI Newsletter, 2,
No. 2, p.8, 1985.

Trappl R.: Reducing International Tension through Artificial
Intelligence: A Proposal for 3 Projects, in Trappl R.(ed.),
Power, Autonomy, Utopia: New Approaches Towards Complex Systems.
Plenum, New York, 1985.

Yazdani M., Narayanan A.: Artificial Intelligence - Human Effects.
Ellis Horwood, Chichester, 1984.

Band 63: H. Bender, Korrekte Zugriffe zu Verteilten Daten. VIII, 203 Seiten. 1983.

Band 64: F. Hoßfeld, Parallele Algorithmen. VIII, 232 Seiten. 1983.

Band 65: Geometrisches Modellieren. Proceedings, 1982. Herausgegeben von H. Nowacki und R. Gnatz. VII, 399 Seiten. 1983.

Band 66: Applications and Theory of Petri Nets. Proceedings, 1982. Edited by G. Rozenberg. VI, 315 pages. 1983.

Band 67: Data Networks with Satellites. GI/NTG Working Conference, Cologne, September 1982. Edited by J. Majus and O. Spaniol. VI, 251 pages. 1983.

Band 68: B. Kutzler, F. Lichtenberger, Bibliography on Abstract Data Types. V, 194 Seiten. 1983.

Band 69: Betrieb von DN-Systemen in der Zukunft. GI-Fachgespräch, Tübingen, März 1983. Herausgegeben von M. A. Graef. VIII, 343 Seiten. 1983.

Band 70: W. E. Fischer, Datenbanksystem für CAD-Arbeitsplätze. VII, 222 Seiten. 1983.

Band 71: First European Simulation Congress ESC 83. Proceedings, 1983. Edited by W. Ameling. XII, 653 pages. 1983.

Band 72: Sprachen für Datenbanken. GI-Jahrestagung, Hamburg, Oktober 1983. Herausgegeben von J. W. Schmidt. VII, 237 Seiten. 1983.

Band 73: GI–13. Jahrestagung, Hamburg, Oktober 1983. Proceedings. Herausgegeben von J. Kupka. VIII, 502 Seiten. 1983.

Band 74: Requirements Engineering. Arbeitstagung der GI, 1983. Herausgegeben von G. Hommel und D. Krönig. VIII, 247 Seiten. 1983.

Band 75: K. R. Dittrich, Ein universelles Konzept zum flexiblen Informationsschutz in und mit Rechensystemen. VIII, 246 pages. 1983.

Band 76: GWAI-83. German Workshop on Artifical Intelligence. September 1983. Herausgegeben von B. Neumann. VI, 240 Seiten. 1983.

Band 77: Programmiersprachen und Programmentwicklung. 8. Fachtagung der GI, Zürich, März 1984. Herausgegeben von U. Ammann. VIII, 239 Seiten. 1984.

Band 78: Architektur und Betrieb von Rechensystemen. 8. GI-NTG-Fachtagung, Karlsruhe, März 1984. Herausgegeben von H. Wettstein. IX, 391 Seiten. 1984.

Band 79: Programmierumgebungen: Entwicklungswerkzeuge und Programmiersprachen. Herausgegeben von W. Sammer und W. Remmele. VIII, 236 Seiten. 1984.

Band 80: Neue Informationstechnologien und Verwaltung. Proceedings, 1983. Herausgegeben von R. Traunmüller, H. Fiedler, K. Grimmer und H. Reinermann. XI, 402 Seiten. 1984.

Band 81: Koordinaten von Informationen. Proceedings, 1983. Herausgegeben von R. Kuhlen. VI, 366 Seiten. 1984.

Band 82: A. Bode, Mikroarchitekturen und Mikroprogrammierung: Formale Beschreibung und Optimierung, 6, 1-277 Seiten. 1984.

Band 83: Software-Fehlertoleranz und -Zuverlässigkeit. Herausgegeben von F. Belli, S. Pfleger und M. Seifert. VII, 297 Seiten. 1984.

Band 84: Fehlertolerierende Rechensysteme. 2. GI/NTG/GMR-Fachtagung, Bonn 1984. Herausgegeben von K.-E. Großpietsch und M. Dal Cin. X, 433 Seiten. 1984.

Band 85: Simulationstechnik. Proceedings, 1984. Herausgegeben von F. Breitenecker und W. Kleinert. XII, 676 Seiten. 1984.

Band 86: Prozeßrechner 1984. 4. GI/GMR/KfK-Fachtagung, Karlsruhe, September 1984. Herausgegeben von H. Trauboth und A. Jaeschke. XII, 710 Seiten. 1984.

Band 87: Musterkennung 1984. Proceedings, 1984. Herausgegeben von W. Kropatsch. IX, 351 Seiten. 1984.

Band 88: GI–14. Jahrestagung. Braunschweig. Oktober 1984. Proceedings. Herausgegeben von H.-D. Ehrich. IX, 451 Seiten. 1984.

Band 89: Fachgespräche auf der 14. GI-Jahrestagung. Braunschweig, Oktober 1984. Herausgegeben von H.-D. Ehrich. V, 267 Seiten. 1984.

Band 90: Informatik als Herausforderung an Schule und Ausbildung. GI-Fachtagung, Berlin, Oktober 1984. Herausgegeben von W. Arlt und K. Haefner. X, 416 Seiten. 1984.

Band 91: H. Stoyan, Maschinen-unabhängige Code-Erzeugung als semantikerhaltende beweisbare Programmtransformation. IV, 365 Seiten. 1984.

Band 92: offene Multifunktionale Büroarbeitsplätze. Proceedings, 1984. Herausgegeben von F. Krückeberg, S. Schindler und O. Spaniol. VI, 335 Seiten. 1985.

Band 93: Künstliche Intelligenz. Frühjahrsschule Dassel, März 1984. Herausgegeben von C. Habel. VII, 320 Seiten. 1985.

Band 94: Datenbank-Systeme für Büro, Technik und Wirtschaft. Proceedings, 1985. Herausgegeben von A. Blaser und P. Pistor. X, 3 519 Seiten. 1985.

Band 95: Kommunikation in Verteilten Systemen I. GI-NTG-Fachtagung, Karlsruhe, März 1985. Herausgegeben von D. Heger, G. Krüger, O. Spaniol und W. Zorn. IX, 691 Seiten. 1985.

Band 96: Organisation und Betrieb der Informationsverarbeitung. Proceedings, 1985. Herausgegeben von W. Dirlewanger. XI, 261 Seiten. 1985.

Band 97: H. Willmer, Systematische Software- Qualitätssicherung anhand von Qualitäts- und Produktmodellen. VII, 162 Seiten .1985.

Band 98: Öffentliche Verwaltung und Informationstechnik. Neue Möglichkeiten, neue Probleme, neue Perspektiven. Proceedings, 1984. Herausgegeben von H. Reinermann, H. Fiedler, K. Grimmer, K. Lenk und R. Traunmüller. X, 396 Seiten. 1985.

Band 99: K. Küspert, Fehlererkennung und Fehlerbehandlung in Speicherungsstrukturen von Datenbanksystemen. IX, 294 Seiten. 1985.

Band 100: W. Lamersdorf, Semantische Repräsentation komplexer Objektstrukturen. IX, 187 Seiten. 1985.

Band 101: J. Koch, Relationale Anfragen. VIII, 147 Seiten. 1985.

Band 102: H.-J. Appelrath, Von Datenbanken zu Expertensystemen. VI, 159 Seiten. 1985.

Band 103: GWAI-84. 8th German Workshop on Artifical Intelligence. Wingst/Stade, October 1984. Edited by J. Laubsch. VIII, 282 Seiten. 1985.

Band 104: G. Sagerer, Darstellung und Nutzung von Expertenwissen für ein Bildanalysesystem. XIII, 270 Seiten. 1985.

Band 105: G. E. Maier, Exceptionbehandlung und Synchronisation. IV, 359 Seiten. 1985.

Band 106: Österreichische Artifical Intelligence Tagung. Wien, September 1985. Herausgegeben von H. Trost und J. Retti. VIII, 211 Seiten. 1985.